Der Autor

Orison S. Marden ist der Begründer des amerikanischen Magazin-Welterfolges *Success*, einer der bis heute erfolgreichsten Wirtschaftspublikationen. Bis zu seinem Tod 1924 leitete er dieses Magazin und gilt als Vordenker aller modernen Bücher zur Selbstmotivation. Marden verbrachte seine Jugend in einfachsten Verhältnissen ohne Schule und jede Ausbildung. Sein Studium in Harvard finanzierte er sich selbst. Sein eigener Lebensweg wurde zum Vorbild für seine Selbsthilfe-Bücher, mit denen er zu Beginn des 20. Jahrhunderts bereits Millionen Leser erreichte.

O. S. MARDEN

Der Schlüssel zum Reichtum

*Der Klassiker, der Ihnen
sagt, was THE SECRET
verschwiegen hat*

Aus dem Amerikanischen von
Marita Böhm

Ullstein

Besuchen Sie uns im Internet:
www.ullstein-taschenbuch.de

Allegria im Ullstein Taschenbuch
Herausgegeben von Michael Görden

Ullstein Taschenbuch ist ein Verlag der Ullstein Buchverlage
GmbH, Berlin.
Erstausgabe im Ullstein Taschenbuch
1. Auflage Juli 2011
© 2011 by Ullstein Buchverlage GmbH, Berlin
© des Originalmanuskriptes The Key to Prosperity:
Conquering Poverty Thinking
Inspired by the writings of Orison Swett Marden edited by
David H. Morgan by JMW Group, Larchmont, NY
Umschlaggestaltung: Frankl Design München
Umschlagillustration: Getty Images
Satz: Keller & Keller GbR
Gesetzt aus der Garamond
Papier: Pamo Super von Arctic Paper Mochenwangen GmbH
Druck und Bindearbeiten: GGP Media GmbH, Pößneck
Printed in Germany
ISBN 978-3-548-74525-1

INHALT

TEIL I

DIE GEWOHNHEIT DER ARMUT

$\mathcal{A}$rmut – eine geistige $\mathcal{K}$rankheit

$\mathcal{A}$rmut an sich ist nicht so schlimm wie das Armutsdenken. Es ist die Überzeugung, dass wir arm sind und arm bleiben müssen, die verhängnisvoll ist. Es ist diese Geisteshaltung, die zerstörerisch ist – der Armut das Gesicht zuzuwenden und sich mit ihr abzufinden, sodass man keine Kehrtwende macht und sich nicht mit hartnäckiger Entschlossenheit bemüht, von ihr loszukommen.

Solange Sie eine Atmosphäre der Armut um sich verbreiten und Armutsgedanken ausstrahlen, werden Sie in eingeschränkten Verhältnissen bleiben.

Sie werden arm bleiben, solange Sie an dem Armutsdenken festhalten – genauso wie Sie, auf ähnliche Weise, ein Versager bleiben werden, solange Sie Gedanken des Versagens hegen.

Wenn Sie Angst vor Armut haben, wenn Sie sich davor fürchten, wenn Sie einen Horror davor haben, im Alter in Not zu geraten, dann wird sie Sie wohl auch eher heimsuchen, denn diese ständige Angst untergräbt Ihren Mut, erschüttert Ihr Selbstvertrauen und schmälert Ihre Fähigkeit, mit schwierigen Lebenslagen fertigzuwerden.

Der Geist ist ein Magnet, und ein Magnet muss sich treu bleiben: Er kann nicht anders, als Dinge anzuziehen, die ihm gleich sind. Wenn Ihr Geist von Gedanken an Angst, von Gedanken an Armut erfüllt ist, spielt es keine Rolle, wie schwer Sie arbeiten, Sie werden dennoch Armut anziehen. Sie gehen in die Richtung, in die Sie blicken. Wenn Sie der Armut weiterhin das Gesicht zuwenden, können Sie nicht erwarten, zu Wohlstand zu gelangen. Wenn Sie den Pfad zum Misserfolg beschreiten, können Sie nicht davon ausgehen, dass das Ziel, das Sie erreichen wollen, Erfolg ist.

Indem wir am Armutsdenken festhalten, bleiben wir mit ärmlichen, Armut erzeugenden Verhältnissen verbunden – ständig an Armut zu denken, über Armut zu reden, in Armut zu leben macht uns geistig arm. Das ist die schlimmste Form von Armut.

Ich habe noch nie eine erfolgreiche Person kennengelernt, die ständig über schlecht laufende Geschäfte geredet hätte. Die Gewohnheit, den Blick zu senken, etwas kleinzureden, macht jeglichen Fortschritt zunichte. Wer immer an sein Pech und sein Scheitern beim Vorwärtskommen denkt, kann unmöglich in die entgegengesetzte Richtung gehen, dorthin, wo das Ziel, der Wohlstand, liegt.

Wenn Sie Glück anziehen möchten, müssen Sie sich von allen Zweifeln befreien. Solange ein Zweifel zwischen Ihnen und Ihrem Ziel liegt, wird er eine Barriere bilden, die Ihnen im Weg steht. Sie müssen Selbstvertrauen haben. Niemand kann ein Vermögen verdienen und gleichzeitig davon überzeugt sein, es nicht zu können. Die »Ich kann nicht«-Philosophie hat mehr Karrieren zerstört als fast alles andere. Vertrauen ist der Zauberschlüssel, der die Tür zur Fülle aufschließt.

Wenn wir das Selbstvertrauen verlieren, dass wir es zu etwas bringen, dass wir uns verbessern können, dann verlässt uns allmählich jede andere Erfolgseigenschaft, und das Leben wird zu einer Quälerei. Wir verlieren Ehrgeiz und Energie und werden immer weniger imstande sein, die Armut zu besiegen.

Ein junger Mann mit bemerkenswerten Fähigkeiten, der in der Geschäftswelt fest etabliert ist, erzählte mir kürzlich, dass er lange Zeit sehr arm gewesen war und es wohl auch geblieben wäre, wenn er nicht zu der Überzeugung gelangt wäre, dass er nicht für die Armut bestimmt sei, dass Armut in Wirklichkeit eine geistige Krankheit sei, von der er sich heilen wollte. Er machte es sich zur täglichen Gewohnheit, Fülle und Überfluss zu bejahen, seinen Glauben an sich selbst und an seine Fähigkeit, vermögend und eine bedeutende Persönlichkeit im Leben zu werden, zu bestärken. Mit aller Hartnäckigkeit vertrieb er das Armutsdenken aus seinem Bewusstsein. Er wollte damit nichts mehr zu tun haben.

Er erlaubte es sich nicht, an ein mögliches Scheitern zu denken. Stattdessen wandte er dem Erfolg, seinem Ziel, das Gesicht zu – und kehrte Armut und Misserfolg für immer den Rücken.

Er sagt, dass er sich früher auf jede erdenkliche Weise eingeschränkt und auch bei Kleinigkeiten gespart habe. Er kaufte die billigsten Nahrungsmittel und ging damit so sparsam wie möglich um. Er fuhr selten mit dem Bus oder der Straßenbahn, nahm es sogar in Kauf, meilenweit laufen zu müssen.

Dank des neuen Impulses änderte er seine Gewohnheiten radikal. Er beschloss, gute Restaurants zu besuchen, sich ein gemütliches Zimmer in einer besseren Gegend zu nehmen und auf jede Weise zu versuchen, mit gebildeten Leuten zu verkehren und Bekanntschaft mit Personen in höheren Positionen anzuknüpfen, die ihm weiterhelfen könnten.

Je großzügiger er wurde, je besser er mit sich umging bei allem, was ihm weiterhelfen konnte, was zu einem höheren Grad an Kultiviertheit und Bildung beitrug, umso mehr Dinge fielen ihm zu. Er stellte fest, dass es sein beschränktes, geiziges Denken gewesen war, das ihm sozusagen den Hahn zugedreht hatte.

Obwohl er jetzt in üppigen Verhältnissen lebt, meint er, dass die Summen, die er ausgäbe, eine Bagatelle seien im Vergleich zu den größeren Dingen, die dank seines erweiterten Horizonts, seiner veränderten Geisteshaltung zu ihm kämen.

Neun Zehntel der Menschen in den sogenannten industrialisierten, fortschrittlichen Ländern, die sich darüber beklagen, arm und erfolglos zu sein, steuern auf die falsche Richtung zu, immer weiter weg von dem Zustand oder dem Gegenstand, nach dem sie sich sehnen. Was sie nötig haben, ist, dass man sie herumdreht, damit sie ihrem Ziel das Gesicht zuwenden, anstatt ihm den Rücken zu kehren, indem sie destruktiv denken und in die falsche Richtung gehen. Die Carnegies, Rockefellers, Vanderbilts denken an Wohlstand und sie bekommen ihn auch. Sie rechnen nicht mit Armut, sie rechnen nicht mit Misserfolg, sie wissen, dass sie wohlhabend und erfolgreich sein werden, weil sie jeglichen Zweifel daran, dass es *nicht* so ist, aus ihrem Bewusstsein getilgt haben.

Zweifel ist der Faktor, der Erfolg zunichtemacht, genauso wie die Angst vor einem Scheitern ein Wohlstandskiller ist. Alles ist zunächst auf geistiger Ebene vorhanden, egal ob Misserfolg oder Erfolg. Alles geht durch unser Bewusstsein, bevor es Wirklichkeit wird.

Aus diesem Grund zieht eine knauserige, beschränkte Denkweise kein Geld an. Wenn solche Menschen an Geld kommen, dann normalerweise durch Geiz und Sparsamkeit – wie Ebenezer Scrooge – und nicht dadurch, dass sie sich an das Gesetz der Fülle halten. Nur ein großzügiger, freigebiger Geist vermag Geld anzuziehen. Die beschränkte, knauserige Denkweise blockiert den Fluss der Fülle.

Es ist die hoffnungsvolle, lebensfrohe, heitere Geisteshaltung, die den Sieg davonträgt. Optimismus fördert Wohlstand, während Pessimismus ihn verhindert.

Optimismus ist der große Erschaffer. Er ist Hoffnung, Leben. Er umfasst alles, was in die Geisteshaltung, die Wohlstand hervorbringt und genießt, einfließt.

Gleichgültig ob Sie Ihren Besitz, Ihre Gesundheit – ja sogar Ihren Ruf – verloren haben, es besteht immer Hoffnung, solange Sie weiterhin fest an sich glauben und den Blick nach oben richten.

Solange Sie Zweifel und Entmutigung ausstrahlen, werden Sie erfolglos sein.

Wenn diejenigen von Ihnen, die glauben, dass sie ihre Chance für immer verpasst haben, dass sie niemals wieder auf die Beine kommen, nur die Macht der Gedankenumkehr kennen würden, dann könnten sie leicht einen neuen Start haben.

Aber bevor Sie in einer neuen Welt leben können, müssen Sie an sie glauben.

Ich kenne eine Familie, die ihre Verhältnisse grundlegend änderte, indem die einzelnen Mitglieder ihre Geisteshaltung ins Gegenteil verkehrten. Sie hatten so lange in einer düsteren Atmosphäre gelebt, dass sie davon überzeugt waren, Erfolg sei etwas für andere, aber nicht für sie. Sie glaubten so fest daran, zur Armut bestimmt zu sein, dass ihr Zuhause und ihre ganze Umgebung ein Inbegriff des Verfalls und des Misserfolgs waren. Alles befand sich in einem heruntergekommenen Zustand. Fast überall am Haus war die Farbe abgeblättert, auf den Böden lagen keine Teppiche, und an den Wänden hingen kaum Bilder – nichts, um das Haus behaglich und freundlich zu gestalten. Alle Familienmitglieder sahen wie Verlierer aus. Das Heim war düster, kalt und freudlos. Alles daran war bedrückend.

Eines Tages las die Mutter, dass Armut größtenteils eine geistige Krankheit sei, und sofort begann sie, ihre Denkgewohnheit umzukehren – indem sie allmählich alle um Entmutigung, Verzweiflung und Scheitern kreisenden Gedanken durch deren Gegenteil ersetzte.

Sie nahm eine heitere, fröhliche Haltung an und tat so, als wäre das Leben lebenswert.

Bald wurden ihr Ehemann und ihre Kinder von ihrer Heiterkeit angesteckt, und binnen kurzer Zeit trat Optimismus an die Stelle von Pessimismus.

Der Ehemann änderte seine Gewohnheiten. Statt unrasiert und ungekämmt, schlampig gekleidet und mit einer nachlässigen Art am Arbeitsplatz zu erscheinen, wurde er sauber und ordentlich. Er raffte sich auf, brachte sich auf Vordermann, machte sich zurecht und blickte nach oben. Und die Kinder folgten seinem Beispiel.

Das Resultat all dieser Anstrengungen war, was viele Menschen als »Glück« bezeichnen würden. Die neue Geisteshaltung, die Aussicht auf Erfolg und Glück, statt sich auf Misserfolg auszurichten, wirkte auf das Bewusstsein des Vaters zurück, flößte ihm neue Hoffnung und neuen Mut ein, und seine Leistung verbesserte sich derart, dass er bald befördert wurde, was auch bei seinen Söhnen der Fall war. Nach zwei oder drei Jahren der schöpferischen, inspirierenden Atmosphäre der Hoffnung und des Mutes hatte sich die ganze Familie verändert – wie auch das Haus! Es war wieder instand gesetzt – innen und außen renoviert.

Wir müssen die Rolle unserer Ambition spielen. Wenn Sie wohlhabend sein wollen, müssen Sie diese Rolle auch spielen. Wenn Sie versuchen, Reichtum zu demonstrieren, müssen Sie dies auch spielen – aber nicht unsicher, sondern voller Überzeugungskraft, in großem Stil. Sie müssen sich reich *fühlen*. Sie müssen Reichtum *denken*. Sie müssen reich *auftreten*. Ihr Verhalten muss von Selbstvertrauen durchdrungen sein. Sie müssen den Eindruck von Selbstsicherheit erwecken, dass Sie groß genug sind, um Ihre Rolle zu spielen – und sie erstklassig zu spielen.

Angenommen, der größte lebende Schauspieler oder die größte lebende Schauspielerin sollte in einem Stück spielen, das für ihn oder sie geschrieben worden wäre, in dem die Hauptrolle eine Figur verkörpert, die im Begriff ist, ein Vermögen zu erwerben – eine großartige, kraftstrotzende, sich steigernde Figur, die allein durch ihre Präsenz siegt. Nehmen wir weiter an, dieser Schauspieler sollte beim Spielen dieser Rolle ärmlich gekleidet sein und sich auf der Bühne in krummer Haltung, mit hängenden Schultern, auf schludrige Weise bewegen, als ob er kein Ziel, keine Energie oder gar Leben in sich hätte – ohne wirklich überzeugt davon zu sein, dass er jemals zu Geld kommen oder erfolgreich sein würde, der zaghaft, ängstlich, mutlos auf der Bühne herumschlurft, als wolle er sagen: »Nun, ich glaube nicht, dass ich jemals das erreichen werde, was ich versuche; es ist einfach zu groß für mich. Andere Leute haben es geschafft, aber mir ist nie der Gedanke gekommen, dass ich jemals reich oder wohlhabend sein sollte. Irgendwie scheinen gute Dinge nicht für mich bestimmt zu sein. Ich bin nur ein gewöhnlicher Mensch. Ich habe nicht viel Erfahrung und auch nicht genug Selbstvertrauen, und der Gedanke, dass ich jemals reich sein oder viel Einfluss in der Welt haben werde, erscheint mir doch anmaßend.«

Welchen Eindruck würde er wohl dem Zuschauer vermitteln? Würde dieser Schauspieler oder diese Schauspielerin Selbstvertrauen kommunizieren, Energie oder Überzeugungskraft ausstrahlen, das Publikum davon überzeugen, dass eine solche Figur an ein Vermögen kommen könnte, Einfluss nehmen könnte auf Geld schaffende Bedingungen? Würde nicht jeder sagen, diese Figur sei eine Niete? Würden nicht alle lachen bei der Vorstellung, dass sie überhaupt irgendetwas zustande bringen könnte?

Wenn Sie über Armut reden, an Armut denken, in Armut leben, arm wirken und aussehen, sich wie ein Versager kleiden, wie lange glauben Sie wohl, würden Sie brauchen, um das Ziel des Wohlstands zu erreichen?

Unsere Geisteshaltung zu der Sache, für die wir kämpfen, ist das Allerwichtigste, damit wir es auch erlangen. Wenn Sie wohlhabend werden wollen, müssen Sie überzeugt davon sein, dass Sie zum Wohlstand und Glück geboren sind.

Streichen Sie alle Schatten, alle Zweifel und Ängste und jede Assoziation von Armut und Misserfolg aus Ihrem Bewusstsein. Wenn Sie Herr über Ihre Gedanken geworden sind, sobald Sie gelernt haben, Ihren Geist zu beherrschen, werden Sie feststellen, dass die Dinge anfangen, Ihnen förmlich in den Schoß zu fallen. Entmutigung, Angst, Zweifel und fehlendes Selbstvertrauen sind die Bazillen, die den Wohlstand und das Glück von Tausenden von Menschen zerstören.

Wenn es für all die Armen möglich wäre, ihrer düsteren und entmutigenden Umgebung den Rücken zu kehren und sich dem Licht und der Aufmunterung zuzuwenden, und wenn sie sich entschließen sollten, einen Schlusspunkt unter die Armut und ein schludriges Leben zu setzen, dann würde allein dieser Entschluss binnen kurzer Zeit die Zivilisation revolutionieren.

Alle Menschen sollten von Kindheit an gelehrt werden, Wohlstand zu *erwarten*, zu glauben, dass die guten Dinge des Lebens für sie bestimmt sind.

Reichtum entsteht zuerst im Geist; er wird ersonnen, bevor er Wirklichkeit wird. Wer Arzt werden will, redet über Medizin, liest über Medizin, studiert Medizin und denkt an Medizin, bis es ihm in Fleisch und Blut übergegangen ist. Er beschließt nicht, Arzt zu werden, und vertieft sich dann in juristische Themen – indem er über Gesetze liest, über Gesetze redet und an Gesetze denkt.

Gleichermaßen müssen Sie, wenn Sie Erfolg und Reichtum anstreben, an Erfolg denken, sich erfolgreich geben und über Erfolg reden – Sie müssen an Reichtum denken, sich reich geben und über Reichtum reden.

Widerstehen Sie beherzt der Macht der Not, sonst wird die Armut Sie unter Kontrolle halten. Bestätigen Sie sich unentwegt Ihre Überlegenheit über Ihre Umgebung. Glauben Sie daran, dass Sie Ihre äußeren Umstände zu beherrschen haben, dass Sie Herr über die äußeren Umstände sind und nicht deren Sklave.

Entschließen Sie sich mit dem ganzen Nachdruck, den Sie aufbringen können, dass, da gute Dinge in der Welt in Hülle und Fülle für alle vorhanden sind, Sie Ihren Anteil daran haben werden, ohne irgendjemanden zu verletzen oder andere zurückzuhalten. Sie sind dazu bestimmt, Ihr Auskommen zu haben, wohlhabend zu sein. Wohlstand ist Ihr Geburtsrecht, und Sie sollten den Entschluss fassen, Ihre göttliche Bestimmung zu finden. Armut ist ein anormaler Zustand. Sie entspricht nicht der menschlichen Natur. Sie widerspricht der Verheißung und der Prophezeiung des Göttlichen im Menschen. Nichts weist in unserem wunderbaren Mechanismus darauf hin, dass wir für ein Leben in Armut geschaffen wurden. Für uns ist etwas Größeres und Bedeutenderes im göttlichen Plan vorgesehen, als uns unentwegt mit dem Problem der sklavischen Abhängigkeit vom Broterwerb abzuplagen.

Niemand kann sein Bestes geben – das Beste in sich ans Tageslicht bringen –, solange ihm die Not an den Fersen klebt, solange er beeinträchtigt, eingeengt ist und ständig bedrückenden Umständen ausgesetzt ist.

Die ganz Armen, diejenigen, die sich abquälen, sich über Wasser zu halten, können nicht unabhängig sein. Sie können es sich nicht immer leisten, an anständigen Plätzen zu leben – und bestimmt nicht in gesunden Häusern. Sie können nicht ihr Leben in Ordnung bringen. Oft können sie es sich nicht einmal leisten, ihre Ansicht zu äußern oder überhaupt eine eigene Meinung zu haben.

Preise sie, wer will, Armut in ihrer extremen Form ist einschränkend, beeinträchtigend, beklemmend, lässt den Ehrgeiz erkalten – sie ist ein einziger Fluch. Es gibt kaum Hoffnung in ihr, kaum Aussicht in ihr, kaum Freude in ihr. Und allzu oft fördert sie die schlechteste Seite in Menschen zutage und tötet die Liebe zwischen denen, die sonst glücklich zusammenleben würden.

Für den gewöhnlichen Sterblichen ist es schwierig, in extremer Armut ein wahrer Mann oder eine wahre Frau zu sein. Wenn man voller Sorgen ist, in Verlegenheit, in Schulden verstrickt, gezwungen, mit ein paar Cent zu wirtschaften, als wäre es ein Dollar, dann ist es nahezu unmöglich, die Würde und Selbstachtung zu wahren, die einen Menschen dazu befähigen, der Welt voller Selbstbewusstsein direkt ins Gesicht zu blicken. Einigen seltenen und schönen Seelen ist das gelungen. Inmitten bitterer Armut haben sie uns unvergessliche Beispiele für ein edles Leben gegeben. Aber wie viele hat die Knute der Armut in die untersten Tiefen getrieben?

Armut ist häufiger ein Fluch als ein Segen, und diejenigen, die ihre Tugenden preisen, würden die Letzten sein, die ihre schweren Bedingungen akzeptierten.

Ich wünsche, ich könnte jeden Jugendlichen mit größter Angst und Horror davor erfüllen; sie ihre Zwänge, ihre Bitterkeit, ihre erstickende Wirkung spüren lassen – die Art, wie sie einen dazu bringen kann, sich kleiner zu fühlen.

Unvermeidbare Armut ist keine Schande. Wir achten und ehren Menschen, die infolge von Krankheit oder Pech, auf die sie keinen Einfluss nehmen konnten, arm sind.

Was wir verurteilen, das ist vermeidbare Armut – die Armut, die auf mangelnde Anstrengungen, falsches Denken oder jede andere abwendbare Ursache zurückzuführen ist.

Das Problem ist, dass viele Armutsopfer heutzutage kein Selbstvertrauen haben und nicht glauben, diesen Zustand ändern zu können. Sie hören so viel über mangelnde Chancen von Armen, dass die großen Geldkartelle fast jeden in der Zukunft zwingen werden, für einen anderen zu arbeiten; sie hören so viel Gerede über die Habgier der Reichen, dass sie allmählich das Vertrauen in ihre Fähigkeit verlieren, Lebensumstände zu meistern, und mutlos werden.

Das bedeutet nicht, dass ich die herzlosen, ausbeuterischen, habgierigen Praktiken von vielen Reichen oder die von skrupellosen Plänemachern auf politischer und Finanzebene verursachten ungerechten und grausamen Bedingungen nicht zur Kenntnis nehme, vielmehr möchte ich den Armen zeigen, dass, ungeachtet dieser Tatsachen, eine große Zahl von Menschen in gleicher Situation sich über ihre grausame Umgebung erhebt – und dass Hoffnung besteht.

Die bloße Tatsache, dass Jahr für Jahr so viele Menschen aus eben solchen Verhältnissen aufsteigen, die Sie vielleicht für Ihr Weiterkommen für

verhängnisvoll halten – wenn Sie sich zurzeit finanziell abquälen –, sollte
Sie davon überzeugen, dass auch Sie Ihre Umgebung überwinden können.
Armut beginnt im Kopf. Die meisten armen Menschen in unseren Städ-
ten bleiben arm, weil sie tragischerweise zunächst einmal im Geist arm
sind. Sie glauben nicht, dass sie jemals wohlhabend sein werden. Schicksal
und Verhältnisse sind gegen sie, so glauben sie – sie wurden arm geboren
und sie erwarten, immer arm zu bleiben; dies ist ihre unveränderliche
Denkrichtung, ihre feste Überzeugung. Gehen Sie zu den Armen in den
Slums und Sie werden feststellen, dass sie immer über Armut reden, ihr
Pech, die Grausamkeit und Ungerechtigkeit der Gesellschaft beklagen. Sie
werden Ihnen erzählen, wie sie von den oberen Klassen geschunden werden, durch ihre habgierigen Arbeitgeber oder durch eine ungerechte Ordnung von Dingen, die sie nicht ändern können, unterdrückt werden. Sie
halten sich für Opfer statt Sieger, für Eroberte statt Eroberer.

Das Schlimmste an der Armut ist also das Armutsdenken – die Überzeugung, dass wir arm sind und es auch bleiben müssen.

Indem wir am Armutsdenken festhalten, bleiben wir in ärmlichen und
Armut erzeugenden Verhältnissen.

Wenn Sie den Entschluss fassen, für immer einen Schlussstrich unter die
Armut zu ziehen, nichts mehr mit ihr zu tun haben zu wollen, dass Sie jede
Spur von ihr aus Ihrer Kleidung, Ihrem Erscheinungsbild, Ihrem Verhalten,
Ihrer Sprache, Ihrem Handeln, Ihrem Zuhause beseitigen werden, dass Sie
Ihr Gesicht beharrlich auf bessere Dinge gerichtet halten und dass nichts
in der Welt Sie von Ihrem Entschluss abhalten kann, dann werden Sie erstaunt feststellen können, was für eine bestärkende Kraft, was für ein Mehr
an Selbstvertrauen, Bestätigung und Selbstachtung sich bei Ihnen einstellen wird.

Der bloße Akt, sich zu entscheiden, dass Sie nichts mehr mit Armut zu
tun haben wollen, dass Sie das Bestmögliche aus dem, was Sie haben, herausholen werden, dass Sie sich um ein bestmögliches Erscheinungsbild
kümmern, dass Sie sich zurechtmachen, sich aufmöbeln, Ihre Stimme erheben, nach oben blicken und nicht nach unten – dass Sie sich Ihre Selbstachtung bewahren und der Welt ins Gesicht sehen, anstatt sich zu ducken,

zu jammern, zu klagen –, wird neuen Schwung in Ihnen entfachen, der Sie zum Licht führen wird. Hoffnung wird an die Stelle von Verzweiflung treten, und Sie werden das Prickeln einer neuen Energie spüren, einer neuen Kraft, die durch Ihre Adern fließt.

Wenn Sie glauben, erledigt zu sein und dass Ihre Aussichten düster und entmutigend sind, probieren Sie es einfach mal aus, sich um 180 Grad zu drehen und in die andere Richtung zu blicken – auf die Sonne der Hoffnung und Erwartung zu – und alle Schatten hinter sich zu lassen.

Stellen Sie alle Gedankenströme, die um Armut und Zweifel kreisen, ab. Reißen Sie alle düsteren, deprimierenden Bilder von den Wänden Ihres Geistes und hängen Sie heitere, hoffnungsvolle, fröhliche auf.

Erinnern Sie sich daran, dass Tausende von Menschen vor Ihnen und um Sie in Amerika sich von einem Leben in Armut *weggedacht* haben, indem sie einen flüchtigen Eindruck von diesem großartigen Prinzip gewonnen haben: dass wir dazu neigen, im Leben das zu verwirklichen, was wir beharrlich in unseren Gedanken hegen und worum wir uns tatkräftig bemühen.

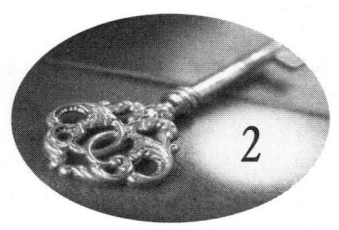

*V*erstrickende *B*ündnisse

»Hütet euch vor verstrickenden Bündnissen«, warnte George Washington die junge Nation. Es gibt heute Tausende von Opfern von Verstrickungen aller Art in Amerika, die, wenn sie nur bei den Jungen, die noch am Anfang ihres Lebens stehen, ein offenes Ohr finden könnten, ihnen Washingtons Warnung wiederholen würden.

Gibt es ein traurigeres Bild als das von viel versprechenden hochbegabten Menschen, die sich ihrer Fähigkeiten bewusst sind, aber keine Gelegenheit haben, sie vorteilhaft einzusetzen, verspottet von einem Ehrgeiz, den sie nicht befriedigen können, weil sie hoffnungslos verschuldet oder an andere selbst geschmiedete Ketten gebunden sind, von denen sie sich nicht freimachen können?

Halten Sie sich frei. Halten Sie sich fern von Komplikationen aller Art, die möglicherweise Ihrem Mannsein, Ihrem Frausein schaden. Eine Verstrickung, welcher Art sie auch sein mag, ist Gefangenschaft und nicht weniger schrecklich, weil sie freiwillig erfolgt. Wenn Ihr Gehirn intakt ist, Ihre Seele unbelastet, Ihre Hände und all Ihre geistigen Kräfte frei sind, dann können Sie Großes vollbringen, selbst mit einem kleinen Startkapital oder vielleicht sogar ohne eines. Aber wenn Sie unter die Knute von Schulden geraten und Sie nicht mehr aus freien Stücken handeln dürfen, wenn Sie von denen, denen Sie verpflichtet oder mit denen Sie verstrickende Bündnisse eingegangen sind, hierhin und dorthin gestoßen werden, dann können Sie nicht viel ausrichten. Sie sind ein Diener, kein freier Mensch.

Heutzutage gibt es Hunderte Menschen, in der Lebensmitte stehend oder älter und in niedrigen Stellungen beschäftigt, die genauso fähig sind oder sogar noch fähiger als ihre Arbeitgeber. Überall mühen sich redliche Männer und Frauen, die Wunder vollbringen könnten, wenn sie nur frei wären, mit übermenschlichen Anstrengungen unter Belastungen ab, die sie fast erdrücken, und können sich kaum ihren Lebensunterhalt verdienen. Aber jede Möglichkeit scheint ihnen verschlossen zu sein, weil sie nicht in der Lage sind, irgendwelche Chancen, die sich ihnen bieten, zu ergreifen – weil sie nicht frei sind. Alles, was sie tun, wird zum großen Nachteil getan. Nur unter Aufbietung körperlicher Anstrengungen und Brachialgewalt können sie das erreichen, wo eigentlich nicht mehr als ein wenig Planung genügen würde, wenn sie nicht ihr Geld durch eine törichte Investition verloren hätten oder durch Hypotheken und Schulden so blockiert wären, dass sie praktisch Gefangene im Berufs- und Geschäftsleben sind. Sie können nicht hingehen, wohin sie möchten. Sie werden gestoßen, statt dass sie stoßen, genötigt, statt dass sie nötigen. Sie treffen keine Wahl; grausame Umstände legen ihnen Daumenschrauben an.

Ich kenne eines dieser Opfer. Dieser Mann verdient fünfhundert Dollar im Monat, aber seit Jahren geht die Hälfte davon dafür drauf, was Geschäftsleute »für ein totes Pferd zahlen« nennen. Als junger Mann machte er eine törichte Investition, bei der er jeden Dollar verlor, den er beiseitegelegt hatte, darüber hinaus hatte er Wechsel für einen hohen Betrag unterschrieben, die alle drei Monate fällig sind. Er kommt von diesen Wechseln nicht los, ohne Konkurs anzumelden. Dazu ist er jedoch zu anständig, und so ist sein ganzes Leben verpfuscht. Inzwischen ist er fünfzig Jahre alt, hat mehrere Söhne und Töchter, denen er nicht die Ausbildung angedeihen lassen konnte, die seinen Ambitionen entsprach. Das Wohlbefinden und Glück seiner Familie sowie sein eigener innerer Frieden wurden durch diese Schulden, die nicht weniger werden, zerstört. In all diesen Jahren lebte er in ständiger Angst, krank zu werden oder dass ihm irgendetwas zustoßen könnte und dann seine Frau und Kinder leiden würden.

Die Folge all dessen ist nicht nur eine enttäuschte Ambition, sondern der Verlust der viel versprechenden Veranlagung des Mannes, seiner Lebenskraft und seines natürlichen Optimismus, er ist verdrießlich und pessimistisch geworden. Sein eintöniges Leben im unfreiwilligen Dienst, der sklavischen Abhängigkeit infolge einer törichten Investition, vor langer Zeit in jungen Jahren ungeprüft eingegangen, hat all seine Lebensgeister aus ihm herausgepresst. Er hat den Gedanken daran, jemals etwas mehr zu tun, als knapp das Nötigste zum Leben für sich und seine Familie zu verdienen, praktisch aufgegeben. Die Existenz ist zu einer bloßen freudlosen Schufterei geworden, weil er in einem schwachen Augenblick seine ganze Zukunft verpfändet hat.

Sich abzuquälen, nur um etwas zum Essen und zum Anzuziehen zu haben, während man gezwungen ist, fast seinen ganzen Verdienst für vergangene Fehler wegzugeben, ist kein Leben. Es ist keine Freiheit. Es ist Sklaverei. Es ist langsames Ersticken.

Die Besessenheit, reich zu werden – die verrückte, irrige Idee, dass wir Geld haben müssen –, wirkt sich auf ehrgeizige Menschen verheerender aus als ein Krieg oder eine Seuche. Einem Mitglied der Chicagoer Handelskammer zufolge lassen Männer und Frauen in Amerika hundert Millionen Dollar im Jahr Betrügern zukommen, die versprechen, sie schnell reich zu machen. Sie gehen nach dem gleichen alten Schema vor – ein vertrauliches Schreiben und ein raffinierter Köder –, bis das Opfer sein Geld herausrückt. Tausende schleppen sich in Armut und Entbehrung dahin, bekümmert und gedemütigt, weil sie nicht in der Lage waren, im Leben weiterzukommen oder ihre Ziele zu verwirklichen, weil sie den Versprechungen eines aalglatten Werbers erlagen, der sie glauben machte, dass sie binnen kürzester Zeit aus einem sehr kleinen Geschäft ein großes machen könnten.

Das Fieber, zu versuchen, aus einem Dollar fünf zu machen, greift immer mehr um sich. Sogar Frauen suchen heimlich Büros von Brokern auf, investieren alles, was sie haben, in alle möglichen Vorhaben, verwenden dazu ihre Bankguthaben, verpfänden manchmal ihren Schmuck – selbst ihre Verlobungsringe – und nehmen Kredite auf, in der Hoffnung, viel Geld zu verdienen, bevor ihre Gatten oder Familien es herausfinden, und sie dann mit den Ergebnissen zu überraschen; aber in den meisten Fällen ist das, was sie investiert haben, hoffnungslos verloren.

Tausende von jungen Amerikanern sind so blockiert aufgrund von finanziellen oder anderen Verstrickungen, noch bevor sie überhaupt richtig mit ihrem Lebenswerk begonnen haben, dass sie nur einen Bruchteil ihrer wahren Begabung oder ihrer großartigen Energien in das umwandeln können, was in ihrem Leben eine Rolle spielen wird. Ein großer Teil davon geht auf dem Weg nach oben verloren, so, wie die Energie der Kohle fast völlig aufgebraucht ist, bevor sie die Glühbirne erreicht.

Legen Sie sich oder Ihr Geld nicht fest. Setzen Sie nicht all Ihre Ersparnisse aufs Spiel für irgendein Projekt, gleichgültig, wie vielversprechend es sein mag. Investieren Sie nicht Ihr hart verdientes Geld in irgendetwas, ohne zuerst gründliche und eingehende Nachforschungen angestellt zu haben. Lassen Sie sich nicht von denen zu irgendetwas verleiten, die Sie bedrängen, dass es »jetzt oder nie« geschehen muss und dass Sie, wenn Sie warten, wahrscheinlich das Beste verlieren werden, was Ihnen jemals widerfahren würde.

Werden Sie sich klar darüber, dass Sie, wenn Sie Ihr Geld verlieren, nicht den Kopf verlieren, und fassen Sie den Vorsatz, erst in irgendetwas zu investieren, wenn Sie über wirklich alle Details informiert sind. Auf jeden Menschen warten viele gute Dinge. Wenn Sie etwas nicht bekommen, so gibt es Hunderte andere. Man wird Ihnen erzählen, dass die Gelegenheit verstreichen wird und Sie die große Chance, Geld zu verdienen, verpassen, falls Sie nicht sofort handeln. Aber nehmen Sie sich Zeit und stellen Sie Nachforschungen an. Machen Sie es sich zur eisernen Regel, niemals in irgendein Unternehmen zu investieren, solange Sie es nicht auf Herz und Nieren geprüft haben. Und wenn es nicht so sicher ist, dass kein vernünftiger Mensch Geld darin hineinstecken würde, dann lassen Sie die Finger davon. Die Gewohnheit, Recherchen anzustellen, bevor Sie sich auf irgendein Geschäft einlassen, wird auch Ihr Glück, Ihr Vermögen und Ihren Ehrgeiz schützen.

Viele, die ernsthaft hoffen, »vorwärtszukommen«, lassen sich oft mit fragwürdigen Charakteren ein und schaden sich finanziell, bevor es ihnen bewusst wird – und stellen dann fest, dass sie sich in einer unglücklichen, höchst unangenehmen Lage befinden.

Es ist etwas Demütigendes an Armut. Allein das Wissen, dass wir trotz unserer Anstrengungen nichts zu bieten haben, außer einem schwachen Charakter und dem wenigen, was wir getan haben, ist alles andere als ermutigend. Wir glauben, dass wir es nie zu etwas bringen, und wir wissen, dass die Welt uns genauso ansieht, wenn es uns nicht gelingt, etwas anzusammeln.

Was nützt der Intellekt eines Giganten, wenn Sie Ihre Anlagen auf eine solche Weise binden, dass Sie die Arbeit eines Zwerges, zweitklassige Arbeit, verrichten müssen? Eine durchschnittliche Begabung gepaart mit beharrlicher Entschlossenheit und die Freiheit, ihr zu folgen, ist besser als Genialität, die so blockiert ist, dass sie quasi handlungsunfähig ist.

Wissen Sie die Freiheit und einen ungehinderten, reibungslosen Aufstieg zu würdigen. Legen Sie sich nicht fest – weder finanziell, gesellschaftlich, moralisch noch auf irgendeine andere Weise. Halten Sie sich fern von lähmenden Verpflichtungen jeglicher Art, sodass Sie frei und mit uneingeschränkten Fähigkeiten handeln können. Bewahren Sie Ihr Mannsein, Ihr Frausein und Ihre Unabhängigkeit – sodass Sie der Welt immer fest ins Gesicht blicken können. Bringen Sie sich nicht in eine Lage, in der Sie sich vor irgendjemandem entschuldigen oder ducken oder den Kopf einziehen oder kriechen müssen.

Bewahren Sie sich um jeden Preis Ihre Freiheit.

3

$\mathcal{A}$lles $\mathcal{G}$eld verloren

Ein prominenter New Yorker Anwalt, der über reiche Erfahrungen verfügt, sagt, dass seiner Meinung nach neunundneunzig von hundert Menschen, die eine Stange Geld verdienen oder erben, es früher oder später wieder verlieren.

Wie viele Tausende guter, ehrlicher Männer und Frauen gibt es in Amerika, die sehr schwer gearbeitet und auf jeglichen Komfort verzichtet haben, um etwas für die Zukunft zurückzulegen. Erreichen sie dann das mittlere Lebensalter, haben sie trotzdem nichts davon – tatsächlich stellen viele fest, dass sie weder ein Zuhause haben noch die Möglichkeit, eines zu bekommen, weder Vermögen noch einen Notgroschen für den Krankheitsfall, die unvermeidliche Notlage oder ihren Lebensabend.

Es scheint unglaublich, dass starke, robuste Selfmademen, die sich aus Armut nach oben durchkämpfen mussten und bei jedem Dollar, den sie verdient haben, die Rückenschmerzen spüren, zulassen sollten, dass ihnen ihre Ersparnisse unter den Händen zerrinnen in den dümmsten Investitionen, die oft, ohne Nachforschungen anzustellen, ihr Geld Tausende von Meilen entfernt zu Leuten schicken, die sie nie gesehen haben und von denen sie praktisch nichts wissen – weil eine Anzeige ihre Aufmerksamkeit erregte oder sie den Tricks eines aalglatten, gewissenlosen Werbers erlagen.

Unzählige riesige Vermögen wurden und werden in Amerika gebildet aufgrund der Unkenntnis der breiten Masse von Geschäftsmethoden. Die Trickser bauen darauf, dass es leicht ist, Menschen zu betrügen, die keine Ahnung haben, wie man sein Eigentum beschützt. Sie werden reich mit

der Unwissenheit ihrer Mitmenschen. Sie wissen, dass eine raffinierte Anzeige, eine geschickt verfasste Wurfsendung, ein hypnotisierender Aufruf
die schwer verdienten Ersparnisse dieser gutgläubigen Menschen in ihre
eigenen Schatullen befördern wird.

Um Ihres Heims willen, für den Schutz Ihres schwer verdienten Geldes,
für Ihren Seelenfrieden, Ihre Selbstachtung, Ihr Selbstvertrauen, was Sie
auch sonst tun mögen, versäumen Sie kein gutes, solides Finanztraining –
und kümmern Sie sich darum so früh wie möglich in Ihrem Leben. Es wird
Sie vor manchem Sturz bewahren, vor tausend Schwierigkeiten und vielleicht vor der Demütigung, gezwungen zu sein, vor Ihrem Ehepartner und
Ihren Kindern zu treten und zu gestehen, dass Sie versagt haben. Es kann
Ihnen die Kränkung ersparen, aus einem guten Haus in ein armseliges zu
ziehen, zu erleben, dass Ihnen Ihr Vermögen unter den Fingern zerrinnt,
und sich Ihre Schwäche und Ihren Mangel an Weitblick und Achtsamkeit
eingestehen zu müssen, oder es kann verhindern, dass Sie von Bauernfän-
gern übertölpelt werden.

Viele, die einst eigene Geschäfte hatten, arbeiten als Angestellte oder Ab-
teilungsleiter in den Firmen anderer, nur weil sie bei einem Unternehmen
alles aufs Spiel setzten und verloren. Da sie inzwischen Verantwortung für
ihre eigenen Familien tragen, wagen sie es nicht, die Risiken einzugehen,
die sie in jüngeren Jahren eingegangen sind, und so krebsen sie in mittelmäßigen Positionen herum, verhöhnt von Ambitionen, die zu verwirklichen sie keine Chance mehr haben.

Wie viele Erfinder, Entdecker, Künstler, Schriftsteller und dergleichen
haben jahrelang gegen die Verzweiflung inmitten von Armut und Entbehrung gekämpft, waren erfolgreich dabei, der Welt das in die Hand zu geben,
um einem Leben der Schinderei ein Ende zu bereiten und die harten Bedingungen der Zivilisation zu verbessern, und haben dann zugelassen,
dass andere ihnen ihre Siege entrissen und sie ohne einen Cent dastanden,
nur weil sie sich nicht zu schützen wussten!

Tausende von Menschen, um die es einst gut bestellt war, leben jetzt in
Armut und Elend, weil sie es versäumten, eine Abmachung oder Vereinbarung schriftlich festzuhalten oder Geschäfte professionell abzuschließen.

Familien wurden mittellos von Haus und Hof vertrieben, weil sie auf einen Verwandten oder Freund vertrauten und ihrem Rat folgten, »das Richtige zu tun«, ohne eine verbindliche, sachliche Geschäftsvereinbarung abzufassen.

Bringen Sie Geschäftsabschlüsse zu Papier. Das nimmt nur wenig Zeit oder Geld in Anspruch. Es spielt keine Rolle, wie ehrlich Menschen sind, sie können vergessen – und Missverständnisse können so leicht entstehen, dass es niemals sicher ist, wichtige Dinge bei einer bloßen mündlichen Erklärung bewenden zu lassen. Wenn alle interessierten Beteiligten sich einig sind, formulieren Sie die Vereinbarung im exakten Wortlaut. Dies verhindert oft Prozesse, Verbitterung und Entfremdung. Wie viele Freundschaften sind zerbrochen, weil Abmachungen nicht schriftlich festgehalten wurden! Tausende von Fällen kommen aus diesem Grund vor Gericht, und das Einkommen von Anwälten stammt zum großen Teil davon her.

Viele Menschen glauben, dass andere, im Besonderen Freunde oder Verwandte, denken werden, dass ihre Ehrlichkeit oder ihr Vertrauen oder ihre Vertrauenswürdigkeit infrage gestellt wird, wenn sie gebeten werden, ihr Angebot oder ihre Vereinbarung oder Abmachung schriftlich festzuhalten. Es geht nicht um Ehrlichkeit, Vertrauen oder Vertrauenswürdigkeit. Es geht ums Geschäft, und ein Geschäft sollte geschäftsmäßig abgeschlossen werden – sodass im Todesfall oder bei einem anderen unvorhergesehenen Ereignis mögliche Probleme oder Missverständnisse ausgeschlossen sind.

Manch eine gebildete Frau war plötzlich ganz auf sich gestellt aufgrund des Ausfalls oder Todes ihres Gatten – und sah sich außerstande, seine Geschäfte zu führen oder ihren Lebensunterhalt zu bestreiten. Viele Frauen, die plötzlich Witwen geworden sind, werden mit großen geschäftlichen Verpflichtungen zurückgelassen, die zu übernehmen sie völlig unfähig sind. Sie sind intriganten Anwälten oder unehrlichen Geschäftsleuten ausgesetzt, die wohl wissen, dass solche Frauen nichts als gefügige Werkzeuge in ihren Händen sind, wenn es um wichtige Geschäftsabschlüsse geht.

Junge Männer und Frauen schließen ihr Studium ab, sind vollgestopft mit Theorien und allem möglichen Wissen und Halbwissen, besitzen aber nicht die Fähigkeit, sich vor Ganoven zu schützen, die versuchen, von

ihnen etwas umsonst zu bekommen. Niemand sollte die Schule abschlie-
ßen dürfen, was speziell für die Absolventen der höheren Einrichtungen
gilt, ohne gute Grundkenntnisse in praktischen Geldangelegenheiten erworben zu haben. Eltern, die ihre Kinder ins Leben hinausschicken, ohne
dafür zu sorgen, dass sie mit allgemeinen Finanz- und Anlageprinzipien
vertraut sind, fügen ihnen ein unermessliches Unrecht zu.

Ich hörte eine junge Frau prahlen, dass sie nichts von Geldangelegenheiten verstünde und es auch gar nicht wolle. Sie sagte, dass es ihr zuwider
sei, über Wirtschaft zu reden. Und es gibt viele Frauen, die es für sich nicht
als notwendig erachten, irgendetwas von Gelddingen aus rein geschäftli-
cher Sicht zu wissen, da ihrer Meinung nach dieser Lebensaspekt ganz und
gar ihren Vätern, Brüdern oder Gatten vorbehalten sei.

Einmal lernte ich eine Dame kennen, die ihr Vermögen infolge mangeln-
den Geschäftswissens verloren hatte. Sie erzählte mir, dass sie überhaupt
keine Ahnung von geschäftlichen Dingen habe. Sie wusste nichts über
Finanzen oder Anlagen. Als ihr Mann starb, hinterließ er ihr ein großes
Vermögen, und sie pflegte jedes Papier oder Dokument zu unterzeichnen,
das ihr Anwalt oder Vertreter ihr vorlegte, gewöhnlich ohne es zu lesen.
Die Leute, die ihr Vermögen betreuten, nutzten ihre Unwissenheit aus. Sie
nahmen ihr das Vermögen weg, und schließlich hatte sie nicht einmal
mehr die Mittel, um es sich über einen Rechtsstreit zurückzuholen.

Eine andere Frau legte dem Kassierer ihrer Bank einen Scheck zur Aus-
zahlung vor. Er gab ihn ihr zurück mit der Bitte, ihn zu girieren. Die Dame
schrieb auf der Rückseite des Schecks: »Seit vielen Jahren mache ich Geschäfte mit dieser Bank, und ich glaube, dass alles in Ordnung ist. Mrs
James B. Brown.«

Ich kenne einen Mann, der für seine Frau ein Bankkonto einrichtete und
ihr ein Scheckbuch gab, damit sie ihre Rechnungen bezahlen konnte,
ohne ihn ständig um Geld bitten zu müssen. Eines Tages wurde sie von
der Bank in Kenntnis gesetzt, dass ihr Konto überzogen sei. Sie ging zur
Bank und sagte dem Kassierer, dass ein Irrtum vorliegen müsse, weil sie
immer noch viele Schecks übrig hätte. Sie wusste so wenig über Geldge-

schäfte, dass sie dachte, sie könnte so lange jeden Betrag abheben, bis die Schecks aufgebraucht wären.

Diese Geschichten hören sich lächerlich und fast unglaublich an, trotzdem macht vielleicht eine Frau, die darüber lacht, sogar noch absurdere Fehler. Manch eine gebildete Frau wird, wenn man ihr einen Füller reicht und sie auffordert, ein wichtiges, von einem Anwalt oder Geschäftsmann aufgesetztes Dokument zu unterzeichnen, dieser Bitte nachkommen, ohne es zu lesen oder gar zu bitten, über dessen Inhalt informiert zu werden, nur um später durch katastrophale Folgen festzustellen, dass sie ihr Vermögen abgetreten und sich aus ihrem eigenen Haus hinausgeworfen hat.

Erst vor Kurzem las ich über eine Dame, die einen Prozess mit einem Streitwert über 20 000 Dollar gewonnen hatte. Es wurden jedoch neue Beweise vorgebracht, die das Gericht zur sofortigen Aufhebung des Urteils veranlassten. Offenbar hatte die Frau einen Meineid geleistet. Das war keinesfalls ihre Absicht gewesen, aber sie hatte geschworen, niemals ein bestimmtes Dokument unterschrieben zu haben. Als man es ihr vorlegte, sah sie zu ihrem großen Erstaunen ihre Unterschrift darauf. Sie bestätigte sofort deren Richtigkeit, obwohl sie kurz zuvor noch geschworen hatte, fragliches Papier niemals unterzeichnet zu haben. Es stellte sich heraus, dass ihr Mann zu seinen Lebzeiten ihr immer, wenn Schriftstücke zu unterzeichnen waren, gesagt hatte, wohin sie ihren Namen setzen sollte, und sie tat, wie man ihr sagte, ohne die geringste Ahnung von dem Inhalt der Dokumente zu haben.

Viele Menschen sind zu Schaden gekommen, weil sie ihrem Anwalt oder Beauftragten unbeschränkte Vollmacht übertragen haben. Nur sehr wenige verstehen die Bedeutung einer unbeschränkten Vollmacht, die die derart ermächtigte Person befugt, mit dem Eigentum des anderen in jeder Hinsicht so zu verfahren, als wäre es ihr eigenes, so als ob sie für den Augenblick die Persönlichkeit des anderen angenommen hätte. Eine Person mit einer Vollmacht kann Ihren Namen unter jedes Dokument setzen, kann Sie nach Belieben zu irgendetwas verpflichten, kann Geld von Ihrem Konto abheben, kann sich bei allen Geschäftsabschlüssen für Sie ausgeben. Kurzum, so weit es sich um Geschäftsabsprachen handelt, vertritt eine

Person mit Vollmacht Sie praktisch und rechtlich. Es ist eine enorme Macht, die man in die Hände eines anderen legt, und man sollte sich genau überlegen, wem man sie erteilt. Sie sollte niemals irgendeiner Person erteilt werden, sondern nur einer, deren Ehrlichkeit über jeden Verdacht erhaben und deren Wissen über die Verwaltung finanzieller Dinge von anderen anerkannt und zuverlässig ist.

»Ich unterschrieb ein Dokument, in dem ich meinem Anwalt eine unbeschränkte Vollmacht erteilte, bevor ich ins Ausland ging. Ich vertraute ihm alles an, und als ich zurückkehrte, war praktisch alles weg. Meine Geschäfte waren so kompliziert, dass ich nicht das Geld hatte, um gegen den Mann, dem ich vertraute, gesetzlich vorzugehen.« Dies war in kurzen Worten die Geschichte über den finanziellen Ruin eines Mannes, so, wie er sie mir erzählte.

Wenn jeder eine umfassende Ausbildung in Gelddingen erhielte, würden Zehntausende von Werbern und Tricksern, die mit der Unwissenheit anderer reich geworden sind, arbeitslos werden.

Diese Unwissenheit in Bezug auf praktische Geschäftsprinzipien ist erstaunlicherweise weit verbreitet bei den höheren Berufsständen. Ich kenne Geistliche, Journalisten, Schriftsteller, Ärzte, Lehrer – Menschen in jedem Beruf –, die aufgrund ihrer Unfähigkeit in geschäftlichen Angelegenheiten ständig ernsten Schwierigkeiten ausgesetzt sind. Einige von ihnen wissen nicht, wie man die einfachsten Geschäftsformulare interpretiert.

Es ist unendlich schwerer, Geld zu sparen und es klug anzulegen, als es zu verdienen. Wenn selbst die geschicktesten Geschäftsleute, diejenigen, die eine lange Ausbildung in wissenschaftlichen Geschäftsmethoden absolviert haben, es schwierig finden, Geld zu behalten, nachdem sie es verdient haben, wie soll es dann uns anderen ergehen, die praktisch keine Ausbildung in Geschäftsmethoden genossen haben?

Nichts wird Ihnen besser zustattenkommen in der harten, nüchternen, praktischen Alltagswelt als eine gute, fundierte Ausbildung im Gebrauch und Missbrauch von Geld. Ihr Erfolg, egal in welcher Branche, in welchem Beruf oder bei welcher Tätigkeit, wird genauso sehr von Ihrem Allgemeinwissen über Gelddinge wie von Ihrer Fachausbildung abhängen.

Mit anderen Worten, gleichgültig welcher Beschäftigung Sie nachgehen, in erster Linie müssen Sie Geschäftsmann oder Geschäftsfrau sein, oder Sie werden in den praktischen Angelegenheiten des Lebens immer im großen Nachteil sein. Sie können den finanziellen Aspekt des Lebens ebenso wenig ignorieren wie den Aspekt der Ernährung.

Die Grundlage einer erfolgreichen Existenz ist das Wissen, wie mit deren finanziellen Faktor effektiv umzugehen ist.

Sich mit Armut abfinden

Eines der schlimmsten Dinge an bitterer Armut ist die Gefahr, sich mit ihr abzufinden, sie zu erwarten, die Überzeugung zu hegen, dass wir immer arm sein werden, dass sich dieser Zustand nicht ändern lässt.

Die Gewohnheit, zu denken, dass wir arm bleiben müssen, weil wir es jetzt sind, ist eine lähmende Gewohnheit.

Woran auch immer wir uns auf die Dauer gewöhnen, es führt dazu, zu einer festen, gleichbleibenden Lebensweise zu werden. Unzählige Menschen haben sich so sehr an ihre Armutsumgebung gewöhnt, nehmen sie derart als selbstverständlich hin, dass sie arm bleiben werden, dass sie nicht die notwendigen Schritte unternehmen, um von der Armut wegzukommen. Sie wissen nicht, dass der erste Schritt zum Wohlstand viel einfacher ist, als sie denken. Tatsächlich ist es ein geistiger Schritt. Es ist die Art, wie sie denken. Durch ihre Armutsgedanken und Armutsüberzeugungen bekräftigen sie weiterhin ihre Armut und versinken so immer tiefer in den Zustand der Armut. Solange Sie an dem Gedanken ans Armenhaus festhalten, steuern Sie auch unweigerlich auf das Armenhaus zu.

Wie hart Sie auch arbeiten mögen, solange Sie die Vorstellung von Armut, den Gedanken ans Armenhaus hegen, vertreiben Sie genau das, was Sie anstreben. Wenn Sie Gedanken des Scheiterns, der Armut säen, können Sie genauso wenig Erfolg, Wohlstand ernten wie ein Bauer, der Disteln gesät hat, Weizen ernten kann.

Jemand hat einmal gesagt, dass noch nie jemand im Armenhaus gelandet sei, der das Armenhaus nicht durch eine Armenhaus-Einstellung ange-

zogen hätte. Beobachtung und intensive Beschäftigung mit diesem Thema
haben mich zu der Überzeugung geführt, dass in der Regel Menschen, die
in ihrem Leben kläglich versagen, dies auch erwartet haben. Sie hatten
einen solchen Horror vor dem Armenhaus, sie lebten in einer solchen
Angst, in Not zu geraten, dass sie gerade die Quelle ihrer Versorgung zu-
drehten. Ihr Urteilsvermögen war derart getrübt, dass sie nichts außer
Armut vor sich sahen. Sie verschwendeten die kostbare Energie, die hätte
genutzt werden können, um zu Glück und Wohlstand zu gelangen, indem
sie die schrecklichen Dinge, die ihnen zustoßen könnten, erwarteten,
fürchteten und sich darauf gefasst machten – und dem Gesetz entsprechend bekamen sie auch das, wovor sie solche Angst hatten.

An Krieg denken, über Krieg reden, ihn erwarten, sich darauf einstellen
– mit anderen Worten das Vorbereitetsein auf Krieg, die ständige Kriegs-
suggestion –, das ist für den Ausbruch praktisch aller Kriege verantwortlich.
Wenn alle beteiligten Nationen über Frieden reden, an Frieden denken, ihn
erwarten, sich darauf einstellen würden, dann würde auch Frieden herr-
schen und nicht Krieg.

Auf ähnliche Weise werden Sie, solange Sie über Armut reden, an Armut
denken, sie erwarten, sich auf sie einrichten, arm sein. Das Vorbereitetsein
auf Armut, sie zu erwarten, sie anzuziehen – dies alles bestärkt Armutsbe-
dingungen.

Wir ziehen ständig das an, was wir erwarten. Wenn Sie einen unaufhör-
lichen Strom von Armutsgedanken aussenden, einen Strom des Zweifels,
einen Strom der Mutlosigkeit, dann ist es einerlei, wie schwer Sie in der
entgegengesetzten Richtung arbeiten mögen, Sie werden niemals von dem
Strom wegkommen, den Sie in Gang gesetzt haben. Der Gedankenstrom,
den Sie erzeugen, wird zu Ihnen zurückfließen.

Überall sehen wir Menschen, die sich bemühen, weiterzukommen, die
sich von früh bis spät abplagen, um ihren Zustand zu verbessern, aber
gleichzeitig nicht erwarten oder gar hoffen, wohlhabend zu sein. Sie glauben nicht, dass sie bekommen werden, wofür sie arbeiten, und darum bekommen sie es auch nicht.

Ein typisches Beispiel für Menschen, die im Armutsstrom verharren, ist eine mir bekannte Frau, die ständig ihre Unfähigkeit, ihre Situation zu verbessern, beteuert. Wenn ihre besser gestellten Freunde ihr sagen, dass sie dieses und jenes haben sollte, antwortet sie ihnen: »Oh, ihr Reichen habt gut reden, aber diese Dinge sind nicht für mich bestimmt. Wir sind immer arm gewesen und vermutlich werden wir es auch immer sein. Wir können nur das Lebensnotwendige haben und schätzen uns glücklich, wenn wir es bekommen. Natürlich würde ich mir und den Kindern ab und zu gern etwas gönnen, aber das wäre verschwenderisch, und ich muss mir einen Notgroschen zurücklegen.«

Nun habe ich nichts auszusetzen an Leuten, die sich einen Notgroschen zurücklegen. Es ist vernünftig, auf jede Notlage vorbereitet zu sein. Es ist eine großartige Sache, für später zu sparen, sich auf eine angenehme Zeit im Alter vorzubereiten. Aber Menschen, die früh anfangen, für »schlechte Zeiten« vorzusorgen, und die sich jedes kleine Vergnügen und jede kleine Freude versagen um dieser Vorsorge willen, verfallen in die Gewohnheit, sich selbst einzuengen, und bleiben gewöhnlich ihr ganzes Leben dabei.

Diese Frau schränkt ihre Versorgung durch ihre Überzeugung ein, dass jeder Cent, den sie übrig hat, in ihre Rücklage für schlechte Zeiten fließen muss. Sie versichert sich und anderen, dass sie aufgrund ihrer Armut die Dinge, die sie gern hätte, niemals haben wird, und so schränkt sie ihr Leben und das ihres Sohns und ihrer Tochter in der Erwartung einer möglichen Notlage ein. Sie steht beispielhaft für eine Vielzahl von Männern und Frauen, die sich mit ihrer Armut zufriedengeben, die sich mit deren Einschränkungen abfinden und keine energische Anstrengung unternehmen, um von ihr wegzukommen. Das heißt, sie denken nicht im Traum daran, von ihrem schöpferischen, positiven Denken Gebrauch zu machen, sondern fahren damit fort, entsprechend dem negativen, zerstörerischen Armutsdenken zu leben – und es in ihren Verhältnissen zu verwirklichen.

Das sind die Menschen, die immer sagen, dass sie sich etwas »nicht leisten können«; sie können es sich nicht leisten, ihr Kind dieses Jahr aufs College zu schicken; sie können sich die notwendige Kleidung oder den dringend nötigen Urlaub nicht leisten – wegen der Notlage, die einem Gespenst gleich bei jedem Festessen und bei jeder Gelegenheit, bei der sie versuchen, ein wenig Freude oder Zufriedenheit aus der Gegenwart herauszuholen, erscheint. Immer verschieben sie Dinge aufs nächste Jahr.

Aber dieses »nächste Jahr« kommt nie, und die Kinder gehen nie aufs College, und sie nehmen nie den dringend nötigen Urlaub – sei es im eigenen Land oder, wie schon so lang versprochen, eine Reise ins Ausland. Sie schieben ständig die Freude an den schönen Seiten des Lebens auf, bis sie »es sich leisten können«, aber diese Zeit kommt niemals für diese ängstlichen, besorgten Menschen, weil sie immer noch ein wenig mehr für die Zukunft zurücklegen müssen.

Ich kenne mehrere Leute im reiferen Alter, die sich immer noch einschränken – nicht nur im Hinblick auf Komfort, sondern sogar auf Lebensnotwendigkeiten – in Erwartung der möglichen schlechten Zeiten, für die sie immer planen. Sie machen aus dem Leben eine ununterbrochene Notzeit und erkennen kaum, dass sie meistens die Not, für die sie unaufhörlich sparen, selbst erschaffen.

Manchmal liest man in Zeitungen von den Folgen einer solchen selbst einschränkenden, um Notzeiten kreisenden Denkweise. Eine New Yorker Zeitung berichtete kürzlich ein typisches Beispiel: Eine alte Frau war allein in den Slums der Metropole gestorben. Sie war bereits mehrere Tage tot gewesen, als man ihren Leichnam fand. Ihre Wohnung war so erbärmlich, dass man zuerst annahm, sie wäre mittellos gewesen. Nachforschungen ergaben jedoch, dass die Frau fast zehntausend Dollar in bar und auf dem Konto hatte.

Verarmt durch ihren kranken Geist, verhungerte dieses unglückliche Wesen, wie so viele andere von Armut geplagte Seelen, inmitten von Überfluss. Sie war so besessen von dem Armutsgedanken gewesen, dass sie sich selbst das zum Leben Notwendige versagt hatte. Jahrelang hatte sie sich von dem großen Strom des Lebens abgekapselt, der überall um sie herum floss, damit sie horten und horten und horten konnte. Sie ließ keinen in ihre Wohnung hinein und starb allein und vernachlässigt und ließ das Geld zurück, das ihr ein bequemes, glückliches, sinnvolles und langes Leben ermöglicht hätte. Sie war genauso ein Opfer von Armut, als hätte sie keinen einzigen Cent gehabt.

»Aber woher sollen wir versorgt werden? Wie sollen wir die Miete bezahlen, die Hypothek auf dem Haus, der Farm tilgen? Woher kommt das Geld? Was wird mit uns geschehen, wenn wir es nicht erhalten? Woher kommt die Kleidung der Kinder? Wie sollen wir das Lebensnotwendige erhalten? Was ist, wenn ich keinen Job bekommen kann, der uns ein vernünftiges Leben ermöglichen wird?« Das sind die Fragen, die sich unzählige Menschen stellen – und damit die seuchenartige Heftigkeit des Leidens an der Armutskrankheit zum Ausdruck bringen.

Es gibt sonst nichts, was Menschen so viel Sorgen bereitet, was solch ein permanenter Reizstoff ist wie diese Angst davor, was die Zukunft bringen wird, diese Furcht vor Armut, davor, nicht imstande zu sein, seine Lieben mit dem lebensnotwendigen Bedarf und Annehmlichkeiten zu versorgen, die Angst davor, unfähig zu sein, sich selbst zu versorgen und seine Kinder in einer behaglichen und anständigen Umgebung großzuziehen. Es entmagnetisiert uns, vertreibt die Dinge, die wir uns wünschen, und zieht jene an, die wir fürchten.

»Denn was ich gefürchtet habe, ist über mich gekommen«, sagte Hiob. Und ebenso sicher ist, dass diejenigen, die eine krankhafte Angst vor Armut haben, genau den Zustand anziehen, den sie so fürchten und dem sie zu entkommen versuchen – weil der Geist sich mit dem verbindet, bei dem er verweilt, was auch immer das sein mag. Unsere Zweifel und heftigen Abneigungen und großen Ängste – die Dinge, mit denen wir uns geistig verbinden – ziehen wir an.

Wobei auch immer Sie im Geiste verweilen, Sie erschaffen es unbewusst. Wenn Sie ständig an Unglücksfälle, an Armut denken; wenn Sie Angst davor haben, am Arbeitsplatz zu versagen, in Not geraten zu können; wenn Sie immer an die Möglichkeit denken, dass Ihre Geschäfte zurückgehen könnten; wenn Sie fürchten, dass Sie Ihren Job nicht mehr richtig im Griff haben, dann verschlimmern Sie Ihr Problem und machen es nur noch schlimmer und immer schlimmer. Viele Menschen erwarten nicht einmal, ein ausreichendes Einkommen zu haben, geschweige denn ein Leben im Überfluss. Sie erwarten Armut, schwere Zeiten, und verstehen nicht, dass gerade diese Erwartungshaltung ihre magnetische Kraft verstärkt, um das in ihr Leben zu ziehen, was sie nicht haben wollen.

Vor nicht langer Zeit fragte mich ein junger Mann, der ziemlich niedergeschlagen war, weil er im Leben nicht vorankam, worin meiner Meinung nach das Problem bestünde. Er sagte, er habe immer hart gearbeitet, aber schien überhaupt keine Fortschritte zu machen. Er war gerade einmal imstande, knapp das Nötigste zum Leben zu verdienen. Alles schien sich gegen ihn zu wenden. Das Schicksal, beklagte er sich, schien entschlossen zu sein, ihn unten zu halten, egal wie sehr er dagegen ankämpfte, und er war dazu verdammt, arm, ein Niemand zu bleiben. Er war davon überzeugt, dass Pech, Armut und Scheitern in der Familie lägen, denn sein Vater und sein Großvater hätten auch schwer gearbeitet, aber sie hätten es nie zu etwas gebracht, hätten sich nie von der Armut befreien können, und er erwartete nicht, dass es ihm gelingen würde.

Ein anderer, älterer Mann, der meinen Rat bei einem ähnlichen Problem suchte, beklagte die fürchterliche Ungleichheit menschlicher Bedingungen und schimpfte über sein Los und die Ungerechtigkeit des Schicksals. »Ich arbeite von früh bis spät, sonntags und feiertags«, sagte er, »und seit Jahren habe ich keinen Urlaub mehr genommen. Seit meiner Kindheit mühe ich mich ab, bin bestrebt und lege mich tüchtig ins Zeug, um meinen Weg im Leben zu machen, und inzwischen bin ich über fünfzig und bisher hatte ich mit nichts Erfolg. Irgendetwas stimmt in der Gesellschaft nicht, wenn eine solche Ausdauer und solche unermüdlichen Anstrengungen einen nicht dazu befähigen, es im Leben zu etwas zu bringen oder in eine lohnende Stellung aufzusteigen.«

Ich fragte ihn nach seinem Schulabschluss und seiner Berufsausbildung. Er räumte ein, dass er nicht viel Aufhebens von einer Vorbereitung auf sein Arbeitsleben gemacht habe. Sein Vater sei auch ein überaus fleißiger Arbeiter gewesen, habe immer versucht, seine Lage zu verbessern, sei aber wie er selbst nie erfolgreich gewesen, und so sei er zu dem Schluss gekommen, dass der Familie kein Erfolg beschieden und es daher sinnlos sei, Jahre für eine Berufsausbildung zu verschwenden, denn auch für ihn bestünden sicherlich keine rosigen Aussichten.

Diese beiden Männer gehören zu denen, die in ihren Köpfen ständig auf Armut und Versagen zusteuern und sich dann beklagen, wenn sie das bekommen, was sie eingeladen haben. Dem Gesetz der geistigen Anziehung zufolge kann ihnen gar nichts anderes widerfahren als Armut und Versagen. Beide hatten sich Erfolg und Wohlstand gewünscht, aber immer das Gegenteil erwartet. Beide haben sich auf eine gewisse ziellose Weise abgeschuftet, sich selbst und ihre Fähigkeiten herabgesetzt mit der inneren Überzeugung, dass sie zu etwas anderem sowieso nicht geeignet seien und dass, falls sie doch jemals erfolgreich sein sollten, dies einem Glücksfall zu verdanken sei und nicht, weil es ihnen aufgrund eines natürlichen Rechts oder ihrer Anstrengungen zustände.

Niemand von uns kann wohlhabend werden, solange wir in unserem Bewusstsein das Bild von Einschränkung, von Mangel und Not aufrechterhalten. Wir bekommen nicht die Dinge in dieser Welt, von denen wir nicht glauben, dass wir sie bekommen können. Wir können nichts erreichen, wenn wir daran zweifeln, dass wir es schaffen – selbst wenn wir die Fähigkeit dazu haben.

Ich kannte einen Jungen auf dem College, der immer sicher war, bei seinen Prüfungen durchzufallen, und er fiel ausnahmslos durch. Trotzdem war der Grund dafür eher seine Angst, seine Panik davor, durchzufallen, als mangelnde Fähigkeit oder Prüfungsvorbereitung. Er hatte es sich zur Gewohnheit gemacht, ein Scheitern zu erwarten, Missgeschicke vorherzusagen, sie sich zu erhoffen und sich auf sie vorzubereiten – und, soweit ich weiß, folgten sie ihm auch weiterhin durchs Leben.

In jeder Gemeinde, in jeder Branche und jedem Beruf gibt es fähige, gewissenhafte Männer und Frauen, die sich alle Mühe geben, soweit es ihre gegenwärtige Tätigkeit betrifft, im Leben voranzukommen, die aber gleichzeitig nicht erwarten, voranzukommen. Es ist Mitleid erregend, zu sehen, wie sie sich Tag für Tag abquälen, aber immer in die falsche Richtung blicken. In ihren Berufen arbeiten sie für den Erfolg, arbeiten sie für ein Auskommen für sich selbst und ihre Familien, aber die ganze Zeit über erwarten sie Misserfolg, rechnen mit Armut, leben in einer Atmosphäre geistiger Armut.

Es gibt kein philosophisches Gesetz, nach dem es Ihnen möglich wäre, genau das Gegenteil von dem hervorzubringen, was Sie im Geiste nähren, worauf Sie sich konzentrieren. Wenn Sie abschätzig denken, wenn Sie sich fürchten, besorgt sind, wenn Sie Ängste und Zweifel haben, wenn Sie nicht aufhören, sich schwere Zeiten, panische Angst und finanzielle Krisen vorzustellen, daran zu denken, darüber zu reden, werden sich Ihre Verhältnisse entsprechend verschlechtern. Ein Gedankenstrom, durchdrungen von Versagensängsten, von Zweifeln und Mutlosigkeit, wird Ihre tatkräftigsten Anstrengungen unterbinden. Sind Sie andererseits zuversichtlich und erwarten Besseres, davon überzeugt, dass sich Ihre Verhältnisse vorteilhaft ändern werden, dann setzen Sie einen Gedankenstrom in Gang, der Ihre Bemühungen mit einer unwiderstehlichen Kraft unterstützen wird.

Die frühen Jahre von zahllosen Kindern sind erfüllt von Armutssuggestionen. Sie atmen förmlich Armutsluft ein. Sie hören unaufhörlich Gespräche über Armut. Sie eignen sich ein Armutsvokabular an. Ihre Väter und Mütter reden ständig über Armut, beklagen ihre eingeschränkten Verhältnisse, jammern, dass sie arm geboren wurden und arm sterben müssen. Kinder, die in einem solchen geistigen Klima aufwachsen, machen sich eine Armutsgewohnheit zu eigen, die sehr schwer abzulegen ist.

Es besteht ein gewaltiger Unterschied zwischen den Erwartungen, der Geisteshaltung sowie dem Gesichtsausdruck eines armen Kindes, das davon träumt, eines Tages aufs College zu gehen, das sich ausmalt, dort zu sein, das fest daran glaubt, dass dieser Traum in Erfüllung gehen wird, und den Erwartungen, der Geisteshaltung und dem Gesichtsausdruck eines anderen Kindes, das sich ebenfalls nach einer Ausbildung sehnt, aber jede Hoffnung aufgegeben hat, jemals ein College zu besuchen oder der argen Schinderei und der verhassten Monotonie des Lebens zu entkommen.

Wir müssen unser Denken ändern, bevor wir unsere Verhältnisse ändern können. Das Denken führt immer zu irgendeinem Ergebnis. Es ist genauso unmöglich für die große Masse der Armen, ihre materielle Lage zu verbessern, solange sie fest davon überzeugt ist, immer arm zu sein und nicht imstande, was andere getan haben, um aus ihrem Trott herauszukommen, wie für ein Kind, das sich danach sehnt, aufs College zu gehen, aber zu der Überzeugung gekommen ist, dass es unmöglich in den Genuss einer höheren Bildung gelangen kann. Wenn Sie glauben, dass alle anderen Glück haben und Sie Pech, wenn Sie über Ihr schweres Los klagen und denken, dass die Reichen all die guten Dinge der Welt bekommen und Ihnen nur der Abfall bleibt und Sie nie etwas anderes erhalten werden, dann werden Sie natürlich auch wirklich nie etwas anderes erhalten.

Dieses Sichhinwenden zur Armut und Verzweiflung, die Annahme, dass Hoffnungslosigkeit und Versagen unvermeidlich sind, ist das Schlimmste an der Armut. Die Überzeugung, dass man nicht von der Armut loskommen kann, der feste Glaube, dass man nie zu Wohlstand gelangen wird – das ist das Bedrückendste an den sehr Armen.

Vor Kurzem erzählte mir ein Mann, dass er sich damit abgefunden habe, nicht dazu bestimmt zu sein, im Luxus zu leben. Da er immer arm gewesen sei, erwartete er auch, arm zu bleiben, und rechnete niemals damit, dass er es einmal besser haben könnte. Er sagte, dass er vollauf zufrieden wäre, wenn er nur sicher sein könnte, nie ins Armenhaus gehen zu müssen, wenn er genug hätte, um seine kleine Familie mit dem Nötigsten zum Leben zu versorgen.

Das ist genau der Punkt, warum der Mann arm blieb, denn er arbeitete schwer. Er erwartete stets, arm zu sein. Er erwartete nichts Besseres. Er arbeitete bloß für das Nötigste zum Leben, erwartete sonst nichts und so war er natürlich auch nur imstande, gerade eben durchzukommen, gerade genug zum Überleben zu verdienen. Diese Einstellung der Armen zur Armut führt dazu, diese zu verstärken, ihre Verhältnisse zu verschlimmern. Solange wir den Armutsgedanken nähren, machen wir uns zu einem Armutsmagnet und ziehen fortwährend ungünstige Bedingungen an.

Äußerste Armut ist eine Geißel, die ihre Opfer von Tiefen in weitere Tiefen herabzieht, die aus dem Leben einen bitteren Kampf um die Brosamen macht, die Körper und Seele zusammenhalten. Wenn diese nicht verfügbar sind, treibt sie die Verzweifelten in die Kriminalität, um nicht verhungern zu müssen. Oder, wenn sie zu stolz sind, um zu stehlen oder zu betteln, dazu, ihr Leben zu beenden.

Die Bibel sagt uns: »Das Verderben der Geringen ist ihre Armut.« Jeder, der die Elendsviertel in unseren Großstädten untersucht, jeder Bericht über das Leben der bedauerlichen Armen und die verhungernden Kinder in unserer Mitte bestätigt, dass dies die reine Wahrheit ist.

Wenn Sie in den Fängen einer so bitteren Armut sind, dass sie Ihnen sogar den Wunsch nimmt, von ihr loszukommen, dann sind Sie bestraft mit der Vergiftung durch Ihr eigenes Denken. Genau das ruiniert und verschlimmert so viele Leben, vertreibt Glück, Gesundheit und Wohlstand.

Armut ist gewöhnlich eine Krankheit. Sie ist genauso eine Krankheit wie Pocken oder Tuberkulose. Sie ist für den Menschen genauso unnormal wie irgendeine körperliche Krankheit.

Und genauso verhält es sich mit dem Verwandten der Armut, dem Misserfolg.

Jedes Jahr fordert die Armut unter ihren Zehntausenden Opfern unschuldige Kinder, die an Krankheit und Verwahrlosung sterben.

Während die Menschheit immer klüger und gebildeter wird, beseitigen wir eine Vielzahl von Zuständen, von denen man früher dachte, man wäre dazu geboren und man könnte ihnen nicht entkommen. Viele Übel, die dank Wissenschaft und Bildung überwunden wurden, galten einmal als gottgesandte Geißeln, um uns für unsere Sünden zu bestrafen, um uns zu züchtigen. Krankheiten, die die Menschen vor hundert Jahren in Angst und Schrecken versetzten und vor denen sie entsetzt flohen, werden heute überhaupt nicht mehr gefürchtet. Intelligenz und Wissenschaft haben die großen Seuchen, die im finsteren Mittelalter ihre verängstigten Opfer millionenweise dahinrafften, besiegt. Heute fürchten wir diese Seuchen nicht, weil wir ihre Ursachen beseitigt haben. Wir wissen jetzt, dass die Verhinderung dieser schrecklichen Epidemien lediglich eine Sache der Kanalisation, der Hygiene, der vernünftigen, gesunden Lebensweise ist. Wir wissen, dass sie durch Unwissenheit geschaffene Geißeln waren und keine »Strafen« Gottes.

Die Armutskrankheit, der Armutsfluch, ist kein Ratschluss Gottes. In Industrieländern, in wohlhabenden Ländern, ist sie größtenteils das Ergebnis einer Geisteshaltung. Jeder Mensch in diesen Ländern könnte ein angenehmes Leben führen, wenn er von den in ihm weggeschlossenen Kräften wüsste. Wenn die geistigen Gegengifte gegen Armut ebenso allgemein bekannt wären wie die medizinischen Gegengifte, dann gäbe es in diesen Ländern keine Armen.

Wenn wir uns als Volk, als zivilisierte Welt weiterentwickeln sollen, dann müssen wir mit ganzer Entschiedenheit diese erdrückende Armutskrankheit aus unserer Mitte vertreiben. Statt ihren Segen zu preisen, wie einige es tun, ist es unsere Pflicht, uns von ihr zu befreien – und andere, in unserem und allen anderen Ländern, dabei zu unterstützen.

Kostspielige Sparsamkeit

»Es gibt bestimmte Arten von Sparsamkeit, die sich nicht bezahlt machen«, sagte Josh Billings, »und eine davon ist, dass es sehr viele Menschen auf der Welt gibt, die versuchen, zu sparen, indem sie Nadeln gerade biegen.«

Viele verfallen der Gewohnheit zu sparen und bringen, ohne dass es ihnen bewusst wird, ständig ihre Geschäfte zum Erliegen. Sie beeinträchtigen ihre Aussichten und machen günstige Gelegenheiten zunichte, indem sie den Blick fest auf kleinliche Sparmaßnahmen gerichtet halten.

Ich kenne einen reichen Mann, der derart sparsüchtig ist, eine Gewohnheit, die er annahm, als er versuchte, einen guten Start ins Leben zu haben, dass er nicht mehr davon loskommen kann, und sehr oft verliert er kostbare Zeit im Wert von einem Dollar bei dem Versuch, zehn Cent zu sparen. In seinem ganzen Haus stellt er die Gasbeleuchtung auf so klein, dass man sich kaum bewegen kann, ohne über Stühle zu stolpern. Mehrere Mitglieder seiner Familie haben sich schon Verletzungen zugezogen, weil sie im Dunkeln gegen halb offene Türen gelaufen oder über Möbel gestürzt sind. Einmal, als ich dort zu Besuch war, verschüttete ein Angehöriger eine Flasche Tinte auf einen kostbaren Teppich, als er in der Dunkelheit von einem Zimmer in ein anderes ging.

Mit der gleichen törichten Sparsamkeit betreibt er sein Geschäft. Er reißt die ungenutzten halben Seiten von Briefen ab, schneidet die Rückseiten von Briefumschlägen zu Schmierpapier aus und ist ständig damit zugange, an Kleinigkeiten zu sparen, die für ihn in gar keinem Verhältnis zu dem Wert der dafür aufgewendeten Zeit stehen. Er lässt seine Angestellten grundsätzlich die Schnüre von Paketen aufbewahren, selbst wenn es zweimal so viel Zeit erfordert, die Schnüre zusammenzulegen, als sie es wert sind, und nimmt noch weitere gleichermaßen lächerliche belanglose Einsparungen vor.

Ein Pariser Bankangestellter, der einen Beutel Gold durch die Straßen trug, ließ eine Zehn-Franc-Münze fallen, die vom Bürgersteig rollte. Er stellte den Beutel ab, um die verlorene Münze zu suchen, und während er versuchte, sie aus der Abflussrinne herauszuwinden, stahl jemand seinen Beutel und lief damit weg.

Ich habe einmal gesehen, wie sich eine Dame ein Paar hochwertige Handschuhe ruinierte bei dem Versuch, ein Fünfcentstück zu bergen, das in den Schlamm gefallen war.

Verhältnismäßig wenig Menschen vertreten eine gesunde Ansicht darüber, was echtes Sparen oder Wirtschaftlichkeit bedeutet. Die meisten schaden ihrer Gesundheit ernsthaft bei dem Versuch, Geld zu sparen – indem sie billige, energiearme Lebensmittel kaufen. Sie halten sich für kluge Sparer, weil sie nur ein paar Cent für ihr Mittagessen ausgeben oder ganz darauf verzichten. Was sie leider allzu oft feststellen, ist, dass sie tatsächlich ihre Gesundheit beeinträchtigt haben.

Andere schieben einen notwendigen kleinen chirurgischen Eingriff oder eine Zahnbehandlung monatelang oder gar jahrelang auf, einfach weil sie sich vor den Kosten fürchten, und leiden daher nicht nur die ganze Zeit über unter unnötigen Schmerzen, sondern machen es sich auch noch selbst unmöglich, ihr Bestes in ihrem Job zu geben.

Wir machen uns kaum klar, in welch erschreckend hohem Maß die meisten Menschen Energie und kostbare Lebenskraft infolge falscher Vorstellungen von Sparsamkeit verschwenden.

Einige Leute verschwenden kostbare Zeit im Wert von einem Dollar, um unzählige Geschäfte aufzusuchen auf der Jagd nach Sonderangeboten und bei dem Versuch, ein paar Cents bei einem kleinen Einkauf zu sparen. Sie kaufen Kleidungsstücke aus minderwertigem Material, weil sie billig sind,

obwohl sie wissen, dass sie sich schnell abtragen werden. Es gibt keine größere Täuschung als die, dass Billigkeit gleichbedeutend mit Sparsamkeit
ist.

Vor Jahren habe ich eine Zeit lang beobachtet, wie in New York ein Wolkenkratzer errichtet wurde. Die Besitzer feilschten mit sehr vielen Bau-
unternehmern und vergaben schließlich den Auftrag an denjenigen mit
dem niedrigsten Angebot. Die ursprüngliche Schätzung eines zuverlässi-
gen Bauunternehmers für ein ausgesprochen solides erstklassiges Gebäude
wurde von dieser günstigeren Firma um mehr als Hunderttausend Dollar
unterboten.

Das Resultat ist, dass die Besitzer sich mit ihrer Gewinnsucht und ihrer
Gier zu sparen übernahmen, und das Gebäude ist seit seiner Fertigstellung
eine ständige Sorgenquelle für sie. Alles daran ist billig, schäbig oder wa-
ckelig. Es vergeht kaum ein Tag, an dem nicht irgendwo etwas defekt ist.
Die Wände sind rissig, die Böden sacken ab, die Türen verziehen sich, und
die Fenster klemmen. Es gibt ständig Ärger mit den billigen Aufzügen, den
Dampfarmaturen und Elektroinstallationen und Heizkessel, und sämtliche
Maschinen sind regelmäßig kaputt. Im Winter ist es im Gebäude kalt, die
billigen Rohrleitungen sind undicht, das Mobiliar wird ständig beschädigt.
Infolgedessen sind die Mieter unzufrieden und ziehen schnell wieder aus.
Obwohl das Gebäude in einem Stadtteil liegt, in dem die Mieten hoch
sind, ist es unmöglich, vertrauenswürdige Mieter längere Zeit zu halten,
weil sie sich so ärgern. Es zieht eine Bevölkerungsschicht an, die genauso
wie es selbst billig, schäbig, unzuverlässig ist – und die Einbußen an Mieten und durch ständige Reparaturen und die rapide Wertminderung, ganz
zu schweigen von dem Verschleiß des Nervenkostüms der Besitzer, werden
größer sein als die Summe, die durch den billigen Vertragspartner einge-
spart wurde.

Der Versuch, die Lohnkosten auf den niedrigstmöglichen Stand zu verringern, hat schon manches Unternehmen in den Ruin getrieben. Viele
Hotels haben Bankrott gemacht, weil der Inhaber versuchte, ein paar Tausend Dollar im Jahr zu sparen, indem er billige Angestellte, Köche und

Kellner in den Dienst nahm und billige Lebensmittel einkaufte. Gerade wegen dieses kleinen Unterschieds zwischen dem billigen und dem besten Personal und dem billigen und dem besten Essen hat so mancher kluge Hotelbesitzer ein Vermögen verdient.

Natürlich sind wir uns darüber im Klaren, dass diejenigen, die nicht das Geld haben, nicht immer das tun können, was zu ihrer größten Behaglichkeit und Leistungsfähigkeit beiträgt. Aber sie können besonderen Wert auf die richtige Sache legen, anstatt ihre Aussichten zu beeinträchtigen und ihre Chancen zunichtezumachen, indem sie den Blick unentwegt auf kleinliche Einsparungen gerichtet halten.

Nehmen Sie keine kleinliche, engstirnige, beschränkte, knauserige Lebensauffassung ein. Leben Sie zwischen Verschwendung und Geiz. Es ist falsche Sparsamkeit, nie Urlaub zu machen oder nie Geld für eine Abendunterhaltung oder ein nützliches Buch auszugeben.

Sparsamkeit in ihrem weitesten Sinn umfasst die höchste Stufe von Urteilsvermögen, Vernunft und Aufgeschlossenheit. Sie bedeutet die klügste Ausgabe von dem, was wir haben. Sie hat nichts mit Geiz oder Knauserigkeit zu tun. Sie bedeutet nicht, ein Fünfcentstück zu sparen auf Kosten von Zeit im Wert von fünfundzwanzig Cent. Tatsächlich bedeutet die klügste Sparsamkeit oft großzügiges Ausgeben, eine große Anschaffung, denn sie hat immer das größere Ziel im Blickfeld. Tausende von Dollars können davon abhängen, dass man Hunderte ausgibt.

Einigen Leuten jedoch gelingt es nie, aus der Welt der Cents in die der Dollars zu gelangen. Sie arbeiten so schwer, um die Cents zu sparen, dass sie die Dollars verlieren: die reichere Erfahrung und die bessere Gelegenheit. Solche kleinlichen Sparer haben zu engstirnige Ansichten, einen zu beschränkten Horizont, sind zu knauserig mit ihren Ausgaben, um größeren Dingen gewachsen zu sein. Sie halten den Cent so dicht an ihre Augen, dass er den Dollar verdeckt.

Die Hauptsache ist, es sich zum Lebensprinzip zu machen, niemals die Hilfe bei allem, was unser Vorwärtskommen aufhält, was uns niederhält, zu behindern.

Kraft und Energie sollten das Ziel einer würdigen Ambition sein. Alles, was zur eigenen persönlichen Stärke beiträgt, was die Fähigkeit, sich weiterzuentwickeln, steigert, ist seinen Preis wert, gleichgültig, wie hoch der sein mag. Geben Sie großzügig Geld für alles aus, was Ihre Leistungsfähigkeit stärkt, was aus Ihnen einen vielseitigeren, geschickteren Menschen macht.

»Wer sparsam sät, wird auch sparsam ernten.«

Teil II

Denken und
Wohlstand

6

*W*ie wir unsere *V*ersorgung einschränken

W̌as würden Sie von einem Prinzen halten, dem Thronerben eines Königreiches von grenzenlosem Reichtum und Macht, der wie ein Armer lebt, der die Welt bereist und sein schweres Schicksal bejammert und allen erzählt, wie arm er sei und dass er nicht glaube, dass sein Vater ihm irgendetwas hinterlassen würde und er sich darum ebenso gut für ein Leben in Armut und Einschränkungen entscheiden könne?

Sie würden natürlich sagen, dass er verrückt sein muss und dass seine schwierigen Verhältnisse, seine Armut und seine Einschränkungen nicht den Tatsachen entsprechen, sondern nur in der Einbildung vorhanden sind, dass sie nur in seinem Kopf existieren, dass sein Vater bereit ist, ihn mit guten Dingen zu überschütten, mit allem, was das Herz begehrt, wenn der Prinz sich nur nicht gegen die Wahrheit verschließen und in den Verhältnissen leben würde, die sich für einen Prinzen, den Sohn und Thronerben eines großen Königs, geziemen.

Wenn Sie in bedrückender Armut leben, in einer kargen, beklemmenden, eingeschränkten Umgebung, in der es keine Hoffnung zu geben scheint, keine Aussicht auf bessere Dinge, wenn Sie nicht bekommen, was Sie möchten, obwohl Sie hart dafür arbeiten, dann leben und handeln Sie genauso töricht wie der Prinz, der in dem Glauben, er sei arm, wie ein Armer lebt inmitten des grenzenlosen Reichtums seines Vaters. Ihre Begrenzungen sind in Ihrem Kopf, so, wie es auch bei diesem Prinzen der Fall ist. Sie sind das Kind eines Vaters, der Fülle, Unermesslichkeit, für all seine

Kinder erschafft, aber Ihr ängstliches, zweifelndes, von Armut erfülltes Denken schließt Sie von dieser ganzen Fülle aus und hält Sie in Armut gefangen.

Ein russischer Arbeiter namens Mihok, der in Omaha, Nebraska, lebte, trug zwanzig Jahre lang einen »Glücks«-Stein in seiner Hosentasche, ohne jemals daran zu denken, dass dieser einen finanziellen Wert haben könnte. Immer wieder schlugen Freunde, die glaubten, dass er mehr sein könnte als ein gewöhnlicher Stein, ihm vor, ihn von einem Juwelier begutachten zu lassen. Hartnäckig weigerte er sich, bis er schließlich, da sie nicht lockerließen, den Stein zu einem Chicagoer Juwelier schickte, der verkündete, dass es sich um einen taubenblutroten Rubin handele, den größten seiner Art in der Welt. Er wog 24 Karat und war 100 000 Dollar wert.

Es gibt Millionen wie dieser arme Tagelöhner, die in Armut leben und glauben, dass es für sie nichts gibt außer harter Arbeit und noch mehr Armut, die, ohne es zu wissen, Chancen auf Reichtum, die ihre kühnsten Träume übertreffen, in ihrem großartigen Inneren tragen. Ihr irriges Denken beraubt sie ihres göttlichen Erbes, schneidet sie von der ganzen Fülle ab, die ihnen von der Allmächtigen Quelle aller Versorgung zur Verfügung gestellt wird.

Die meisten Menschen sind in der gleichen Lage wie der Mann, der hinausging, um seinen Garten zu sprengen, aber aus Versehen auf den Schlauch trat und somit die Wasserversorgung unterbrach. Es kamen lediglich ein paar Tropfen, während das Wasser doch reichlich fließen sollte. Er klemmte sich seine Versorgung ab, beschränkte sie auf ein entmutigendes Tröpfeln – und wusste es nicht einmal.

Genau das ist es, was alle, die in Armut leben, machen: Sie klemmen sich ihre Versorgung ab, indem sie auf den Schlauch treten, durch den Reichtum zu ihnen fließen würde. Sie schneiden sich vom Fluss der Fülle ab, die ihr Geburtsrecht ist, durch ihre Zweifel, ihre Ängste, ihren Unglauben, indem sie Armut visualisieren, an Armut denken, handeln, als ob sie niemals erwarteten, etwas zu haben, etwas zu leisten oder etwas zu sein.

Alles im Leben, alles in diesem Universum, basiert auf Prinzipien – folgt einem göttlichen Gesetz. Und das Gesetz des Wohlstands und der Fülle, das sowohl für das Universum als auch für die Menschheit gilt, ist genauso unumstößlich wie das Gesetz der Schwerkraft, genauso unfehlbar wie die Prinzipien der Mathematik. Aber während die Schwerkraft funktioniert, ob Sie nun darüber nachdenken oder nicht, können Sie nur dadurch, dass Sie Ihr Denken nach dem universellen Prinzip der Fülle ausrichten, das Leben in Überfluss, in Wohlstand realisieren, das Ihr Geburtsrecht ist. Mit anderen Worten, entsprechend Ihrem Denken wird auch Ihr Leben sein: sei es ein Leben in Fülle oder ein Leben im Mangel. Ihre geistige Haltung wird jedes Mal auf die gleiche Art zu Ihnen zurückkehren, sich entsprechend auf Ihr Leben auswirken.

Wir sind die Geschöpfe unserer Überzeugungen. Wir können nicht über das hinausgehen, was wir zu sein glauben; was wir glauben, das haben wir. Wenn wir denken, dass wir niemals stark oder bei anderen beliebt oder erfolgreich in unserem Beruf sein werden, wird das auch niemals passieren. Wenn wir davon überzeugt sind, dass wir immer arm sein werden, wird das auch so bleiben. Sie können sich nicht von der Armut loslösen, wenn Sie sich nicht gewärtigen, wenn Sie nicht daran glauben, dass Sie es schaffen werden.

Viele der Menschen, die heute in Armut leben, erwarten eigentlich auch nichts anderes. Ihre feste Überzeugung, dass sie nie wohlhabend werden können, hält sie in der Armut gefangen; das heißt, sie lässt ihren Geist sich in negativen Bahnen bewegen, und in diesem Zustand kann der Geist nichts Positives ins Leben rufen, nichts Positives hervorbringen. Nur der positive Geist kann Wohlstand erschaffen; der negative Geist ist nicht schöpferisch, er kann nur den Zustrom von Dingen unterbinden, hemmen, verhindern. Ein schwer arbeitender Mensch, der sich nach Wohlstand sehnt, aber sich geistig in die andere Richtung bewegt, der nicht glaubt, dass er wohlhabend werden kann, neutralisiert seine schwere Arbeit – er steht auf dem Schlauch, der die Verbindung mit seiner Versorgung herstellt.

Damit Ihre Arbeit Wohlstand hervorbringt, zählt nicht so sehr, was Sie mit Ihren Händen tun, sondern vielmehr, was Sie mit Ihrem Geist tun. Alles, was durch die Hand oder den Kopf des Menschen vollbracht wurde, hatte seinen Ursprung im Geist. Das Universum selbst ist die Schöpfung des Göttlichen Geistes.

Wenn Sie sich innerlich in Ihren Gedanken einschränken, schränken Sie sich äußerlich auf eine Weise ein, die Ihrer geistigen Haltung entspricht, weil Sie sich an ein unveränderliches Gesetz halten. Wenn Sie unentwegt Kleingeld sparen, achten Sie ständig auf kleine Dinge und lassen sich nie auf große ein. Und Sie können nichts Großes *zustande bringen*, weil Sie nie an Großes *denken*. Welche natürlichen Begabungen Sie auch haben, Ihr einengendes Armutsdenken lässt Sie klein erscheinen, dreht den großen Strom der Fülle ab, der Ihnen buchstäblich zur Verfügung steht.

Oft halten wir andere für verschwenderisch, wenn wir vergleichen, was sie für Dinge ausgeben, mit dem, was wir für Dinge der gleichen Art bezahlen, und sind stolz darauf, dass wir rationell wirtschaften und sparen, was sie verschwenden. Aber tun wir das wirklich? Wie ist unser Lebensstil im Vergleich zu ihrem? Reicht die Freude, die wir dem Leben abgewinnen, an das heran, was sie bekommen? Versagen uns die paar Dollars, die wir sparen, die Möglichkeit zu hochwertigeren Lebensmitteln, besserer Kleidung, den kleinen Vergnügungsreisen, den geselligen Freuden, den Picknicks und diversen Zerstreuungen, die das Leben angenehm, gesund machen, Dinge, die unsere Nachbarn genießen, deren Verschwendung wir verurteilen? Oder lässt unsere entsagungsvolle Vorgehensweise uns am Ende *ärmer* zurück?

Wohlstand fließt nur durch Kanäle, die weit geöffnet sind, sodass er erhalten bleibt. Er fließt nicht durch Kanäle, die durch Armutsdenken, Kleinmut, Zweifel oder Angst oder durch ein abwehrendes kurzsichtiges Handeln verstopft sind. Eine reichlich bemessene Ausgabe ist oft die klügste Sparmaßnahme, das Einzige, was einen ansehnlichen Erfolg bringt. Sollten die erfolgreichen Fabrikanten ihren großen Weitblick und weitreichenden Blickwinkel verlieren, sollten sie anfangen, an der notwendigen Produktion zu sparen, aus gut gemeinten Gründen minderwertige Waren und Dienstleistungen einsetzen, eine aufgeschlossene, liberale Vorgehensweise gegen eine engstirnige, geizige eintauschen, dann würden sie recht bald ihre Unternehmen dahinschwinden sehen.

Das Prinzip hinter dem Gesetz der Fülle ist nicht zu ändern: Letzten Endes ist es Ihre Geisteshaltung, die über Ihren Erfolg oder Misserfolg entscheiden wird. Wenn Sie die große Quelle der Versorgung mit einem Handbohrer anzapfen, können Sie nicht ernsthaft erwarten, üppig versorgt zu werden. Das ist unmöglich. Ihre Geisteshaltung bestimmt den Zustrom Ihrer Versorgung, und wenn Sie wirklich wohlhabend sein wollen, muss sie das Leben unter dem Aspekt der Fülle und nicht der Einschränkung ausrichten.

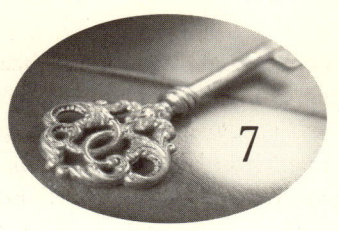

7

$\mathcal{D}$as Gesetz der $\mathcal{A}$nziehung: $\mathcal{W}$ohlstand anziehen oder abstoßen

Es war nie beabsichtigt, dass es Gottes Kindern an irgendetwas mangeln sollte. Wir leben wirklich im Überfluss; überall um uns herum ist alles in Hülle und Fülle vorhanden, das große kosmische Universum ist voll von allen möglichen schönen, prächtigen Dingen, unermesslichen Reichtümern, bereit, von uns verwendet zu werden und uns zu erfreuen. Alles, was das menschliche Herz ersehnt, bietet uns die große schöpferische Intelligenz an. Wir können von diesem unermesslichen Ozean der Intelligenz alles nehmen, was wir uns wünschen. Das Einzige, was wir tun müssen, ist, dass wir uns an das Gesetz der Anziehung halten: Gleiches zieht Gleiches an.

Die Verwirklichung von Wohlstand und Fülle hängt von unserer Fähigkeit ab, unseren Geist zu einem Magnet zu machen, der die Dinge anzieht, die wir uns ersehnen, der unsere Wünsche anzieht.

Alle Erfindungen, alle Entdeckungen, all die wunderbaren Annehmlichkeiten der Zivilisation – unsere Krankenhäuser, unsere Schulen, unsere Kirchen, unsere Bibliotheken und andere Institutionen, unsere Häuser mit all ihrem Komfort – sind zustande gekommen, indem sie zuerst von unserem Geist angezogen wurden.

Was den eigenen Wohlstand von uns fernhält, ist unsere Unwissenheit von dem Gesetz, das ihn zu uns bringen würde.

Als Sie noch klein waren, haben Sie vielleicht mit einem kleinen Stahlmagnet experimentiert. Haben Sie dabei nicht oft versucht, die verschiedensten Gegenstände, wie etwa Holz, Kupfer, Gummi, an ihn haften zu lassen? Und natürlich stellten Sie fest, dass er diese Dinge nicht aufnehmen konnte, weil weder der Magnet oder die Gegenstände die notwendige Zusammensetzung haben, um einander anzuziehen. Sie stellten fest, dass er eine Nadel aufnehmen konnte, aber keinen Zahnstocher. Ohne es zu wissen, haben Sie das Gesetz, dass *Gleiches Gleiches anzieht*, bestätigt.

Es vergeht kein Tag, an dem wir nicht erleben, wie dieses Gesetz sich auf die unterschiedlichste Weise im menschlichen Leben zeigt. Manchmal sind diese Demonstrationen sehr tragisch. Erst vor Kurzem starb ein kleines achtjähriges Mädchen, die Tochter eines Farmers in Pennsylvania, vor Angst auf einem Zahnarztstuhl, auf den man es zum Zahnziehen gesetzt hatte. Obwohl das Kind nichts über das Gesetz wusste, funktionierte es nichtsdestotrotz; und wie bei Hiob kam das, wovor es sich fürchtete, zu ihm.

Wir alle wenden das Gesetz der Anziehung an, gleichgültig ob wir es kennen oder nicht. Wir wenden es in jedem Augenblick unseres Lebens an. Der Geist ist jederzeit ein Magnet für irgendetwas. Er ist ein Magnet für alle Gedanken, alle Überzeugungen, welche auch immer ihn zu der Zeit beschäftigen. Mit anderen Worten, indem wir unsere Gedanken auf etwas richten – ob entschieden oder unentschieden –, legen wir uns auf diesen Bereich fest, und das Gesetz der Anziehung bringt genau das zu uns. Auf diese Weise ziehen wir entweder Armut oder Reichtum, Erfolg oder Misserfolg an.

Das Wunderbare daran ist, dass wir bestimmen können, was der Geist anziehen soll, welche Art Magnet er werden soll.

Wenn Sie ein Wohlstandsbewusstsein haben, wenn Sie mit ganzem Herzen daran glauben, dass Sie Armut überwinden, Wohlstand, Fülle demonstrieren und klug und beharrlich danach streben werden, Ihre Vision zu verwirklichen, dann wird sich bei Ihnen Wohlstand einstellen. So ist das Gesetz. Und es ist ein Gesetz, das wir nicht ignorieren können. Wir befolgen es immer, und je nachdem, wie wir es befolgen, werden die Resultate, die wir erhalten, auch ausfallen.

Unzählige Menschen, die hart arbeiten und sich in jeder Hinsicht Mühe geben, um weiterzukommen, wären entsetzt, wenn sie ein geistiges Bild von sich selbst sähen, wie sie in Wirklichkeit auf das Armenhaus zusteuern, wo sie sich in Gedanken ja eigentlich auch befinden. Sie wissen nicht, dass sie, infolge eines unerbittlichen Gesetzes, unweigerlich darauf zusteuern, was ihrer Geisteshaltung entspricht, wenn sie ständig an Armut denken, über Armut reden und aufgrund ihrer nachlässigen Kleidung, ihrer äußeren Erscheinung und ihrer Umgebung darauf schließen lassen, wenn sie vorhersagen, dass es für sie nichts gäbe außer Armut, dass sie immer arm sein werden, wie hart sie auch arbeiten mögen. Sie wissen nicht, dass ihre Zweifel und Ängste und von Armut durchdrungenen Überzeugungen Wohlstand für sie unmöglich machen. Sie wissen nicht, dass sie, solange sie solche Gedanken hegen, sich unmöglich auf das Ziel des Wohlstands hin bewegen können.

Wenn wir nur ein Bild von den mentalen Vorgängen dessen, womit sich der Geist auch immer beschäftigt, sehen könnten, der die Dinge anzieht, die unserem Denken entsprechen; wenn wir nur mehr Misserfolge sehen könnten, mehr schlecht laufende Geschäfte, mehr Schulden, mehr Verluste, die uns widerfahren, weil wir damit mental Verbindung aufgenommen haben, würden wir das Gesetz unseres Lebens verstehen und für immer damit aufhören, an diese Dinge zu denken, die weniger statt mehr anziehen, Armut statt Fülle, Misserfolg statt Wohlstand.

Wie oft machen wir unseren Geist zu einem Magnet, der alle möglichen feindlichen, bedrohlichen Gedanken anzieht – Gedanken an Armut, Gedanken an Krankheit, angstvolle Gedanken und sorgenvolle Gedanken, und dann erwarten wir, dass ein Wunder geschieht und dass wir uns trotz dieser negativen Ursachen mit Sicherheit auf die eine oder andere Weise positiver Ergebnisse erfreuen werden. Kein Wunder ist zu einem solchen Wandel imstande. Die Resultate entsprechen den Ursachen.

Wir können in Armut hineingeboren sein oder uns aufgrund widriger Umstände plötzlich in Armut wiederfinden, aber *bevor wir von Armut besiegt werden können, müssen wir zuallererst geistig arm sein.* Der Armutsgedanke, das Akzeptieren einer ärmlichen Umgebung als ein unvermeidlicher Zustand, aus dem es kein Entrinnen gibt, hält Sie in dem Strom der Armut gefangen und zieht noch mehr Armut an. Es ist die Wirkungsweise desselben Gesetzes, dass diejenigen, die an Fülle, Wohlstand denken, die davon überzeugt sind, dass sie wohlhabend sein werden, und voller Zuversicht und Hoffnung auf dieses Ziel hinarbeiten, gute Dinge, eine bessere Umgebung in ihr Leben ziehen.

Nicht die Dinge, nach denen wir uns am meisten sehnen, nicht die Dinge, die wir uns wünschen, sondern das, was wir *haben*, was wir besitzen, kraft seiner Existenz in unseren Gedanken und unserem Bewusstsein, die unsere Mentalität und Haltung bestimmen – das ist es, was das Gesetz der Anziehung zu uns bringt. Es kann sein, dass wir durch dieses Gesetz genau die Dinge bekommen haben, die wir hassten und loswerden wollten, aber weil wir im Geiste bei ihnen verweilten und sie die Basis unseres geistigen Modells bildeten, haben die Lebensprozesse sie in unser Leben integriert.

Was Sie haben, womit Sie umgeben sind, ist eine Reproduktion Ihres Denkens, Ihrer Überzeugung, Ihres Glaubens an Ihre Anstrengungen. Unsere Gedanken, unser Glaube, unsere Überzeugungen, unsere Anstrengungen materialisieren sich, nehmen um uns herum Gestalt an. Unsere Worte werden Fleisch und leben mit uns; unsere Gedanken, unsere Emotionen werden Fleisch und leben mit uns; sie werden zu unserer Umwelt und umgeben uns.

Ich will damit nicht sagen, dass *Sie*, wenn Sie in Armut hineingeboren wurden, das auf irgendeine Art verschuldet haben, sondern ich meine, dass, wenn Sie arm *bleiben*, dies das Resultat Ihrer Geisteshaltung ist.

Bis vor Kurzem haben viele von uns nicht verstanden, was Hiob meinte, als er sagte: »Denn was ich gefürchtet habe, ist über mich gekommen, und wovor mir graute, hat mich getroffen.« Jetzt wissen wir, dass er sich auf ein psychologisches Gesetz bezog, das so unerbittlich ist wie die Gesetze der Mathematik. Wir wissen, dass wir die Dinge, vor denen wir uns am meisten fürchten, die Dinge, vor denen wir einen Horror haben und vor denen wir fliehen möchten, in Wirklichkeit anziehen, dass wir sie eben aufgrund unserer Angst vor ihnen verfolgen. Wir ziehen sie durch unsere Überzeugungen an, und durch dieses Tun wenden wir gerade den Dingen, nach denen wir uns am meisten sehnen, den Rücken zu.

Die Zeit wird kommen, wenn das Gesetz der Anziehung als die größte Macht der Welt bekannt sein wird. Es ist das Gesetz, auf dem unsere ganze Persönlichkeit, unser ganzes Leben aufgebaut ist – sei es erfolgreich oder erfolglos. Die geistige Anziehung ist die einzige Macht, auf der wir irgendetwas erfolgreich aufbauen können. Sie ist ein unvermeidliches Gesetz, ein unerbittliches Prinzip.

Es ist unsere Aufgabe, sicherzustellen, dass das, was wir aufbauen, das Beste für uns ist.

Die Redewendung »Geld zieht Geld an« ist nur eine andere Weise, Bezug auf dieses Gesetz zu nehmen. Die wohlhabenden Kreise denken an Wohlstand, glauben an ihn, arbeiten für ihn, zweifeln nicht einen einzigen Augenblick an ihr Recht, all das Geld und all die guten Dinge, die sie benötigen, zu bekommen. Und natürlich bekommen sie sie. Sie leben voll und ganz, in Geist und Buchstabe, nach dem Gesetz der Anziehung.

Viele wundern sich, dass schlechte Menschen, niederträchtige Menschen, unmoralische Menschen geschäftlich, beim Geldverdienen, beim Anhäufen eines Vermögens erfolgreich sind, während gute, rechtschaffene Menschen oft nicht imstande zu sein scheinen, im Leben voranzukommen. Gute Dinge scheinen sich nicht bei ihnen einzustellen. Wenn sie eine Investition vornehmen, verlieren sie fast immer; sie kaufen am falschen Markt oder sie verkaufen am falschen Markt. Sie erwecken den Eindruck, als hätten sie nicht das Talent zum Geldverdienen.

Die Wahrheit ist, dass die moralische Einstellung eines Menschen nichts Besonderes mit dessen Fähigkeiten, Geld zu verdienen, zu tun hat, abgesehen davon, dass Ehrlichkeit immer und überall die beste Geschäftspolitik ist. Beim Geldverdienen geht es letzten Endes darum, das Gesetz der Anhäufung zu befolgen, das Gesetz, dass *Gleiches Gleiches anzieht*. Ein sehr schlechter Mensch kann das Gesetz der Anhäufung, das Gesetz der Anziehung, befolgen und ein riesiges Vermögen machen. Wie alle anderen Gesetze befindet sich das Gesetz der Anziehung außerhalb einer moralischen Bewertung – das heißt, es ist weder moralisch noch unmoralisch.

Viele Menschen ziehen die falschen Dinge an, weil sie das Gesetz nicht kennen. Sie haben noch nie die Erfahrung gemacht, dass das große Geheimnis von Gesundheit, Glück und Erfolg darin besteht, die Geisteshaltung einzunehmen, die aufbaut und gestaltet – die Geisteshaltung, die die guten Dinge, die wir uns wünschen, anzieht. Sie haben noch nie von dem Unterschied zwischen aufbauenden und niederreißenden Gedanken gehört, von dem Unterschied zwischen Erfolgs- und Misserfolgsdenken. Tatsächlich wissen sie nicht, dass alles, was uns im Leben widerfährt, in unseren Unternehmungen, im Großen oder im Kleinen, hauptsächlich eine Frage der Art der Gedanken ist, die wir hegen. Wir können das, was wir uns wünschen, anziehen, und wir können das, was wir hassen und verabscheuen und unbedingt überwinden wollen, anziehen. Es geht einfach darum, ein Bild von etwas im Geist zu haben. Dieses Bild wird dann als Modell dienen, das die Lebensprozesse in unsere Umgebung integrieren und das wir dann materialisieren.

Was wir uns am häufigsten vorstellen, worüber wir am meisten nachdenken, webt sich unentwegt in das Gewebe unseres Lebens, wird zu einem Teil von uns, verstärkt unseren geistigen Magnet immer mehr, um diese Dinge anzuziehen. Es spielt keine Rolle, ob es Dinge sind, vor denen wir uns fürchten und die wir zu vermeiden versuchen, oder solche, die uns guttun, die wir uns wünschen. Die Gedanken an sie verstärken unsere Affinität zu ihnen und führen zwangsläufig dazu, sie in unser Leben zu bringen.

Hass zieht mehr Hass an, Neid noch mehr Neid, Eifersucht noch mehr Eifersucht und Bosheit noch mehr Bosheit. Allem wohnt die Kraft inne, seinesgleichen anzuziehen. Was wir säen, das ernten wir auch, so, wie der Boden uns genau das zurückgibt, was wir in ihm hineintun. Nichts hat die Kraft, etwas anderes zu reproduzieren als sich selbst. Dieses Gesetz lässt keine Ausnahme zu.

Über unerwünschte Dinge nachzudenken und sich darum zu sorgen oder zu befürchten, dass sie eintreffen werden, ist nichts anderes, als sie einzuladen, weil *jeder Eindruck zu einem Ausdruck wird* – oder dazu neigt, ein solcher zu werden –, sofern der Eindruck nicht durch sein Gegenteil neutralisiert wird. Wenn wir zu viel über unsere Verluste nachdenken, zu viel über unseren möglichen Misserfolg, werden unsere Gedanken dazu neigen, uns genau das zu bringen, was wir von uns fernzuhalten versuchen.

Überall sehen wir, wie sich dieses Gesetz, dass Gleiches Gleiches anzieht, im Leben der Notleidenden niederschlägt, die, aus Unkenntnis über das Gesetz, in ihrem glücklosen Zustand bleiben, indem sie ihr Bewusstsein mit Armutsgedanken erfüllen, in ihrem Denken, Handeln und Reden die Armut in den Mittelpunkt stellen, in dem Glauben an die Beständigkeit der Armut leben, Armut fürchten, davor bangen und sich deswegen sorgen. Ihnen ist nicht klar – niemand hat es ihnen jemals gesagt –, dass, solange Menschen im Geiste den Hunger an der Tür und das Armenhaus vor sich sehen, solange sie nichts als Mangel und Armut und schwierige Verhältnisse erwarten, sie genau auf diese Dinge zusteuern: Sie machen es unmöglich, dass der Wohlstand in ihre Richtung kommt.

Man zieht Wohlstand an und vertreibt die Armut aus seinem Leben, indem man im Einklang mit dem Gesetz und nicht dagegen arbeitet. Wohlstand erwarten, mit dem ganzen Herzen glauben, dass Sie dabei sind, wohlhabend zu werden, *dass Sie es bereits sind* – gleichgültig, wie sehr die aktuellen Verhältnisse einer solchen Überzeugung auch widersprechen mögen –, ist die allererste Bedingung des Gesetzes, um zu bekommen, was Sie sich wünschen. Sie können es nicht bekommen, indem Sie zweifeln oder Angst haben. Was immer wir uns vorstellen und wofür wir arbeiten, das werden wir auch erhalten.

Es ist eine seltsame Tatsache, dass viele Menschen zu glauben scheinen, dass man Jahre als Lehrling verbringen muss, um Experte auf irgendeinem Gebiet zu werden, aber dass es im Hinblick auf Reichtum größtenteils eine Sache des Zufalls ist, des Schicksals, etwas, was durch nichts, auch nicht durch menschliches Eingreifen, beeinflusst werden kann.

Sie sagen: »Nun ja, ich bin dazu nicht geschaffen. Ich bin kein geborener cleverer Geschäftsmann und werde es niemals sein.« Oder sie entschuldigen sich mit der Begründung, dass ihre Eltern und die Großeltern und die Generationen davor nie clevere Geschäftsleute gewesen seien und nie etwas anderes getan hätten, als gerade so viel zu verdienen, um über die Runden zu kommen.

In meiner Jugend war eine der für mich am schwersten verständlichen Bibelstellen der folgende Vers: »Denn wer da hat, dem wird gegeben, dass er die Fülle habe; wer aber nicht hat, von dem wird auch genommen, was er hat« (Matth. 13,12). Ich konnte diesen Vers nicht in Einklang bringen mit dem Rest der biblischen Lehre. Er schien eindeutig ungerecht zu sein. Aber jetzt weiß ich, dass er ein Gesetz erläutert. »Denn wer da hat, dem wird gegeben« trifft zu, denn aufgrund dessen, dass man etwas hat, macht man seinen Geist zu einem Magnet, um noch mehr anzuziehen. Andererseits sagt uns dieser Bibelabschnitt weiterhin: »… wer aber nicht hat, von dem wird auch genommen, was er hat« – weil eine solche Person sich geistig in die falsche Richtung bewegt. Sie hat nichts, weil sie durch Zweifel- und Angstdenken die Versorgungswege blockiert. Solche Menschen sind nicht in dem geistigen Zustand, um mehr zu bekommen, um mehr anzuziehen, sondern können nur mehr verlieren.

Es ist überhaupt nichts Besonderes daran, zu Wohlstand zu kommen. Die Verwirklichung dessen ist schlichtweg eine Sache der Konzentration und Vorbereitung; es geht darum, all unsere Kräfte auf das Wohlstandsgesetz zu fokussieren, um Wohlstand anzuziehen, und uns zu Experten im Hinblick auf dessen Verwirklichung zu machen.

Wie bei dem Erreichen eines jeden Ziels jedoch ist das erste Prinzip geistiger Natur. Reichtum entsteht zuerst im Geist; er wird ersonnen, bevor er Wirklichkeit werden kann.

Es gibt nur eine Möglichkeit, Armut zu überwinden, und diese besteht darin, ihr den Rücken zu kehren. Fangen Sie sogleich damit an, indem Sie sich das Armutsdenken, die Armutsangst aus dem Kopf schlagen. Nehmen Sie so weit wie möglich ein wohlhabendes Äußeres an; denken Sie an den Weg, den Sie gehen wollen; erwarten Sie, das zu bekommen, was Sie unbedingt haben wollen, die Sache, nach der Sie sich sehnen, und Sie werden sie bekommen.

Es ist genauso einfach, das anzuziehen, was Sie sich wünschen, wie etwas Ungewünschtes anzuziehen. Es ist lediglich eine Frage dessen, die richtigen Gedanken zu hegen und die richtige Anstrengung zu unternehmen. Wenn Sie Erfolg in Ihr Leben ziehen wollen, muss Ihr Geist von der Erfolgsidee durchdrungen sein.

Sie sollten auch nicht vergessen, dass unsere Überzeugung viel stärker ist als unsere Willenskraft. Keine Willenskraft kann Ihnen bei etwas helfen, wenn Sie davon überzeugt sind, es nicht zu können. Wenn Sie beispielsweise davon überzeugt sind, dass eine todbringende Krankheit, die Sie Ihrer Überzeugung nach geerbt haben, Sie übermannen wird, ist dieser Gedanke viel, viel stärker als Ihr Wille, sie zu verhindern oder gar zu überwinden.

Entwickeln Sie dann eine Geisteshaltung, die Erfolg anziehen wird. Denken Sie an Erfolg und Wohlstand. Verkörpern Sie Wohlstand. Leben Sie Wohlstand. Sprechen Sie über Wohlstand. Glauben Sie nicht, dass, wenn Sie den konstruktiven, schöpferischen Gedanken von Zeit zu Zeit hegen oder einfach nur dann, wenn Ihnen zufällig danach ist, dies dem Einfluss des zerstörerischen Gedankens, mit dem Sie die meiste Zeit beschäftigt sind, entgegenwirken wird. Viele, die für Wohlstand und Fülle arbeiten, halten das Notdenken, das Mangeldenken ebenfalls lebendig, und aus diesem Grund wird ihr Gebet nicht erhört – die Erwartung des Mangels beherrscht nach wie vor ihren Geist.

Sobald Sie dieses Gesetz der Anziehung vollkommen verinnerlicht haben, werden Sie sich davor hüten, seine Feinde anzuziehen, mittels Ihres Geistes Verbindung zu ihnen aufzunehmen – an sie zu denken, sich wegen ihnen zu sorgen, sich vor ihnen zu fürchten. Sie werden die Art von Gedanken hegen, die das anziehen werden, nach dem Sie sich sehnen und was Sie anstreben, nicht etwas, vor dem Sie sich fürchten, was Sie verabscheuen und zu vermeiden suchen.

Es ist uns bestimmt, die guten Dinge des Universums im Überfluss zu haben. Nichts davon wird uns vorenthalten, sofern wir keine von Armut durchdrungene Geisteshaltung annehmen. Es herrscht genauso wenig Mangel an allem, was das Herz sich wünschen kann, wie es eine mangelnde Versorgung für den Fisch im großen Ozean gibt. Der Fisch schwimmt im Ozean der Fülle, so, wie wir im großen kosmischen Ozean der Fülle schwimmen, von dem wir überall umgeben sind. Das Einzige, was wir tun müssen, ist, offen zu werden – in unserem Geist, unserem Glauben, unserem Selbstvertrauen – und unsere intelligenten Anstrengungen auf diese Wirklichkeit auszurichten.

Dann schließlich, wenn Ihnen das Denken an Wohlstand, an Überfluss, in Fleisch und Blut übergegangen ist, werden Sie anfangen, diesen anzuziehen.

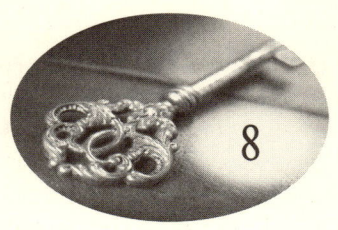

*E*in schöpferisches
*B*ewusstsein entwickeln

*D*as große Problem mit denen von uns, die in einer Welt unerfüllter
Wünsche und unerreichter Ziele leben, besteht darin, dass sie nicht
das richtige Bewusstsein haben. Dr. Perry Green sagt zu Recht, dass Hiobs
Klage – »Denn was ich gefürchtet habe, ist über mich gekommen, und
wovor mir graute, hat mich getroffen« (Hiob 3,25) – geändert werden
sollte in »Denn was mir bewusst war, ist über mich gekommen«. Mit anderen Worten, das, was wir im Bewusstsein lebendig halten, tritt aus der
unsichtbaren Welt der Wirklichkeiten hervor und nimmt seiner Natur
gemäß in unserem Leben Gestalt an – in Form von Armut oder Reichtum,
Gesundheit oder Krankheit, Glück oder Elend.

Das ganze Geheimnis von persönlichem Wachstum und Entwicklung ist
in unserem Bewusstsein eingeschlossen, denn dies ist das Tor des Lebens
selbst. Jede Erfahrung, ob Freud oder Leid, von Gesundheit oder Krankheit, von Erfolg oder Misserfolg, muss unser Bewusstsein passieren.

Es gibt keine andere Möglichkeit, wie sie sonst eintreten und Teil des Lebens werden kann. Sie können nicht in Übereinstimmung mit etwas leben,
dessen Sie sich nicht bewusst sind; Sie können nicht etwas tun, von dem
Sie nicht wissen, dass Sie dazu fähig sind. Kurzum, es ist ein unveränderliches Gesetz, dass das, was immer Sie im Geist hegen, glauben, tun oder
bekommen zu können, sich in Ihrem Leben manifestieren wird. Was in
Hiobs Bewusstsein gegenwärtig war, kam über ihn. Die Jungfrau von Orléans rettete ihr Land, weil sie von Kindheit an wusste, dass dies ihre Be-

stimmung war. Dieses arme ungebildete Bauernmädchen wusste nichts von dem großen Gesetz der geistigen Anziehung, doch unbewusst arbeitete es damit. Aber ohne sein Siegesbewusstsein hätte es seine erstaunliche Tat niemals vollbringen können.

Es ist das Siegesbewusstsein, das in jedem Alter und auf jedem Gebiet den Sieg erringt. Nachdem ich viele Jahre lang das Leben und die Methoden erfolgreicher Männer und Frauen in allen Lebenslagen studiert habe, bin ich zu dem Schluss gekommen, dass diejenigen, die sich im großen Stil durchsetzen, fest an sich glauben und an ihre Fähigkeit, bei ihren Unternehmungen erfolgreich zu sein. Große Künstler, Wissenschaftler, Erfinder, Forscher, Generäle, Geschäftsleute und andere, die die größten Leistungen in ihren jeweiligen Bereichen vollbracht haben, waren immer von einem Siegesbewusstsein durchdrungen. Erfolg war das Ziel, das sie ständig visualisierten, und sie schwankten niemals in ihrer Überzeugung, dass sie es erreichen würden.

Wir scheitern weniger aufgrund von fehlender Begabung, sondern eher, weil wir kein Siegesbewusstsein, kein Erfolgsbewusstsein haben. Wir leben nicht mit der Erwartung zu gewinnen, mit dem Glauben, dass es uns gelingen wird, das Ziel unseres Ehrgeizes zu erreichen. Wir leben vielmehr mit der Erwartung, »es gerade eben zu schaffen«, »gerade genug zu haben«.

Unser Bewusstsein ist Teil unserer Schöpferkraft; das heißt, es bringt die Mentalität in eine Position, um seinesgleichen anzuziehen, etwas, was wie es selbst ist. Ein Armutsbewusstsein kann keinen Reichtum hervorbringen; bei einem Misserfolgsbewusstsein kann es nicht zum Erfolg kommen. Es würde gegen das Gesetz verstoßen. Wenn Sie von Gedanken an Armut und Misserfolg durchdrungen sind, brauchen Sie keinen anderen als sich selbst für Ihre Verhältnisse verantwortlich zu machen, denn Sie arbeiten gegen das Gesetz. Sie halten ein Armutsbewusstsein lebendig, leben in dem Denken an Misserfolg. Vielleicht wundern Sie sich, warum Sie nichts zuwege bringen können, was Ihrem Ehrgeiz, Ihren Sehnsüchten entspricht. Etwas hält Sie zurück, aber es ist nicht das Schicksal oder die Bestimmung; es ist Ihre mutlose Geisteshaltung, das unglückliche Bewusstsein, an dem Sie seit Jahren festhalten. Während Sie auf der materiellen Ebene etwas aufzubauen versuchten, sabotierten Sie zugleich all Ihre Anstrengungen, indem Sie es auf der geistigen Ebene ständig niederrissen.

Das ganze Leben und seine Errungenschaften, seine Möglichkeiten, hängen von unserem Bewusstsein ab, und wir können jede Art von Bewusstsein entwickeln, die wir uns wünschen. Der große Musiker hat ein musikalisches Bewusstsein ausgebildet, von dem die meisten von uns nichts verstehen, weil wir von dieser Art der Tätigkeit keine Ahnung haben. Unser musikalisches Bewusstsein ist nicht ausgebildet. Der Mathematiker, der Astronom, der Schriftsteller, der Arzt, der Künstler, der Experte, in welchem Bereich er sich auch spezialisiert hat, sie alle haben ein bestimmtes Bewusstsein ausgebildet und ernten die Früchte dieses Bewusstseins. Jeder manifestiert und erfreut sich einer besonderen Fähigkeit genau in dem Maße, wie er sein Expertenbewusstsein entwickelt hat.

Welches Bewusstsein möchten Sie entwickeln? Was möchten Sie bekommen, tun, sein? In diesem Punkt sollten Sie sich absolut sicher sein, denn der erste Schritt zur Schaffung eines neuen Bewusstseins besteht darin, dass Sie Ihre Absicht, Ihren Wunsch, Ihr Ziel voll und ganz in den Griff bekommen, dass Sie ein Bild davon fest in Ihrem Geist verankern, damit es in Ihren Gedanken, Ihren Handlungen, Ihrem Leben vorherrscht. Auf diese Weise entwickelt der erfolgreiche Jurist am Anfang ein Rechtsbewusstsein, der erfolgreiche Arzt ein medizinisches Bewusstsein, der erfolgreiche Unternehmer ein kaufmännisches Bewusstsein. Es ist von größter Bedeutung, die Sache richtig anzugehen, denn was für ein Bewusstsein Sie auch entwickeln mögen, Ihr Geist wird das anziehen, zu dem er sich hingezogen fühlt, wird Ihnen das Material für Ihr Bauwerk liefern.

Als Nächstes müssen Sie die Überzeugung gewinnen, dass Sie alles erreichen können, was Sie sich wünschen. Dies ist ein Riesenschritt auf dem Weg zur Verwirklichung, denn wie bereits erwähnt, ist die Überzeugung stärker als die Willenskraft. Sie können sich bei einer Sache noch so sehr anstrengen, aber wenn Sie davon überzeugt sind, es nicht zu können, dann wird diese Überzeugung von Ihrer vermeintlichen Unfähigkeit die Oberhand über Ihre Willenskraft gewinnen. Ihre Überzeugung ist Ihr stärkster Leistungshebel. Genau das hat so viele arme Jungen und Mädchen dazu befähigt, zu einer hohen Position und Macht aufzusteigen, trotz aller denkbaren Hindernisse und oft wider die Meinung und den Rat derjenigen, die sie am besten kannten. Sie waren sich über ihre Fähigkeit, das zu tun, was sie sich vorgenommen hatten, derart im Klaren und so fest davon überzeugt, es auch zu schaffen, dass nichts sie aufzuhalten vermochte.

Jede große Tat muss in Ihrem Bewusstsein ihren Anfang nehmen. Das ist der Ausgangspunkt Ihres schöpferischen Plans. Im Verhältnis zu der Intensität, der Ausdauer, der Begeisterung, der Entschlossenheit Ihres Bewusstseins der gewünschten Sache fangen Sie an zu erschaffen.

Das Bewusstsein von Kraft fördert Kraft zutage; das Bewusstsein von Überlegenheit ist gleichbedeutend mit Überlegenheit selbst; das Bewusstsein von Selbstvertrauen ist das, was uns die Sicherheit verleiht, unserer Unternehmung gewachsen zu sein. Wessen wir uns bewusst sind, das besitzen wir bereits. Wir können jedoch nicht in den Besitz von etwas gelangen, dessen wir uns nicht bewusst sind. Das heißt, es kann erst uns gehören, wenn wir uns dessen bewusst werden. Wenn Sie sich der Fähigkeit, erfolgreich zu sein, nicht bewusst sind, können Sie nicht erfolgreich sein. Wenn Sie sich Ihrer eigenen Überlegenheit nicht bewusst sind, können Sie nicht überlegen werden. Aber wenn Sie in Ihrem Bewusstsein das Bild von Meisterhaftigkeit lebendig halten, wenn Sie an dem Gedanken an Überlegenheit festhalten, setzen Sie ein Gesetz der Meisterschaft, ein Gesetz der Überlegenheit, in Gang und fangen an, diese Dinge in Ihrem Leben zu manifestieren. Wir verfügen über uneingeschränkte Macht, grenzenlose Ressourcen in unserem großartigen Inneren, aber solange wir uns diese verborgene Macht, diese unsichtbaren Ressourcen, nicht bewusst machen, können wir sie nicht nutzen.

Vor einiger Zeit war ein Freund von mir dabei zugegen gewesen, wie eine kleine, zierliche Frau über ein mit sechs Querbalken versehenes Tor sprang, heftig erschrocken vor dem plötzlichen Auftauchen einer Kuh, die sie irrtümlich für einen Bullen hielt. Diese Frau sagte ihm, unter gewöhnlichen Umständen wäre sie dazu ebenso wenig imstande wie dazu, eine Ecke ihres Hauses aus seinem Fundament zu heben. Aber sie hatte geglaubt, ihr

Leben sei in Gefahr. Angesichts der Kuh, die auf sie losstürmte, und der Vermutung, es handele sich um einen wütenden Bullen, war ihr keine Zeit geblieben, zuzulassen, dass Zweifel und Befürchtungen, ob sie wirklich über das Tor springen könnte, die Kontrolle über sie übernahmen. Es schien ihr die einzige Möglichkeit zu sein, zu entkommen, und sie übersprang das Tor ohne Schwierigkeiten. Aber nachdem die vermutete Gefahr vorüber war, verlor sie das Bewusstsein dieser inneren Stärke wieder und sie fiel in ihren gewöhnlichen Zustand der Schwäche zurück.

Es lassen sich zahlreiche Beispiele aufzählen, in denen Behinderte, Menschen, die jahrelang gelähmt waren, die es nicht für möglich hielten, überhaupt zu irgendetwas imstande zu sein, das Bett verließen, als ein Feuer oder ein schrecklicher Unfall ihr Leben oder das Leben ihrer Lieben gefährdete, und sofort zu unglaublichen Taten fähig waren: Sie schleppten schwere Möbel aus einem brennenden Haus, retteten Kinder und vollbrachten andere Dinge, die selbst für starke Männer erstaunlich gewesen wären. Immer wieder gewähren uns ungewöhnliche Notlagen einen flüchtigen Einblick in unsere unermesslichen Kraftreserven, und wir vollbringen Wunder, die uns selbst in Staunen versetzen, aber dann stellen wir keine Anforderungen mehr an uns, und das Bewusstsein, dass wir zu ungewöhnlichen Leistungen imstande sind, entgleitet uns wieder, und unsere grenzenlosen Ressourcen bleiben aufs Neue unangetastet.

Es existiert keine Einschränkung von irgendetwas, was wir brauchen, abgesehen in unserem Bewusstsein. Das ist die Tür, die uns, je nachdem, wie sie beschaffen ist, den Zutritt zu dem riesigen, mit unermesslichen Vorräten versehenen Lager verwehrt oder gewährt. Ist die Tür geschlossen oder nur einen Spalt geöffnet, lässt sie uns nicht mit dieser Fülle in Berührung kommen. Nur wenn sie ganz geöffnet ist, ist es uns erlaubt, die Ressourcen zu nutzen, um den Anforderungen zu genügen, die das Leben an uns stellen könnte.

Es sind die Menschen, die ihren letzten Dollar ohne Angst ausgeben, weil sie das Gesetz der Versorgung kennen und in Verbindung mit dem Fluss des Reichtums stehen, die im Leben vorankommen. Diejenigen, die ihren letzten Dollar in Angst und Bange horten, sich davor fürchten, ihn loszulassen, selbst wenn sie hungern, die immer ein lebhaftes Bild vom Wolf an der Tür vor Augen haben, überwinden niemals die Armut, weil sie niemals ein Reichtumsbewusstsein erlangen.

Ein wunderbarer Auftrieb und Mut stellen sich bei denen ein, die voller Vertrauen sind und den Blick nach oben richten, wie düster die Aussichten auch sein mögen. Der Glaube an die Kraft, die für eine rechte Ordnung aller Dinge sorgt, sagt ihnen, dass es einen Silberstreifen am Horizont gibt, auch wenn eine dunkle Wolke vorübergehend das Licht ausschließt, und sie machen gelassen weiter – mit dem zuversichtlichen Gefühl, dass ihre Pläne gelingen werden, dass ihre Bedürfnisse befriedigt werden. Es ist ihr Bewusstsein, das ihnen Sicherheit verleiht, gleichgültig, was geschieht.

Wenn Sie nicht vergessen, dass wir in unserem Leben immer die Umstände hervorrufen, manifestieren, die wir in unserem Bewusstsein lebendig halten, werden Sie nicht den Fehler begehen, den Millionen Menschen begehen: die Dinge manifestieren, die sie nicht wollen, statt der Dinge, die sie wollen. Wenn Sie erkennen, dass all Ihre Freude, Ihr Glück, Ihre Zufriedenheit, Ihre Leistung, Ihre Kraft, Ihre Persönlichkeit von der Beschaffenheit Ihres Bewusstseins abhängen – dem Ziel und der Richtung, in die es sich entfaltet –, dann werden Sie kein Bewusstsein ausbilden, das genau dem widerspricht, das zu erreichen Sie sich abmühen. Ganz im Gegenteil, Sie werden hartnäckig das Bewusstsein Ihres Ziels aufrechterhalten, was immer es auch sein mag, das Bewusstsein der Sehnsüchte Ihres Herzens, der Wünsche Ihrer Seele. Sie werden das Bewusstsein der Fülle hegen und dann werden Sie *wirklich* anfangen zu leben.

Emerson sagt: »Die Seele ist nicht nur der Eingang, sondern kann auch zum Ausgang für all das werden, was in Gott ist.« Wenn wir diesem Wahrheitsbewusstsein treu bleiben, dann wird uns allen das Leben mehr bedeuten, als es für die meisten von uns heute der Fall ist – nichts als ein Existenzkampf.

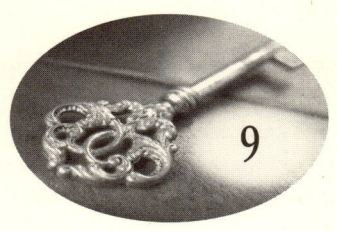

9

*Wo Wo*hlstand beginnt

Während seiner Vortragsreise zum Thema »Die Wirklichkeit des Unsichtbaren« durch die USA sagte der große Wissenschaftler Sir Oliver Lodge: »Unsere Sinne sind kein Kriterium für die Existenz. Sie entwickelten sich aus praktischen Gründen und nicht zu philosophischen Zwecken, und wenn wir uns weigern, über den unmittelbaren Beweis unserer Sinne hinauszugehen, werden wir unsere Anschauungen und das Universum in einem unangemessenen und beinahe schwachsinnigen Maß einschränken.«

Es ist die schwierigste Sache der Welt, Menschen von der Existenz von etwas zu überzeugen, was sie nicht mit den Sinnen wahrnehmen können. Trotzdem sind die realsten Dinge, von denen wir etwas wissen, unsichtbar und wurden nie von sterblichen Augen erblickt.

Und genau hier liegt das große Problem für die meisten Menschen, wenn es darum geht, unerwünschte Verhältnisse zu ändern, von Armut und den Dingen, die sie behindern, loszukommen. Sie können nicht über die materiellen Dinge um sie herum hinaus in die unsichtbare Welt sehen, die voll von jeglichen schöpferischen Energien ist, wo der Geist anfängt, die schöpferischen Prozesse in Gang zu setzen. Ihnen ist nicht klar, dass alles, was Menschen in der sichtbaren Welt hervorgebracht haben, als geistige Vision seinen Anfang nahm; dass die Kraft des Geistes, sich die Dinge, die in unser Leben eintreten sollen, auszumalen, zu visualisieren, uns dazu befähigt, alles, was immer wir wollen, aus der unsichtbaren Welt heraus in die Sichtbarkeit zu bringen.

Wenn Sie wissen, wie man diese wunderbare Kraft einsetzt, können Sie unverzüglich anfangen, Ihre Zukunft zu visualisieren; sich selbst zu sehen, wie Sie gern sein möchten; sich im Geiste auszumalen, wie Sie das tun, was Sie gern tun würden; dass Sie die Position innehaben, die Sie anstreben; und so werden Sie die Mittel anziehen, die notwendig sind, um in der materiellen Welt Schritt für Schritt die Zukunft aufzubauen, die Sie in Ihrer Vision erblicken.

Mithilfe einer solchen Vision können wir uns aus einer unharmonischen Umgebung in harmonische Verhältnisse mit allen erdenklichen Verbesserungen und, wenn wir es so wollen, den Luxusgütern des Lebens befördern, oder wir können sie pervertieren und unseren Zustand des erniedrigenden Mangels und der Armut aufrechterhalten, eingeschränkt, von der Selbstverwirklichung, der Entwicklung unserer Möglichkeiten, von all den Freuden des Lebens ausgeschlossen.

Die im Universum wirkenden Kräfte, die uns um den ganzen Globus transportieren und die ihre entferntesten Teile augenblicklich in Verbindung zueinander bringen – die Prinzipien von Chemie, Gravitation und Elektrizität –, können wir nicht sehen, hören oder berühren. Wir können sie nur beurteilen, wenn wir ihre Wirkungen erleben. Es sind die Dinge, von denen wir wenig wissen, trotzdem ist uns klar, dass es wichtige Tatsachen sind.

Die Schwerkraft, die die Himmelskörper in ihren Umlaufbahnen hält – keiner von ihnen ändert seine Umläufe in seiner Bahn um den Bruchteil einer Sekunde in tausend Jahren –, die die Erde, die sich mit unglaublicher Geschwindigkeit um die Sonne dreht, auf so wundersame Weise im Weltraum im Gleichgewicht hält, ist eine unsichtbare Kraft. Sollten wir, nur weil wir sie nicht sehen, schmecken, riechen oder anfassen können, sagen, dass sie nicht real ist? Dass sie nicht existiert?

Wir können die Wirkungen der Elektrizität sehen und spüren, aber wer weiß, was diese unsichtbare Kraft ist? Mithilfe der Elektrizität werden unsere Nachrichten unter Ozeane und über Kontinente befördert. Ihr ist es zu verdanken, dass ein großer Teil der Schinderei auf Erden beseitigt wurde, und sie ist dazu bestimmt, der Menschheit auf Weisen zu dienen, an die vielleicht selbst die klügsten Wissenschaftler und Erfinder nicht im Traum denken. In Bezug auf diese enorme Kraft, die Edison in Tausenden seiner Erfindungen einsetzte, gab er zu, dass er nichts von ihr verstünde. Er hatte Ehrfurcht vor dieser geheimnisvollen Kraft, die aus der kosmischen Intelligenz als Antwort auf seine Anstrengungen zum Vorschein kam. Er betrachtete sich selbst lediglich als einen Kanal, durch den einige ihrer Geheimnisse an die Menschheit weitergegeben wurden – um das Leben weniger mühselig, bequemer und schöner zu machen.

Es ist Unsinn, wenn Skeptiker und Materialisten sagen, dass sie nichts von etwas halten, was sie nicht mit ihren Sinnen überprüfen können, obwohl wir doch wissen, dass die wahre Kraft im Universum – sogar die Bestandteile in den Lebensmitteln, die wir zu uns nehmen, die uns nähren und am Leben erhalten – unsichtbar ist.

Wer kann das Geheimnis der sich öffnenden Knospe, der aufblühenden Blume, der Entstehung des herrlichen Duftes und der wunderbaren Schönheit der Rose verstehen oder erklären? Trotzdem wissen wir, dass sich dahinter Tatsachen verbergen, die sie formen, die sie zu ihrer wunderbaren Reife bringen.

Wir glauben, dass wir in einer sichtbaren Welt leben, aber in Wirklichkeit leben wir in einer Welt, die von unsichtbaren Kräften kontrolliert und gelenkt wird. Der physische Teil von uns wird mit materiellen Dingen ernährt, gewärmt und angekleidet, aber im Unsichtbaren leben wir, bewegen wir uns und haben wir unser Sein.

Wenn wir nur unser Leben und seine unbegrenzten Möglichkeiten unter dem Aspekt der unsichtbaren Kraft in uns erkennen und beurteilen könnten statt unter dem Aspekt der begrenzten, eingeschränkten sichtbaren Welt unserer materiellen Verhältnisse; wenn wir nur die enorme Bedeutung der Wirklichkeit des Unsichtbaren in uns erkennen könnten; wenn wir nur den Gedanken hegen könnten, dass wir ein Teil der schöpferischen Intelligenz des Universums sind, im Besitz einer unbegrenzten Kraft, die jedem von uns eingepflanzt ist, wie viel mehr könnten wir dann vollbringen, wie viel höher könnten wir dann aufsteigen, wie viel glücklicher würden wir dann sein!

Als Christus die Tatsache hervorhob, dass das Himmelreich in uns sei, meinte er, dass dieses innere Himmelreich identisch ist mit dem Göttlichen Geist, dass das innere Himmelreich das Himmelreich der Macht ist, von dem all unser schöpferisches Tun ausgeht. Dort verbinden wir uns mit der universellen Substanz, der großen schöpferischen Energie.

Ihr Wohlstand, Ihre Gesundheit, Ihr Glück, Ihr Erfolg, die Verwirklichung Ihrer Ziele, dies alles ist in der großen formlosen schöpferischen Energie in Ihnen vorhanden, bereit, zu Form zu werden, wenn Ihr Denken das Seinige dabei tut, die schöpferischen Prozesse in Gang zu setzen. Unermesslicher Reichtum, eine unerschöpfliche Fülle, um Ihre Bedürfnisse zu befriedigen, Erfindungen, großartige Werke der Kunst und Literatur, der Musik und des Dramas, Wunder in allen Facetten menschlicher Bestrebungen existieren in der großen Intelligenz in Ihrem Inneren und erwarten den Kontakt Ihres Gedankens, um sichtbare Gestalt auf Erden anzunehmen.

All die großen Kräfte im Kosmos erwarten ständig die Gedanken und Wünsche von jedem von uns. In den unsichtbaren Wirklichkeiten gibt es keine Günstlingswirtschaft. So, wie die Sonne und der Regen ihre Einflüsse dem klugen und dem unklugen Bauern gleichermaßen zur Verfügung stellen, haben wir alle – der Dieb, der Verbrecher, der Mörder, der Verlierer, der Gerechte, der Edle, die Erfinder, die großen Männer und Frauen auf allen Gebieten, die die Menschheit erbauen und die Welt zu einem besseren Ort machen – die gleichen Arbeitsmaterialien.

Mit anderen Worten, es existiert eine unsichtbare Kraft in unseren Händen, und entsprechend unseren Gedanken formen wir unser Leben, unsere Bestimmung, unser Schicksal. Wir können nicht denken, ohne zu erschaffen, denn jeder Gedanke ist einem Samen gleich, der in die unsichtbare universelle Substanz gepflanzt wird, und er wird etwas hervorbringen, was ihm entspricht. Wir können in die unsichtbare Substanz konstruktive Gedanken, schöne Gedanken, Gedanken an Liebe, wohlwollende Gedanken, Gedanken an Gesundheit, an Reichtums an Glück, an Erfolg in unserer gewählten Arbeit säen oder wir können zerstörerische Gedanken, gemeine Gedanken, hasserfüllte und böswillige Gedanken, Gedanken an Krankheit, an Zwietracht, an Versagen, an Armut, an alle möglichen Arten des Elends kultivieren.

Wenn es das Schreckgespenst des Wolfs an unserer Tür gibt, dann aus dem Grund, weil wir es wahr gemacht haben, wir haben es in unserem Leben manifestiert, indem wir zuließen, dass es zuerst in unseren Köpfen existierte – indem wir es visualisierten, indem wir daran dachten, es fürchteten, ist es für uns real geworden.

Eines ist also sicher: Was immer wir auch in der unsichtbaren Welt säen, das werden wir in der sichtbaren ernten. Das ist das Gesetz, und dem kann sich niemand entziehen.

Die unsichtbare Welt um uns herum ist voller grenzenloser Möglichkeiten, die auf unseren Gedankensamen warten, auf unseren Wunschsamen, unseren Zielsamen, unseren Aspirationssamen, unseren Reichtums- und Erfolgssamen, die – unterstützt von unseren Anstrengungen auf der materiellen Ebene – in der Form in unserem Leben manifest werden, auf die wir uns konzentrieren, die wir nähren.

Gleichgültig, wie es um Ihre gegenwärtigen Umstände und Verhältnisse bestellt ist, wenn Sie unerschütterlich an der Überzeugung von der Wirklichkeit des Unsichtbaren, dem Ursprung unserer Fülle, festhalten und in Übereinstimmung mit dem Gesetz arbeiten, können Sie, dank der Schöpferkraft des Gedankens, indem Sie auf die unsichtbare universelle Substanz einwirken, aus dem Unsichtbaren gestalten und schöpfen, um all Ihre Hoffnungen und Visionen zu verwirklichen.

So werden Sie zu einem
Magnet für Reichtum

Jeder Mensch ist ein Magnet, dessen Anziehungskraft in jede gewünschte Richtung beeinflusst werden kann. Jeder kann diese Kraft so lenken, dass er alles anzieht, was er will.

Bevor Ihr Leben wirklich erfolgreich sein kann, müssen Sie sich zu einem Magnet für die Dinge machen, die zu dem Erfolg beitragen. Sie müssen lernen, wie man das anzieht, wie man das auf sich lenkt, was Ihnen helfen wird, in Ihrer Arbeit erfolgreich zu sein, was Sie befähigt, Ihre Ziele zu verwirklichen.

Wenn Armut Sie niederhält, können Sie sie überwinden, indem Sie sich zu einem Magnet für Reichtum machen. Wir leben inmitten eines unerschöpflichen Stroms der Fülle. Es ist die Schuld des Einzelnen, wenn er, um seine Bedürfnisse zu befriedigen, sich dieses Stroms nicht bedient.

Was wir im Leben bekommen, bekommen wir durch das Gesetz der Anziehung. Gleiches zieht Gleiches an. Was immer Ihnen gelungen ist, in dieser Welt zusammenzutragen, haben Sie durch Ihre Denkweise angezogen. Vielleicht sagen Sie, dass Sie diese Dinge verdient haben, dass Sie sie von Ihrem Gehalt, den Früchten Ihrer Anstrengungen, erworben haben. Das stimmt zwar im gewissen Sinn, aber Ihre Gedanken gingen Ihren Anstrengungen voraus. Ihr geistiger Plan existierte vor Ihrer Leistung.

Allein dadurch, dass Sie Ihre Geisteshaltung ändern, werden sich auch die Verhältnisse sehr bald ändern. Ihre Entscheidung, sich künftig dem Wohlstand zuzuwenden, ihn zu kultivieren, sich selbst zu einem Magnet für Reichtum zu machen, wird dazu beitragen, die Dinge, die Ihrer Ambition entgegenkommen, anzuziehen.

In dem Vers »Wer ein gütiges Auge hat, wird gesegnet« (Sprüche 22,9) kommt eine grundlegende Wahrheit zum Ausdruck. Die Bilder, die Sie sich im Geiste machen, die Gedanken, die Sie hegen, formen Tag für Tag Ihre äußeren Verhältnisse. Sie sind reale Kräfte, die unablässig im Unsichtbaren wirken, und je häufiger Sie an günstige Verhältnisse denken und sie visualisieren, umso eher verstärken Sie Ihre Fähigkeit, solche auch zu verwirklichen. Sie machen sich zu einem Magnet für die Sache, die Sie begehren. Das ist ein psychologisches Gesetz.

Wenn Sie ein Magnet für Reichtum werden wollen, müssen Sie nicht nur an Wohlstand denken, sondern auch der Armut entschlossen den Rücken kehren. Fangen Sie heute an. Warten Sie nicht bis morgen oder übermorgen. Wohlhabende bewahren sich ein wohlhabendes Aussehen, auch wenn Sie nicht hinsehen. Kleiden Sie sich so weit wie möglich wie ein Wohlhabender, geben Sie sich als Wohlhabender, handeln Sie wie einer, denken Sie unter dem Aspekt von Wohlstand. Ein Geistheiler kann Krebs nicht dadurch heilen, dass er ein Bild von der schrecklichen Krankheit mit all ihren entsetzlichen Erscheinungen und Symptomen im Geiste aufrechterhält. Der Heiler muss all das aus seinem Bewusstsein streichen. Er muss seinen Patienten heil, rein, gesund sehen – frei von jeglicher Krankheit.

Das Gleiche trifft zu, wenn Sie wohlhabend sein wollen: Sie müssen den Gedanken an Wohlstand, das Bild von Wohlstand in Ihrem Geist aufrechterhalten. Sie müssen sich weigern, Armut zu sehen oder Notiz von ihr zu nehmen. Sie dürfen sie nicht in Ihrem Verhalten zulassen. Sie müssen alle ihre Spuren beseitigen, nicht nur aus Ihrer Geisteshaltung, sondern auch so weit wie möglich aus Ihrem Auftreten. Auch wenn Sie anfangs nicht in der Lage sind, elegante Kleidung zu tragen oder in einem prächtigen Haus zu leben, können Sie die Hoffnung und Aussicht auf das wunderbare Erbe, das Ihr Geburtsrecht ist, ausstrahlen, und alles um Sie wird dieses Licht widerspiegeln.

Wohlstand beginnt im Kopf. Sie müssen sein Fundament in Ihren Gedanken legen, sich selbst mit einer Atmosphäre des Wohlstands umgeben.

Mit anderen Worten, Sie werden in Ihre Umgebung, in Ihr Leben alles einbauen, bei dem Sie im Geiste verweilen.

Wir hören von manchen Menschen, dass »sie immer Glück haben«, dass »ihnen alles in den Schoß zu fallen scheint«. Ihnen fallen Dinge in den Schoß, weil unsichtbare Gedankenkräfte von ihrem Geist auf das Ziel hin ausstrahlen, das sie sich gesetzt haben. Dinge richten sich danach aus, und wir laufen ihnen förmlich über den Weg, und zwar genau im Verhältnis zu der Kraft und Geschwindigkeit der Gedankenkräfte, die wir projizieren.

An bessere Dinge zu denken könnte man als Erste Hilfe für diejenigen bezeichnen, die sich Wohlstand wünschen. Sich als wohlhabend vorzustellen, sich auszumalen, in einem behaglichen Heim zu leben, edle Kleidung zu tragen, umgeben von den Schönheiten des Lebens, in der Lage, sein Bestes im Dienste an die Menschheit zu geben, dies alles trägt dazu bei, dass Sie sich dem Strom anvertrauen, der in Richtung Erfolg fließt.

Es ist seltsam, dass die meisten von uns glauben, dass der Schöpfer uns bei allem helfen wird, nur nicht bei finanziellen Problemen. Wir scheinen zu denken, dass es schon an Gotteslästerung grenzt, wenn wir uns an Ihn wegen Geld wenden, damit wir unsere Bedürfnisse befriedigen können. Wir können um Beistand bitten, um Trost in unserem Kummer, um Linderung unseres Schmerzes und um Heilung unserer Krankheiten, aber Gott anzuflehen, uns zu helfen, die Miete zu zahlen, die Hypothek auf das Haus oder die Farm zu tilgen, scheint nicht in Ordnung zu sein.

Trotzdem wissen wir sehr wohl, dass jeder Bissen, den wir zu uns nehmen, das Material für die Kleidung, die wir tragen, und für die Häuser, in denen wir leben, jeder Atemzug, den wir tun, von dieser Göttlichen Quelle grenzenloser Fülle kommen muss. Wenn die Sonne ausgelöscht werden oder aufhören sollte, ihre zauberhaften Strahlen auf die Erde zu schicken, gäbe es ein paar Tage später kein Lebewesen mehr hier. Kein Mensch, kein Tier könnte ohne sie existieren. Kein Baum, keine Pflanze, keine Blume, keine Früchte, kein Gemüse, kein Gras, nichts Grünes, kein Pflanzenleben wäre möglich. Ohne die belebende Kraft der Sonne würde alles Leben auf diesem Planeten zugrunde gehen. Es wäre hier so kalt, öde und ohne Leben wie auf dem Mond. Auf gleiche Weise kommt alles, was wir haben, vom

Schöpfer, und ohne die Fülle, die aus Seinem Reichtum fließt, könnten wir nicht einen Augenblick leben. Warum sollten wir uns dann nicht an diese große Quelle wenden, wenn es um unsere finanzielle Versorgung geht?

Die Wahrheit ist, dass wir alle dazu bestimmt sind, ein Leben in Hülle und Fülle zu führen. Nicht einen Augenblick lang sollten Sie den Gedanken hegen, dass alles zu Ihnen kommen kann außer Wohlstand, denn er ist Ihr Geburtsrecht, und weil das so ist, sollten Sie ihn für sich einfordern.

Wenden Sie der Armut den Rücken zu. Treffen Sie die Entscheidung, dass Sie nie mehr wieder etwas mit ihr zu tun haben werden, dass Sie sie nicht unterstützen werden, indem Sie bei Gedanken an Armut verweilen und sie visualisieren. Wenden Sie das Gesicht dem Wohlstand zu. Denken Sie an wohlhabende Verhältnisse und planen Sie sie ein, kämpfen Sie mit aller Kraft um Wohlstand und Sie werden ihn in Ihr Leben ziehen.

Angenommen, Sie sind arm und leben in einem bescheidenen Heim, dann reden Sie einfach mit Ihrem Gatten oder Ihrer Gattin und Ihren Kindern und entschließen sich dazu, dass Sie sich alle auf Ihr Ziel konzentrieren – verbesserte Verhältnisse –, dass Sie der anderen Möglichkeit, Wohlstand statt Armut, das Gesicht zuwenden. Bringen Sie Ihr kleines Heim in Ordnung und halten Sie es so gepflegt und freundlich wie möglich.

Verfahren Sie genauso mit Ihrer Kleidung und Gesamterscheinung. Machen Sie sich sorgfältiger zurecht; blicken Sie auf, nehmen Sie Ihren Mut zusammen, bringen Sie sich auf Vordermann, rappeln Sie sich auf. Umgeben Sie sich mit einer Atmosphäre des Optimismus und zeigen Sie durch den neuen Glanz in Ihren Augen das Licht der Hoffnung und Aussicht auf bessere Dinge, dass sich eine Veränderung in Ihnen vollzieht. Ihren Nachbarn wird es auffallen. Sie werden eine Veränderung in Ihrem Heim, bei Ihrer Familie feststellen. Ihre veränderte Geisteshaltung und die Ihrer Familie dadurch, dass Sie sich dem Licht zuwenden statt der Dunkelheit, der Hoffnung statt der Verzweiflung, wird einen einschneidenden Wandel in Ihrer ganzen Lebenseinstellung nach sich ziehen.

Auf diese Weise machen Sie sich selbst zu einem Magnet für Reichtum, Sie senden Gedankenwellen der Hoffnung, des Ehrgeizes, der Entschlossenheit aus. Ihre neue Geisteshaltung zeigt sich durch eine aufrechte Körperhaltung, hochgezogene Achseln, eine saubere, ordentliche Erscheinung – auch wenn die Kleidung alt und abgetragen ist –, einen gewinnenden, energischen, anziehenden Gesichtsausdruck. So stellen Sie die Bedingungen zum Erfolg her. Der positive Wohlstandsgedanke fließt heraus wie drahtloser Strom und verbindet sich mit ähnlichen Gedankenströmen. Halten Sie die Wohlstandsüberzeugung lebendig, arbeiten Sie beharrlich auf Ihr Ziel zu; erkennen Sie Chancen und Erfolg in Ihrer Blickrichtung, entschließen Sie sich, jemand zu sein, halten Sie an dem Entschluss fest – und Ihre Mentalität wird den unsichtbaren Magnet Ihrer Persönlichkeit darauf ausrichten, Sie weiter nach oben zu befördern, das Interesse anderer auf Sie zu lenken, die Ihnen in der Richtung helfen werden, die Sie eingeschlagen haben.

Wenn Sie eine bessere Position haben möchten, mehr Gehalt, mehr Geld, um Schulden zu begleichen, oder irgendetwas, was Sie brauchen, was immer das sein mag, dann halten Sie mit der ganzen Kraft Ihres Geistes an der Sache fest, die Sie zu bekommen versuchen, und zweifeln Sie keinen Augenblick an dem Gelingen Ihrer Unternehmung.

Solange Sie den Zustand, in dem Sie von der Armutsüberzeugung durchdrungen sind, aufrechterhalten, können Sie sich nicht von der Armut erheben. Sie müssen sich von ihr wegdenken.

Reichtum wird niemals bei beengten, zweifelnden Armutsgedanken fließen, genauso wenig, wie sauberes, kristallklares Wasser ungehindert durch schmutzige und verstopfte Rohre fließen kann. Eine richtige Anschauung muss Ihr geistiger Klempner sein, um die Verbindung offen und frei zu halten. Dinge von einer Art ziehen sich gegenseitig an. Armutsgedanken ziehen mehr Armut an, angstvolle Gedanken mehr Angst, kummervolle Gedanken noch mehr Kummer, sorgenvolle Gedanken noch mehr Sorgen. Andererseits ziehen Gedanken, die um Glauben, Vertrauen und Zuversicht kreisen, Dinge von derselben Art an.

Armut ist eine geistige Krankheit, und Sie haben das Gegenmittel dagegen in Ihrem Geist. Das Wohlstandsdenken ist das natürliche Gegenmittel gegen den Armutskeim. Es tötet ihn. Das Armutsdenken kann nicht gleichzeitig mit dem Wohlstandsdenken im Geist existieren. Das eine wird das andere vertreiben. Es liegt an Ihnen, was Sie hegen und pflegen wollen.

Das Problem mit uns ist, dass wir die Angewohnheit haben, uns eine materielle Versorgung zu erhoffen, wenn doch unsere primäre Versorgung geistiger Art sein muss. Wir halten die Versorgungswege offen oder wir blockieren sie mit unseren Gedanken, unseren Überzeugungen. Wir materialisieren Armut mit unseren Zweifeln, unseren Ängsten vor ihr. Wir fangen gerade erst an, herauszufinden, dass wir von dieser Welt erhalten, was wir in sie hineindenken und über sie ausdenken, dass unser gedanklicher Plan seiner materiellen Verwirklichung vorausgeht, so, wie der Plan eines Architekten dem Gebäude vorausgeht.

Vergessen Sie nicht, dass Wohlstand nicht in Ihr Leben fließen kann, solange Ihr Geist von Armutsgedanken und -überzeugungen erfüllt ist. Wir gehen in die Richtung unserer Gedanken und unserer Überzeugungen. Es gibt kein Gesetz, demzufolge Sie erwarten können, etwas zu bekommen, wenn Sie zugleich nicht glauben, es bekommen zu können. Wohlstand kann nicht zu Ihnen kommen, wenn Sie ihn die ganze Zeit durch Ihr Armutsdenken von sich fernhalten.

Sie müssen auf positive, entschiedene Weise denken, dass Sie erfolgreich sein werden bei allem, was sie zu tun oder zu sein wünschen, bevor Sie Erfolg erwarten können. Das ist die erste Bedingung, um sich zu einem Magnet für Ihr angestrebtes Ziel zu machen. Es spielt keine Rolle, ob es sich dabei um Arbeit oder Geld handelt, um eine bessere Position oder Gesundheit oder was auch immer, Ihre Gedanken daran müssen positiv, klar umrissen, voller Entschlossenheit und Beharrlichkeit sein. Energielose, zaudernde Gedanken von der Art »*Vielleicht* bekomme ich es« oder »*Möglicherweise* wird es irgendwann geschehen« oder »Ich *frage mich*, ob ich es bekomme« oder »*Falls* ich das kann« werden Ihnen niemals dabei helfen, irgendetwas in dieser Welt zu erreichen.

Als der junge John Wanamaker seine ersten verkauften Kleidungsstücke mit einem Handkarren auszuliefern begann, setzte er einen positiven Gedankenstrom in Richtung Großunternehmertum in Gang. Kam er an großen Bekleidungsgeschäften vorbei, stellte er sich als erfolgreicher Kaufmann vor, Inhaber eines viel größeren Unternehmens als jene, die er sah. Diesen Gedankenstrom neutralisierte oder schwächte er nicht dadurch, dass er Zweifel oder Ängste in Bezug auf die Möglichkeiten hegte, das Ziel seiner Anstrengungen zu erreichen.

Die meisten Menschen denken zu viel darüber nach, wie sie sich blindlings vorwärtszwängen können. Sie erkennen nicht, dass sie sich durch die Macht der Gedanken selbst zu Magneten machen können, um die Dinge anzuziehen, die ihnen bei ihrem Weiterkommen helfen werden.

Wanamaker zog die Kräfte an, die einen Handelsfürsten hervorbringen. Alle seine Schritte waren nach vorn gerichtet, um die Vision seines Aufstiegs an dessen Wirklichkeit anzupassen.

Marshall Field versetzte sich geistig von einer kleinen Gemischtwarenhandlung auf dem Land in die Stellung eines Buchhalters in Chicago. Dann dachte und arbeitete er sich aus dieser Buchhalterstellung in eine Partnerschaft hinein. Er pflegte nach wie vor seine Gedanken und stieg weiter auf: Als Nächstes stellte er sich vor, an der Spitze der größten Handelsgesellschaft in Amerika, wenn nicht der Welt zu stehen. Mit seinen Gedanken war er immer weit voraus. Er malte sich immer aus, ein wenig höher zu kommen, ein wenig weiter, visualisierte immer ein größeres Unternehmen und machte sich so zu einem Magnet für die von ihm angestrebten Ziele.

Wenn John Wanamaker am Anfang mit sich zufrieden gewesen wäre, dann wäre er in seinem ersten kleinen Laden in Philadelphia geblieben und somit von allen Möglichkeiten abgeschnitten gewesen, das zu werden, was er ist – einer der größten Händler, die die Welt je erlebt hat. Wenn Marshall Field aufgehört hätte, sich in einer immer höheren Position vorzustellen, als der Mann, für den er in dem kleinen Geschäft in Pittsfield arbeitete, voraussagte, dass er es als Händler nie zu etwas bringen würde, hätte man nie von ihm gehört.

Aber dieser Mann vermochte Marshall Field nicht davon abzubringen, sich an der Spitze stehend vorzustellen. »Nach Chicago, der Stadt der Möglichkeiten«, sagte er sich und er machte weiter und kam vorwärts, bis der kleine Kaufmann auf dem Land, der sein Scheitern prophezeit hatte, verglichen mit ihm ein Winzling war.

Die Geschichte dieser beiden Männer ist, soweit es das Erfolgsprinzip betrifft, die Geschichte eines jeden Menschen, der in seinen Unternehmungen erfolgreich war bzw. ist. Vielleicht waren sie sich des Gesetzes nicht bewusst, das ihren Methoden zugrunde lag, aber sie arbeiteten im Einklang mit ihm und waren daher erfolgreich.

Das Gleiche trifft auf Andrew Carnegie zu und auf all die Millionäre und Selfmademen und Selfmadefrauen unter uns, die, aus armen Verhältnissen stammend, es zu enormen Reichtümern oder zu Machtpositionen in einer Etappe des Weltgeschehens gebracht haben.

Jeder, der die Bildung eines Vermögens zu seinem Hauptziel erklärt und Mut, Entschlossenheit, Willenskraft und genügend Selbstvertrauen hat, um an seinem Vorhaben festzuhalten, wird dorthin kommen. Aber leider lassen viele, die sich einst ein solches Ziel setzten, lange bevor sie es erreicht haben, ihre Ambitionen und ihre Seelen verkümmern.

Von Armut wegzukommen ist eine Sache; sein Herz an Geld als den höchsten Wert zu hängen, das ist eine andere – und völlig unterschiedliche – Sache. Ganze Welten liegen dazwischen, ob man seinen Geist so mit Gedanken an Geld und dessen Erwerbung erfüllt, dass kein Platz mehr bleibt für irgendein anderes Ziel, oder ob man unablässig an die Ausweglosigkeit der Armut denkt, sich unentwegt arm vorstellt, bis man von der Macht der Armut über sich derart überzeugt ist, dass man gerade die Fähigkeit zugrunde richtet, die einem bei deren Überwindung helfen sollte.

Menschen, die finanziell ruiniert sind, sind auch geistig ruiniert. Sie leiden an der geistigen Krankheit der Entmutigung und der Hoffnungslosigkeit. Es sollte von Regierungsstellen geleitete Einrichtungen für die Behandlung dieser an Armut Leidenden geben, denn sie benötigen eine Behandlung genauso sehr wie die Patienten in unseren Krankenhäusern.

Sie brauchen Rat von Experten auf geistigem Gebiet. Sie haben sich auf ihrem Lebensweg verirrt, und es muss ihnen der richtige Weg gewiesen werden. Sie müssen im Geist in die richtige Richtung bewegt werden, sodass

sie das Gesicht dem Licht zuwenden statt der Dunkelheit. Ihnen sollte ge-
zeigt werden, dass sie ihre Wohlstandsleitungen verstopfen, sich von ihrer
Versorgungsquelle durch ihr bedrückendes, von Armut geplagtes, einschrän-
kendes Denken abschneiden. Ihre ganze Geisteshaltung weist auf Scheitern,
auf Armut, und aufgrund eines Naturgesetzes entsprechen ihre äußeren
Verhältnisse den Bildern vor ihrem geistigen Auge.

Was für eine Offenbarung würde in Ihr Leben eintreten, wenn Sie nur ein
einziges Jahr lang das Armutsdenken aus Ihrem Gedächtnis tilgen würden;
wenn Sie Armutsbilder und alle Spuren von quälender Not, die traurig
machen und entmutigen, aus Ihrem Bewusstsein löschen würden; wenn
Sie, statt Armut und alles, was diese Vorstellung impliziert, zu erwarten, ein
Jahr erleben würden, in dem Sie genau mit dem Gegenteil rechnen – mit
Reichtum – und sich Reichtum vorstellen, über Reichtum reden, an Reichtum denken, handeln, als würden Sie erwarten, reich zu sein, als ob Sie
reich wären! Gerade diese radikale Veränderung im Denken, diese Umstel-
lung der Geisteshaltung, dieses beharrliche Festhalten an der wohlhabenden Perspektive für ein Jahr würde nicht nur Ihre ganze Lebenseinstellung
verändern, sondern auch Ihre materiellen Verhältnisse geradezu revolutionieren.

Ihr Ehrgeiz würde zunehmen; dank Ihrer neuen Lebensanschauung
würde Ihre Umgebung eine Aufwärtstendenz verzeichnen. Alles würde ein
anderes Aussehen annehmen. Auf Ihrem Gesicht würde ein neuer Glanz
liegen; bei der Aussicht auf bessere Dinge würden Sie vor Freude strahlen.
In Ihren Augen wäre ein Leuchten, wie es noch nie zuvor da gewesen ist.
Indem Sie mit der Haltung der Hoffnung und der Aussicht auf bessere
Dinge arbeiten, statt einer Haltung der Mutlosigkeit und der Ängste vor
noch größerer Armut, kämpfen Sie sich auf eine Weise voran, von der Sie
selbst erstaunt wären.

Es wird viel darüber geredet, wie weit wir doch davon entfernt wären, die
natürlichen Ressourcen der Welt anzuzapfen. Aber noch viel folgenschwe-
rer ist die Tatsache, dass wir noch nicht einmal einen Bruchteil der Möglichkeiten der *menschlichen* Ressourcen in irgendeinem Teil der Welt angezapft
haben. Jeder Bewohner der Erde heutzutage zertrampelt Geheimnisse, die

die Menschheit von stumpfsinniger Plackerei befreien und ihr ein glückliches Leben erlauben würden, statt sich in erster Linie darum zu kümmern, seinen jämmerlichen Lebensunterhalt notdürftig zu verdienen, wie es bis heute der Fall ist. Bis jetzt leben wir, in den allermeisten Fällen, bloß von den Hülsen der Dinge.

Inzwischen fangen wir an, den Kern zu kosten, weil wir allmählich Kenntnisse von den Kräften gewinnen, die in unserem Inneren eingeschlossen sind. Hier und da meistern Menschen das Gesetz der Fülle. Sie beweisen, dass sie sich zu Magneten für Reichtum machen können, indem sie in Einklang mit dem Gesetz der Fülle, des Überflusses, denken und arbeiten.

Wenn jeder von Ihnen, der diese Zeilen liest und der unter den Beschränkungen und Erniedrigungen als Folge einer quälenden Armut leidet, anfangen würde, sich die Wohlstandsgewohnheit in der hier vorgeschlagenen Art und Weise anzueignen, wenn Sie, indem Sie beharrlich an dem Wohlstandsgedanken festhalten, Ihr Unterbewusstsein davon überzeugen, dass Sie zum Erfolg bestimmt sind, dass Wohlstand zu Ihnen gehört, dass es niemals beabsichtigt war, dass Sie in armseligen Verhältnissen leben sollten, dann werden Sie das Grundprinzip des Wohlstands verinnerlicht haben.

Halten Sie an dieser siegverheißenden Lebenseinstellung fest und Sie werden alle ungünstigen Umstände überwinden.

11

*W*ie *S*ie
*I*hre *T*räume verwirklichen

Als Gordon H. Selfridge, ehemaliger Manager der Marshall Field Company, nach London ging und dort ein großes Kaufhaus nach Marshall-Field-Art eröffnete, tat er nur den letzten Schritt in der Verwirklichung eines Traums, den er jahrelang gehegt hatte. Lange bevor er den Fuß an die Küste Englands setzte, hatte er das ganze Kaufhaus in seinen Gedanken gegründet. Er hatte es im Geiste gebaut, bevor er den Atlantik überquerte, und vor seinem geistigen Auge bereits seinen unglaublichen Erfolg erlebt. »Ich stellte mir die riesigen Massen von Kunden vor, die auf mein neues Geschäft zuströmten«, sagte er, »und ich konnte sehen, dass es voller begeisterter Käufer war, lange bevor ich nach England ging.«

Von der Zeit an, als die Idee von einem Kaufhaus in London in seinem Geist Gestalt annahm, stellte sich Mr Selfridge unablässig das fertig gestellte Gebäude vor. Er hielt seinen Traum lebendig und klar durch die Entschlossenheit, ihn wahr zu machen. Er ließ nicht zu, dass dieser Traum zerstört wurde oder dass er seine Idee aufgab aufgrund von Zweifeln, Ängsten und Unsicherheiten oder gut gemeinten Ratschlägen seiner Freunde, die ihm sagten, er solle sich von England fernhalten, weil die Engländer sich so langsam auf neue Ideen einlassen würden, dass er dort scheitern würde. Er schenkte ihrem Gerede keine Beachtung, denn er glaubte nicht, dass die Engländer so rückständig wären, wie sie dachten. Vielmehr war er davon überzeugt, dass sie auf die amerikanische Idee, die Marshall-Field-Idee, ansprechen würden und dass die Methoden, die sich in den Vereinigten Staaten als erfolgreich erwiesen hatten, sich auch in England durchsetzen würden.

Die erstaunliche Popularität des Selfridge Department Store, der schon lange eine der Sehenswürdigkeiten von London ist, ist nur ein weiterer Beweis dafür, dass der Träumer, der Träume hat und Visionen sieht, immer klüger ist als die sogenannten praktisch denkenden, vernünftigen Leute, die ihn entmutigen und versuchen, ihn von seiner Vision abzubringen, dass er ihnen immer weit voraus ist. Die Männer und Frauen, die in allen Zeiten Großes in der Welt vollbracht haben, sind immer Träumer gewesen und haben sich ihre Träume als Gegebenheiten ausgemalt, haben sich vorgestellt, wie sie ihre Vorhaben in die Tat umsetzen, lange bevor sie tatsächlich imstande waren, sie anzugehen und zu verwirklichen.

Große Entdecker, Wissenschaftler, Forscher, Philanthropen, Erfinder, Philosophen, die die Welt vorangetrieben und der Menschheit unermessliche Dienste geleistet haben – wie Kolumbus, Stephenson, Charles Goodyear, Elias Howe, Robert Fulton, Cyrus W. Field, Edison, Bell –, haben lange Jahre hindurch ihre Träume visualisiert, ihre Visionen genährt, viele von ihnen inmitten von Armut, Verfolgung, Spott, Widerstand und Beleidigung jeder Art, bis sie ihre Träume in die Welt brachten und sie wahr machten.

Bei meiner Untersuchung über die Methoden erfolgreicher Männer und Frauen habe ich festgestellt, dass sie fast ausnahmslos die Dinge, die sie zu vollbringen versuchen, sich intensiv und lebhaft vorstellen. Sie arbeiten und träumen konzentriert und pflegen beharrlich ihre Vision, bis sie sie der Wirklichkeit anpassen können. Sie bauen Luftschlösser, aber diese statten sie mit einem soliden Fundament aus Tatsachen aus.

Als Lillian Nordica ein armes Mädchen war, sang sie in dem kleinen Kirchenchor in ihrem Heimatdorf in Maine. Während ihre eigenen Leute es für eine Schande für ein Mädchen hielten, auf der Bühne zu stehen, öffentliche Konzerte zu geben oder in Opern mitzuwirken, stellte sie sich selbst als eine berühmte Primadonna vor, die vor einem riesengroßen Publikum in den Vereinigten Staaten, in ausländischen Großstädten und vor den gekrönten Häuptern Europas sang.

Der junge Henry Clay übte sich in der Rhetorik vor den Haustieren in einem Viehstall und auf dem Wirtschaftshof in Virginia und stellte sich dabei vor, wie er ein großes Publikum mit seiner Eloquenz beeinflusste.

Als Washington zwölf Jahre alt war, stellte er sich als einen reichen und mächtigen Führer vor, einen Mann von großer Bedeutung im Leben der Kolonien und den Herrscher über eine Nation, bei deren Bildung er helfen würde.

Während der junge John Wanamaker Kleidung mit einem Handkarren in Philadelphia auslieferte, sah er sich als der Eigentümer eines viel größeren Unternehmens, als es sie damals in jener Stadt gab. Er sah darüber hinaus und erhaschte einen flüchtigen Blick von dem späteren Wanamaker, dem berühmten, erfolgreichen Händler mit riesengroßen Filialen in den führenden Hauptstädten der Welt.

Der junge Carnegie stellte sich als mächtige Figur in der Welt des Stahls vor.

Nun ist diese Art der Vorstellung keine bloße Eitelkeit oder kleinlicher Egoismus, sondern Gottes Drängen in einzelnen Personen, das sie über sich selbst hinaustreibt zu besseren Dingen, über das hinaus, was für das physische Auge sichtbar ist. Die Bibel sagt uns, dass die Menschen ohne eine Vision zugrunde gehen. Mir ist kein Mensch bekannt, der etwas Außergewöhnliches leistet, ohne imstande zu sein, über das Sichtbare hinaus in das riesige unsichtbare Universum der Möglichkeiten zu blicken, ohne die Vision seines Vorhabens klar und deutlich im Auge zu behalten.

Es ist die Person, die sich vorstellen kann, was noch nicht in der sichtbaren Welt um uns herum existiert, und es als Realität sieht, die Möglichkeiten erkennt, wo andere keine Chance sehen, die von Menschen wimmelnde Städte, riesige Einwohnerschaften in den Prärien ausmacht, wo andere nur Beifuß, Alkaliböden, Öde sehen, die Kraft, Reichtum, Fülle, Erfolg erblickt, während andere nur Scheitern, Einschränkung, Armut und Elend sehen, die schließlich die Oberhand gewinnt und sich durchsetzt.

Viele Menschen scheinen zu denken, dass die Imagination, die Vorstellungskraft, eine Art Anhängsel des Gehirns ist, dass sie kein wesentlicher oder notwendiger Bestandteil ist, und sie haben sie nie sehr ernst genommen. Aber diejenigen von uns, die sich mit den geistigen Gesetzen beschäftigen, wissen, dass sie eine der wichtigsten Funktionen des Geistes ist. Wir fangen erst an herauszufinden, dass die Fähigkeit zu visualisieren eine Art Vorbote ist, der die Dinge ankündigt, die hervorzubringen uns der Schöpfer befähigt hat. Mit anderen Worten, wir fangen allmählich an zu verstehen, dass unsere Visionen Vorhersagen von unserer Zukunft sind, geistige bildhafte Pläne, die wir ausführen, die wir verwirklichen sollen.

Ein Jugendlicher beispielsweise wird nicht von einer architektonischen Vision, einer künstlerischen Vision, einer Vision von einem Großhandel oder irgendeiner anderen Berufung, zu der er keine natürliche Neigung hat, verfolgt, wenn seine Veranlagung in eine ganz andere Richtung geht. Ein Mädchen träumt nicht jahrelang von einer musikalischen Karriere, wenn es nicht die geringste Chance hat, sich auf die Musik als Beruf zu verlegen, wenn es nicht musikalisch begabt ist oder wenn seine Begabung auf einem anderen Gebiet stärker ausgeprägt ist. Jungen und Mädchen, Männer und Frauen werden nicht von Träumen von Taten verfolgt, zu denen die Natur sie nicht befähigt hat. Wir träumen einen bestimmten Traum, haben eine bestimmte Version, weil wir das Talent und die besondere Fähigkeit haben, um eben diesen Traum, diese Vision zu verwirklichen.

Natürlich meine ich mit Träumen und Visionen keine bloßen Fantasien, jene vagen, unbestimmten Gedanken, die einem durch den Kopf schießen, sondern unsere wahren Herzenswünsche, unsere innersten Sehnsüchte, die geistigen Bilder einer Zukunft, die unsere Träume heimsuchen, und den beharrlichen Drang, der uns so lange zusetzt, bis wir versuchen, sie ihrer Wirklichkeit anzupassen, sie zu verwirklichen. Hinter diesen Visionen verbirgt sich etwas Göttliches. Sie sind Vorhersagen über unsere mögliche Zukunft; und die Natur projiziert diese Bilder auf unsere geistige Leinwand, um uns einen flüchtigen Blick von den Möglichkeiten zu geben, die uns erwarten.

Ein Grund, warum die meisten von uns so unbedeutende, unoriginelle Dinge tun, ist, dass wir unsere Visionen und Wünsche nicht genügend nähren. Der Plan des Gebäudes muss vor dem Gebäude selbst kommen. Wir steigen über die Leiter unserer Visionen, unserer Träume auf. Das Modell des Bildhauers muss in dessen Geist leben, bevor es aus dem Marmor gelockt werden kann. Wir wissen so gut wie nichts über die Geisteskraft, die wir erzeugen, indem wir uns unerschütterlich unser Ideal vorstellen, indem wir unablässig an unseren Träumen festhalten, an der Vision dessen, was zu tun oder zu sein wir ersehnen. Uns ist nicht klar, dass dadurch, dass wir unsere Wünsche nähren, die geistigen Bilder schärfer und klarer werden, und dass dank dieser geistigen Prozesse die Pläne unseres zukünftigen Lebensgebäudes vollendet, die Umrisse und Einzelheiten dazu ergänzt und die Materialien für unser tatsächliches Gebäude aus der unsichtbaren Energie des Universums zu uns gezogen werden.

Nichts ist so hilfreich bei der Erfüllung Ihrer Wünsche als die Angewohnheit, sich vorzustellen, was Sie zu erreichen versuchen, es sich deutlich auszumalen, so klar, so lebendig wie möglich, denn dadurch wird der Geist zu einem Magnet, der das von Ihnen Erstrebte anzieht. Überall um uns herum sehen wir Menschen, die ihren Geist intensiv und beharrlich auf ihre besonderen Ziele richten und wundersame Resultate in ihr Leben ziehen.

Es gibt eine schöpferische und überall wirkende Kraft, die dazu bestimmt ist, jede Schöpfung an den Gipfel ihrer Möglichkeiten emporzuheben. Diese Kraft ist latent in Ihnen vorhanden und erwartet Ihren Ausdruck, erwartet Ihre Mitarbeit bei der Verwirklichung Ihres Wunsches. Der erste Schritt, um sie zu nutzen, besteht darin, das Idealbild dessen, was Sie wahr machen wollen, zu visualisieren, das Idealbild des Menschen, ob Mann oder Frau, der Sie sein wollen, und die Dinge, die Sie tun wollen. Ohne diesen ersten Schritt ist der weitere Schöpfungsprozess nicht durchführbar.

Selbst wenn Sie nur ein einfacher Angestellter sind – ein Laufbursche, ein Mädchen für alles, Verkäufer –, stellen Sie sich selbst als die Person vor, die zu sein Sie sich sehnen, sehen Sie sich in der hohen Position, die Sie zu erreichen wünschen. Nichts ist wirksamer dabei, seinen Herzenswunsch in sein Leben zu ziehen, als diesen Wunsch zu visualisieren, seinen Traum zu träumen, sich selbst als den Idealtyp seiner Vision zu sehen, der die seinem Wunsch entsprechende Position besetzt.

Was auch passieren mag, halten Sie immer an den Gedanken fest, dass Sie sein können, was Sie sein wollen, dass Sie tun können, was Sie tun wollen, und stellen Sie sich bei allem, was Sie in Ihrem Leben wahr machen möchten, immer als erfolgreich vor.

Gleichgültig, welche dringenden Pflichten oder Verbindlichkeiten Sie eine Zeit lang aufhalten, welche Umstände und Bedingungen im Widerspruch zu Ihrem möglichen Erfolg stehen, ob Ihre Mitmenschen, selbst die eigene Familie, Sie tadeln oder missverstehen, Sie vielleicht sogar als Spinner, verrückt, einen eingebildeten Egoisten bezeichnen, halten Sie an Ihrem Glauben an Ihren Traum, an sich selbst fest. Bleiben Sie Ihrer Vision treu, nähren Sie sie, denn sie ist das von Gott inspirierte Modell, mit dem er Sie anspornt, Ihr Leben zu gestalten.

Beherzigen Sie diese Dinge und arbeiten Sie auf der physischen Ebene mit aller Kraft an der Erreichung Ihres Ziels, und nichts wird Ihren Erfolg aufhalten können.

$\mathcal{W}$as $\mathcal{E}$ntmutigung anrichtet
und wie man ihr begegnet

Jemand sagte einmal: »Entmutigung versteckt Gottes Mittel und Methoden.« Sie tut mehr. Sie versteckt Gott selbst; sie verdeckt die Sicht auf alles, was für uns hilfreich und uns freundlich gesinnt ist. Sie blockiert unsere Talente, unseren Mut, unser Selbstvertrauen, sie ruiniert unsere Leistungsfähigkeit und schwächt unsere Fähigkeiten.

Jeder Arzt weiß, wie sich Entmutigung auf die Genesung eines Patienten auswirkt – sie verzögert sie und oft macht sie sie sogar unmöglich. Bei einem Kranken, der gut gelaunt ist und zuversichtlich seiner gesundheitlichen Wiederherstellung entgegensieht, stehen die Chancen auf Genesung zehn zu eins im Vergleich zu einem bedrückten und verzweifelten Kranken. Entmutigung bricht den Lebensmut: Wenn der Lebensmut gebrochen ist, verliert die betreffende Person die Lust zu allem. Sie ist im Lebenskampf geschlagen. Ein gebrochener Lebensmut, der Verlust von Hoffnung und Courage, verursacht mehr Misserfolge, mehr Selbstmorde, mehr Geisteskrankheit als fast alles andere.

Erst vor Kurzem las ich die Geschichte über einen jungen Mann, der in einer Rezessionsphase seinen Job verloren hatte. Jeden Morgen machte er sich nun auf die Suche nach einem neuen Job, und jeden Abend kehrte er unverrichteter Dinge heim. Aber das entmutigte ihn nicht, war er sich doch sicher, dass er letzten Endes eine Arbeit bekommen würde. So ging seine Suche wochenlang weiter, bis er sich eines Abends verspätete. Seine

Frau, die aus dem Fenster geschaut hatte, bis es zu dunkel war, um etwas erkennen zu können, ließ die Rollos herunter und versuchte, sich mit einer Beschäftigung von dem Gefühl der Unruhe, das sie plötzlich ergriffen hatte, abzulenken.

Als ihr Mann eine Stunde später nach Hause kam, bemerkte sie, dass er etwas bedrückt wirkte, dass er nicht mehr ganz so zuversichtlich war wie sonst. Sie servierte ihm das Abendessen, sprach ihm auf jede denkbare Weise Mut zu und schickte ihn, so getröstet, ins Bett. Am nächsten Morgen redete er wieder optimistisch, und bevor er sich auf den Weg in die Stadt machte, versicherte er ihr, dass er sein Möglichstes tun würde. Aber es war offensichtlich, dass er nicht mehr so selbstsicher, so selbstbewusst war wie sonst.

Als die Ehefrau an diesem Abend am Fenster stand und auf seine Rückkehr wartete, war sie überrascht, zu sehen, dass ihr Mann nicht allein kam. Eine schattenhafte, unheimliche Gestalt war an seiner Seite und redete eindringlich auf ihn ein. Sie begleitete ihn bis zum Tor und plötzlich war sie verschwunden. Am nächsten Abend ging diese unheimliche Gestalt wieder an seiner Seite, und der Ausdruck der Verzweiflung auf dem Gesicht ihres Mannes erschreckte sie.

Am dritten Abend wartete die Ehefrau noch lange nach Einbruch der Dunkelheit auf ihn, aber er erschien nicht. Starr vor Angst saß sie die ganze Nacht am Fenster, wo sie bis Tagesanbruch ein Licht brennen ließ, aber weder ihr Mann noch eine Nachricht von ihm kam.

Sobald sich am Morgen das Leben in der Nachbarschaft zu rühren begann, ging sie die Zeitung holen, und die erste Meldung, die ihr ins Auge fiel, handelte von dem Selbstmord eines Mannes, der sich in den Fluss gestürzt hatte und ertrunken war. Von einem unguten Gefühl erfüllt, eilte sie zu dem Leichenschauhaus, wo, wie die Zeitung berichtet hatte, der Leichnam hingebracht worden war, und dort wurden ihre Befürchtungen bestätigt. Bei dem Leichnam des ertrunkenen Mannes handelte es sich um ihren Gatten.

In seinen letzten Tagen war die Mutlosigkeit so hartnäckig an der Seite des jungen Mannes geblieben und hatte ihm eingeredet, dass es sinnlos sei, nach einem Job zu suchen, dass er niemals einen bekommen würde, dass er sie schließlich als Gestalt wahrgenommen hatte und sogar für die Augen seiner feinfühligen, mitfühlenden Frau sichtbar wurde.

Zurzeit kenne ich mehrere Leute, die so niedergeschlagen und zermürbt sind aufgrund einer pessimistischen, mutlosen Denkweise, dass sie ihren zukünftigen Erfolg und das Glück ihres ganzen Lebens ernsthaft gefährden. Weil sie vorübergehend ohne Beschäftigung sind, hat die Entmutigung Besitz von ihnen ergriffen und ihr Bewusstsein mit solch bedrückenden Bildern erfüllt, dass sie herumlaufen, als wären sie geisteskrank. Sie sehen nur die düstere Welt, die ihre Gedanken konstruiert haben, und nehmen die freundliche, fröhliche, sonnenbeschienene Welt um sie herum überhaupt nicht wahr.

Wie Carlyle schon sagte, gibt es einige, die »eine hohe Begabung dafür haben, sich elend zu fühlen«.

Aber dennoch ist es allgemein bekannt, dass Sorge und Entmutigung chemische Veränderungen im Körper bewirken, durch die sogar giftige Substanzen erzeugt werden können. Diese Gifte schwächen die Widerstandskraft des Körpers wie auch des Geistes und lassen die Leidenden allen möglichen ungünstigen Folgen anheimfallen. Unzählige Menschen befinden sich heutzutage in einem schlechten Gesundheitszustand und in erbärmlichen Verhältnissen, schleppen sich unzufrieden und unglücklich dahin, obwohl sie doch glücklich sein und großartige Dinge tun könnten, wären sie nicht die Opfer entmutigender Umstände, Umstände, die größtenteils auf ihre Angst und Sorge zurückzuführen sind. Ihr Geist ist aus den Fugen geraten, sie haben den Verstand verloren und sind für das Tagewerk unfähig, weil sie gespalten sind: Zum einen sehen sie in Erwartung aller möglichen Übel und Katastrophen der Zukunft entgegen und zum anderen blicken sie in die Vergangenheit zurück voller Reue über alles, was sie getan oder nicht getan haben.

Einer der traurigsten Aspekte in meiner Arbeit ist, den Unglücksschrei von Menschen zu vernehmen, die ihren Mut und ihren Ehrgeiz verloren haben. Sie schreiben mir, dass sie ihre Karrieren ruiniert haben und dass ihnen jetzt nichts anderes übrig bleibt, als ihr Leben voller Verzweiflung und unglücklich zu fristen. »Hätte ich doch nicht in einem mutlosen Augenblick meine Stelle aufgegeben!«, klagen sie. »Wenn ich doch nicht dem Heimweh nachgegeben und das College verlassen hätte!« »Wäre ich doch nur ein wenig länger bei meinem Gewerbe dabeigeblieben, bei meiner Anwaltskanzlei, bei meiner Ingenieurtätigkeit, bis sich der Erfolg eingestellt hätte; wenn ich nur weitergemacht hätte, wie anders wäre heute alles! Aber ich habe den Mut verloren, wurde niedergeschlagen und verzweifelt und entschied, etwas Leichteres auszuprobieren. Seitdem ich aufgegeben habe, bin ich nicht mehr glücklich oder zufrieden mit mir gewesen, aber jetzt ist es zu spät, um noch etwas zu ändern.«

Aber gleichgültig, was geschehen ist, welche Hindernisse oder Probleme Sie zurückgedrängt oder eine Zeit lang niedergedrückt haben, verlieren Sie nie die Hoffnung und erliegen Sie nicht irgendwelchen Enttäuschungen und Misserfolgen. Das heißt nicht, dass Sie diese Empfindungen nicht haben dürfen, aber Sie müssen es sich zur Aufgabe machen, es ihnen niemals zu erlauben, Sie von Ihrem Vorhaben abzubringen, Ihren Ehrgeiz zu durchkreuzen.

Die größten Hindernisse für unseren Erfolg liegen in unserem Denken, und es gibt nur wenige, die – aufgrund von Problemen in der genetischen Entwicklung – ihre zerstörerischsten schädlichen Gedanken durch den Einsatz geistiger Chemie nicht überwinden könnten. Das heißt, indem sie die Gegenmittel gegen die schädlichen Gedanken zu Hilfe rufen und ihren Geist trainieren, sich dem Licht zuzuwenden statt der Dunkelheit.

Ein entmutigender, verzweifelter Gedanke kann augenblicklich durch einen beherzten, zuversichtlichen Gedanken aufgehoben werden, so, wie eine Säure im Nu durch eine alkalische Lösung neutralisiert werden kann. Das geistige Gesetz ist genauso wissenschaftlich wie das physische. Wir können nicht gleichzeitig zwei entgegengesetzte Gedanken hegen, einer neutralisiert oder vertreibt den anderen. Wir können immer einen negativen, zerstörerischen, angstvollen Gedanken verdrängen, indem wir unermüdlich das Gegenteil davon heranziehen – einen positiven, beherzten, konstruktiven Gedanken.

»Pfeifen, um den Mut nicht sinken zu lassen, ist nicht nur eine Redens-art«, sagte William James, der große Psychologe. »Sitzen Sie andererseits den ganzen Tag da und blasen Trübsal, seufzen und antworten auf alles mit bedrückter Stimme, dann wird Ihre Melancholie bleiben.« Das heißt, mit unserem Denken und Tun können wir Mut oder Mutlosigkeit zu uns ziehen. Anders ausgedrückt, wir können unsere Geisteshaltung nach Be-lieben ändern, und ändern wir unsere Gedanken, so ändern wir unseren Zustand.

Wenn Sie zum Beispiel einen Job suchen und keinen finden, wenn Sie Rückschläge erlebt haben und nicht wissen, woher Ihr nächster Dollar kommen soll, wenn Sie glauben, ein Mensch am falschen Platz zu sein, wenn Sie Fehler gemacht haben – wenn Sie *aus irgendeinem Grund* mutlos und versucht sind, sich vor dem Feind zurückzuziehen –, dann laufen Sie nicht mit einer niedergeschlagenen, düsteren, verzweifelten Miene herum, sondern drehen Sie sich um 180 Grad und nehmen Sie die Haltung eines Siegers im Leben an. Sagen Sie sich: »Ich wurde nicht zum Scheitern ge-boren! Ich werde jetzt die Kraft in mir nutzen, um das zu tun, was ich tun will; um die Position zu bekommen, die ich mir wünsche; um all meine Bedürfnisse zu befriedigen. Misserfolg kann sich mir nicht nähern. Ich be-wege mich jetzt auf meinen Erfolg zu, weil ich etwas unternehme – und diese Schritte werden mich zu meinem Ziel führen.«

Halten Sie unbeirrt an dieser Geisteshaltung fest und Sie werden über-rascht feststellen, wie viel Mut sich dann einstellen wird und wie Ihre Pro-bleme sich auflösen werden.

Durch die ganze Geschichte hindurch wurden glorreiche Siege von Men-schen errungen, die einen fantastischen Mut besaßen, einen enormen Glauben an sich selbst und ihr Unternehmen, einen ungebrochenen Sie-geswillen. Es gibt zahlreiche Beispiele dafür, wie jemand die Lage rettete, während seine Freunde oder Kollegen längst aufgegeben hatten – weil die Freunde und Kollegen nur die Niederlage vor Augen hatten, während die Person mit dem Siegeswillen den Sieg sah.

Der französische General Foch, dem gegen Ende des Ersten Weltkrieges der Oberbefehl über die alliierten Armeen übertragen wurde, sagte, dass eine verlorene Schlacht eine Schlacht sei, von der man glaubt, sie nicht gewinnen zu können.

»Sie sind besiegt, diese Armee ist nicht besiegt«, war schon immer die Antwort großer Generäle den Mutlosen gegenüber, die die Schlacht als verloren aufgeben wollten.

In diesem Augenblick gibt es jemanden nicht weit von Ihnen entfernt, der an Ihre Stelle treten und den Sieg herbeiführen könnte mit den Mitteln, die Sie für die Aufgabe, die es zu erledigen gilt, für unzulänglich halten. Es gibt jemanden, der nicht fähiger ist, als Sie es sind, der eine außergewöhnliche Gelegenheit in der Situation erkennen kann, die Sie als so ausweglos, so entmutigend empfinden.

Ein großer Wissenschaftler sagte einmal, dass er, wenn er auf ein anscheinend unüberwindbares Hindernis stieße, ausnahmslos kurz vor einer wichtigen Entdeckung stünde.

Vor allem wenn der Weg so dunkel ist, dass Sie die Hand nicht vor den Augen sehen können, ist es am wichtigsten, an Ihrem Glauben und Mut festzuhalten. Wenn Sie auf Ihr Ziel hindrängen, obwohl alles gegen Sie verschworen zu sein scheint, obwohl Zweifel und Entmutigung ihr Möglichstes tun, um Sie zum Aufgeben zu bewegen, dazu, sich abzuwenden, zum Feigling und Drückeberger zu werden, werden Sie in der Folge immer erkennen, dass Sie gerade in einer solchen Zeit dem Sieg näher sind, als Sie es sich in Ihren Träumen vorgestellt haben.

Wenn Sie Ihren Glauben an Ihre Durchsetzungskraft nicht verlieren, auch wenn sich vor Ihnen Erschwernisse auftun oder sich Ihnen Hindernisse in den Weg stellen, kann nichts Sie besiegen, weil Sie dann mit der Allmacht des Universums zusammenarbeiten, die immer den Sieg davonträgt.

ICH BIN ...

Ich bin derjenige, der Begabung blockiert, Ambitionen durchkreuzt, Energie raubt, Gelegenheiten zunichtemacht.

Ich verursache größeres Leid, mehr menschliches Elend und Verlust, mehr Tragödien und Unglück als alles andere.

Ich habe mehr Menschen verflucht, die Entwicklung von edleren Fähigkeiten verhindert, mehr Genialität abgewürgt und mehr Talent blockiert als alles andere in der Welt.

Ich habe unendlich mehr Leben verkürzt und mehr Menschen in die Kriminalität und den Selbstmord getrieben als jede andere Ursache.

Ich löse chemische Veränderungen im Gehirn aus, die die Leistungsfähigkeit lähmen und Karrieren ruinieren.

Ich enthalte Menschen mehr Dinge vor, die gut für sie sind, Dinge, die ihrem Wesen entsprechen und die sie genießen sollten, als jede andere Kraft.

Ich veranlasse Männer und Frauen dazu, ärmliche, schäbige Kleidung zu tragen, niedergeschlagen und verzweifelt auszusehen, obwohl es doch das Recht eines jeden ist, nach oben zu blicken, gut angezogen, attraktiv und glücklich zu sein.

Ich schließe die Sonne der Hoffnung aus und bringe Männer und Frauen dazu, alles in einem verzerrten Licht zu sehen, weil ich sie das Leben von seiner negativen Seite betrachten lasse.

Ich schwäche Menschen und mache aus Männern und Frauen, die bei bester Gesundheit sein sollten, chronisch Kranke.

Wenn ich im richtigen psychologischen Augenblick die leiseste Andeutung auf mich selbst in das menschliche Bewusstsein pflanzen kann, vermag ich das ambitionierteste, das größte Genie zu vernichten.

Ich lasse die geistigen Kräfte verkümmern und eine Vielzahl von Menschen in Unwissenheit.

Ich greife gewöhnlich an, wenn Menschen am Boden sind, wenn sie müde, erschöpft, geschwächt sind. In dieser Situation finde ich mühelos einen Zugang zu ihrem Geist, weil ihr Mut dann nicht groß und ihr Verstand nicht so wach ist und sie sich weniger zutrauen.

Ich bin der größte Betrüger der Menschen. Sobald ich in ihren Geist eingedrungen bin, kann ich einen Riesen glauben machen, dass er ein Zwerg und von geringer Bedeutung ist. Ich kann die Selbstachtung eines Menschen herabsetzen, bis er nach seiner eigenen Einschätzung ziemlich mittelmäßig ist.

Ich habe einen Zwillingsbruder, Zweifel, der der große Verräter genannt wird. Er ist stets bereit, mir dabei zu helfen, meine Spielchen zu beenden. Wir arbeiten zusammen, und wenn jemand erst einmal unter unserer Kontrolle ist, dann ist es für ihn unmöglich, einfallsreich, originell oder erfolgreich zu sein.

Ich schleiche mich in die Gedanken von Menschen hinein, wenn sie den Entschluss gefasst haben, etwas ganz Neues anzufangen, vom üblichen Weg abzuweichen und sich einen eigenen zu bahnen, und schwäche ihre Leidenschaft, dämpfe ihre Begeisterung und lasse sie sich unfähig und hilflos fühlen. Ich flüstere ihnen ins Ohr: »Geh langsam vor. Sei lieber vorsichtig. Viele fähigere Menschen, als du es bist, haben versagt bei dem Versuch, genau das zu vollbringen, was du gerade anstrebst. Es ist nicht der richtige Zeitpunkt, damit anzufangen; du solltest besser warten, warten, warten.«

Ich habe keinen einzigen heilbringenden Zug an mir, und doch übe ich mehr Einfluss auf die Menschheit aus als irgendeine der feineren, edleren Eigenschaften, die dazu beitragen, die Menschen an den Gipfel ihrer Möglichkeiten zu bringen.

ICH BIN ENTMUTIGUNG.

13

*W*ie *S*ie *I*hr *U*nterbewusstsein
für sich arbeiten lassen

D er Geist stellt bis jetzt noch immer größtenteils ein Rätsel dar. Nur wenige haben überhaupt eine leise Ahnung von seinen enormen verborgenen Kräften.

Der Körper schaltet im Schlaf ab und all seine willkürlichen Aktivitäten hören auf. Aber der Geist … Was ist mit ihm, wenn der Körper schläft? Wir wissen, dass er nicht schläft, denn wenn der Körper im Schlummer versunken ist, stehlen sich das Gedächtnis und die Imagination aus ihrem Haus fort und gehen dorthin, wo es ihnen beliebt. Sie begeben sich an Schauplätzen der Vergangenheit oder versetzen sich in die Zukunft. Im Schlaf scheinen sie offensichtlich völlig unabhängig vom Körper zu sein.

Der Teil des Geistes, der aktiv bleibt, während wir schlafen, ist diese wunderbare Kraft in unserem großartigen Inneren, die, wenn verstanden und richtig benutzt, uns befähigen kann, die Höhen unserer Möglichkeiten zu erreichen. Wenn wir diese Kraftquelle anzapfen können, werden wir all das vollbringen, was wir bis jetzt als Wunder betrachten, werden wir Dinge zustande bringen, die die Errungenschaften, die zurzeit Staunen und Bewunderung bei uns hervorrufen, in den Schatten stellen und zur Bedeutungslosigkeit verurteilen.

Soweit es die Resultate betrifft, hängt alles von dem Intelligenzgrad und der bewussten Absicht ab, mit der wir das Unterbewusstsein nutzen. Ist es doch ständig damit beschäftigt, jeden Gedanken, jede Emotion, jede Sehnsucht, jeden Wunsch und jedes Gefühl von uns in der unsichtbaren schöpferischen Substanz zu verzeichnen. Es schläft niemals, sondern arbeitet unaufhörlich an den Hinweisen, die es vom bewussten oder objektiven Geist empfängt. Ihre Denkgewohnheiten, Ihre Überzeugungen, Ihre Visionen, Ihre Träume, Ihre Glaubensvorstellungen, sie alle sind ihm tief eingeprägt und werden letzten Endes in Ihrem Leben zum Ausdruck kommen. Mit anderen Worten, Ihr Unterbewusstsein ist Ihr Diener und macht sich unverzüglich daran, den Befehl auszuführen, die Anregung zu befolgen, die Sie ihm eingeben, ohne herumzukritteln, ohne es infrage zu stellen – gleichgültig, ob es sich um eine große oder eine kleine Sache handelt, ob es richtig oder falsch ist.

Wenn Sie beispielsweise einen frühen Zug nehmen oder aus irgendeinem Grund mitten in der Nacht aufstehen müssen und Sie sagen sich oder denken daran, bevor Sie in Schlaf sinken: »Ich muss rechtzeitig aufwachen, um morgen früh diesen Zug zu bekommen«, oder: »Ich muss um ein Uhr nachts aufstehen«, dann werden Sie mit Sicherheit um fast die genaue Uhrzeit wach werden, die Sie festgelegt haben, auch wenn Sie vielleicht das ganze Jahr lang nie um diese Zeit aufgewacht sind. Sie haben keinen Wecker, niemand ruft Sie an. Was weckt Sie dann genau zur rechten Zeit? Vielleicht haben Sie sich nie selbst diese Frage gestellt oder darüber nachgedacht. Es war dieser kleine treue Diener, Ihr Unterbewusstsein, der für Sie Wache hielt, während Sie schliefen.

Etwas Ähnliches passiert bei Verabredungen. Sie verabreden sich mit jemandem für morgen oder an einem anderen Tag in der nächsten Woche zu einer bestimmten Zeit an einem bestimmten Ort. Sie notieren sich dieses Treffen nicht, und es entfällt Ihnen. Aber wenn die Zeit naht, werden Sie an Ihren Termin erinnert.

Aus langer Erfahrung weiß ich, dass etwas in meinem Inneren mir jede Verabredung, die ich treffe, rechtzeitig ins Bewusstsein bringt, um sie einzuhalten. Ich denke nicht die ganze Zeit daran. Überhaupt nicht. Ich lege sie in meinem Inneren ab, so, wie ich einen Geschäftsbrief in meinem Büro zur späteren Verwendung ablegen würde. Dann verbanne ich den Termin aus meinen Gedanken, wissend, dass er, wenn die Zeit gekommen ist, nicht vergessen wird.

Die geübte Person lernt, diesem unbewussten Sekretär alle möglichen Aufgaben anzuvertrauen. Sie weiß nämlich aus Erfahrung, dass er ihr treu und zuverlässig dienen wird, nicht nur bei verhältnismäßig kleinen Aufträgen, wie etwa dem Wecken zu einer gewünschten Stunde in der Nacht oder am frühen Morgen oder dem ständigen Erinnern an Verabredungen, sondern auch bei den großen, ernsten Problemen des Lebens.

Wo immer ein Mann oder eine Frau ein großes Ziel erreicht, werden Sie es tatsächlich mit jemandem zu tun haben, der sich bewusst oder unbewusst an das Gesetz hält, der seinen enormen Eifer im Unterbewussten festhält und so hartnäckig, so zuversichtlich in dieser Richtung arbeitet, dass sein Vorhaben unweigerlich gelingt.

Edison erzählte, dass er, wenn er vor einem großen Problem in seiner Arbeit stand und keine Ahnung hatte, wie er es lösen sollte, die Sache einfach überschlief – und oft erwachte er am nächsten Morgen, um festzustellen, dass sich sein Problem in Luft aufgelöst hatte, während er schlief, für ihn auf eine Art und Weise gelöst, die er sich nie hätte träumen lassen. Derart erschlossen sich ihm die Einzelheiten verschiedener Erfindungen.

Und in der Tat, die inneren schöpferischen Kräfte sind des Nachts aktiver als tagsüber und besonders empfänglich für die Anregungen, die sie empfangen, bevor wir einschlafen. Im Schlaf ist das Bewusstsein nicht aktiv, und folglich arbeitet das Unterbewusstsein ununterbrochen, ohne die Einwände oder Schwierigkeiten, die es am Tage immer anführt. Daher ist es von größter Wichtigkeit, dass Sie dem Unterbewusstsein die richtige Botschaft, das richtige Konzept, an dem es zu arbeiten gilt, in der Nacht übermitteln. Tun Sie dies vor dem Einschlafen, und Ihr Unterbewusstsein wird die ganze Nacht über für die Erreichung Ihres Ziels, Ihres Wunsches arbeiten. Lassen Sie jedoch nie zu, dass Sie in einer zweifelnden, mutlosen Stimmung einschlafen. Behindern Sie *zu keiner Zeit* – Tag oder Nacht, aber vor allem vor dem Schlafengehen – das Wirken der schöpferischen Intelligenz durch Zweifel oder Ängste. Zweifel ist der große Feind, der die Anstrengungen unzähliger Menschen entkräftet und ihren Erfolg zunichtegemacht hat.

Wenn jeder von uns weiß, wie wir unser Unterbewusstsein für uns arbeiten lassen, wird es keine Armut mehr geben, wird niemand in Not sein oder leiden, Schmerzen haben oder krank, unglücklich, ein Opfer vereitelter Pläne sein. Wir werden dann wissen, dass wir, um unsere Träume wahr zu machen, um wohlhabend und glücklich zu sein, lediglich unserem unsichtbaren Sekretär die richtigen Anweisungen erteilen und anschließend von unserer Seite die notwendigen Anstrengungen folgen lassen müssen.

In Ihrem Unterbewusstsein die Dinge einzupflanzen, die Sie wahr machen wollen, die zu erreichen Sie den Ehrgeiz haben, ihm das Ideal des Mannes oder der Frau einzuprägen, der oder die Sie sein möchten, ist der erste Schritt zur Verwirklichung all dessen.

Aber während das Unterbewusstsein allmächtig dabei ist, das Modell oder die Idee, die wir ihm eingegeben haben, zu verwirklichen, bringt es selbst keine Ideen hervor. Es ist also von entscheidender Bedeutung, welche Art Material zum Bearbeiten Sie Ihrem Unterbewusstsein eingeben. Sie können aus ihm einen Feind oder einen Freund machen, denn es wird etwas, was Ihnen schadet, genauso schnell umsetzen wie etwas, was Sie glücklich macht. Nicht aus Bösartigkeit, sondern weil es genauso wenig differenzieren kann wie der Boden, in den der Bauer seinen Samen sät.

Wenn der Bauer einen Fehler machen und Distelsamen säen sollte statt Weizen, dann sagt der Boden nicht zu ihm: »Mein Freund, du hast dich geirrt. Du hast Distelsamen gesät und nicht Weizen, wir werden also das Gesetz ändern, damit du das erhältst, was du zu bekommen erwartet hast.« Nein, die Ernte, die wir von der Erde erhalten, wird unserer Saat entsprechen. Wenn wir Distelsamen in sie hineingeben, wird sie genauso zuverlässig Disteln hervorbringen, wie sie im anderen Fall Weizen, Kohl oder Kartoffeln hervorbringen wird. Wir säen den Samen, und die Natur schenkt uns die entsprechende Ernte; das ist das Gesetz auf der physischen Ebene. Genau das Gleiche geschieht auf der geistigen Ebene. Wie die Erde ist auch das Unterbewusstsein passiv. Der objektive Geist macht Gebrauch von ihm, erteilt ihm Befehle oder legt ihm Hinweise nahe, und das Unterbewusstsein führt sie vorschriftsmäßig aus, entsprechend ihrer Natur. Mit anderen Worten, der objektive oder bewusste Geist ist es also, der den

Samen durch Wörter, Beweggründe, Gedanken oder Taten aussät. Was der unbewusste Geist dann in uns hervorbringt, entspricht dem, was wir ihm eingeprägt haben.

Dem Unbewussten bleibt also keine andere Wahl, als den Anhaltspunkten zu folgen, die wir ihm geben. Daher ist es von großer Bedeutung, dass Ihre Anweisungen an diesem unsichtbaren Diener zu Ihrem Vorteil und nicht zu Ihrem Nachteil sind, dass Sie ihn nicht mit den Dingen erfüllen, die Sie nicht haben wollen, den Dingen, die Sie hassen und fürchten und beunruhigen, sondern den Dingen, nach denen Sie sich sehnen und die Sie bestrebt sind zu erreichen.

In Ihrem Wissen um das enorme Potenzial Ihres Unterbewusstseins liegt das Geheimnis Ihrer schöpferischen, uneingeschränkten Möglichkeit zu Wohlstand. In Ihrem unbewussten Geist existieren Kräfte, die, wenn geweckt und genutzt, Ihnen dabei helfen, das zu erreichen, von dem andere Ihnen sagen, dass es »unmöglich« sei. Ihr Leitbild, Ihr Herzenswunsch, wie unerreichbar er im Augenblick auch sein mag, ist eine Vorhersage darüber, was sich in Ihrem Leben bewahrheiten wird, wenn Sie Ihren Teil dazu beitragen.

Das große Problem mit den meisten von uns, selbst denen, die sich mit dieser Thematik beschäftigt haben, liegt darin, dass unsere Anforderungen an uns selbst so niedrig sind, die Aufforderung an unser großartiges Innere so kläglich und unbeständig ist, dass sie keinen nachhaltigen oder dauerhaften Eindruck auf die schöpferischen Energien hinterlässt; es mangelt ihr an der Kraft und Hartnäckigkeit, die Wünsche wahr machen.

Eingedenk der Tatsache, dass wir dank unseres Unterbewusstseins, unseres großartigen Inneren, mit jeder möglichen Freude und Zufriedenheit in Berührung kommen, dass hier die großen schöpferischen Prozesse, die unsere Träume verwirklichen, ihren Anfang nehmen, mutet es seltsam an, dass wir diese enorme Kraft nicht zu unserem Vorteil einsetzen.

Arbeiten Sie mit dem Gesetz, nach dem das Unbewusste funktioniert, statt dagegen, und nichts kann Ihren Erfolg aufhalten. Lassen Sie sich von Ihrem Unterbewusstsein helfen und nicht behindern. Geben Sie ihm den richtigen Gedanken, die richtige Anweisung, die richtigen Leitbilder an die

Hand, mit denen es sich beschäftigen soll. Flößen Sie ihm Erfolgsgedanken statt Versagensgedanken, helle, fröhliche, zuversichtliche und keine düsteren, entmutigenden Gedanken ein. Hegen Sie niemals einen Gedanken, der nicht Ihrem Leitbild oder Ziel entspricht. Gleichgültig, wie die Umstände sind, welche Hindernisse Ihnen im Weg stehen, fahren Sie unbeirrt damit fort, Ihren Erfolg klar und deutlich zu visualisieren. Lassen Sie niemals einen Gedanken des Zweifels oder der Angst zwischen sich und die zuversichtliche Überzeugung gelangen, dass Sie bekommen, wonach Sie sich sehnen, und setzen Sie sich mit ganzem Herzen dafür ein.

Ebenso wenig, wie Sie der Versuchung, etwas zu stehlen, nachgeben würden, sollten Sie keine ängstlichen, sorgenvollen, eifersüchtigen, neidischen, hasserfüllten oder selbstsüchtigen Gedanken hegen. Diese Dinge bringen Sie um Ihren Seelenfrieden, Ihre Energie, Ihre Kraft und Vitalität, Ihr Selbstvertrauen sowie Ihr Wohlergehen.

Sie würden nicht zulassen, dass ein Dieb in Ihrem Haus umherstreift, um etwas zu stehlen. Warum sollten Sie dann zulassen, dass Ihre schädlichen Gedanken widerspruchslos in Ihrem Geist schweifen?

Ein verkümmertes Ideal ist gleichbedeutend mit einem verkümmerten Geist, einer verkümmerten Zukunft, einer verkümmerten Karriere. Ihr Selbstwertgefühl, Ihr Überzeugtsein von sich selbst, Ihrer Zukunft, Ihrer Begabung, wird sich in Ihrem Werdegang widerspiegeln.

Sie müssen von der Sache, die Sie zu tun oder zu bekommen versuchen, überzeugt sein. Ihre Hoffnungen, Ihre Zuversicht, Ihre Erwartungen sind mächtige Faktoren beim Erreichen von Wohlstand. Sie sind wie Suchscheinwerfer am Horizont, die aus weiter Ferne Gelegenheiten erkennen lassen.

Leben Sie immer in dem Bewusstsein, dass Sie bei allem, was Sie zu erreichen versuchen, erfolgreich sein werden, und die schöpferischen Prozesse in Ihnen, die genau nach Ihrem vorgegebenen Plan wirken, werden hervorbringen, was immer Sie sich wünschen.

14

*W*ie *S*ie sich selbst zum *G*lück verhelfen

Nichts ist für das Erreichen von Wohlstand so verhängnisvoll wie der Glaube an einen blinden Zufall, an den Trugschluss, dass eine Wirkung ohne eine hinreichende Ursache herbeigeführt werden kann. Doch wie viele kräftige, leistungsfähige Menschen warten untätig auf einen glücklichen Zufall, der ihre Probleme lösen soll, warten darauf, dass sie Aufschwung bekommen durch dieses mysteriöse, unbestimmte Etwas, das einer Person hilft und eine andere zurücklässt, ungeachtet der jeweiligen Anstrengungen der beiden. Man könnte genauso gut darauf warten, dass das Glück mathematische Probleme löst, so, wie es die eigenen Probleme im Leben lösen soll.

Sie sind Herr Ihres Schicksals. Die Fähigkeit, Ihre Probleme zu lösen, liegt direkt in Ihnen. Sie legen Ihr Schicksal fest, das Sie zu Fall bringt oder emporhebt. Das Leben ist kein Glücksspiel.

In Ihnen steckt etwas, das allem, was versuchen kann, Sie niederzustrecken, weit überlegen ist. Sie besitzen eine Kraft, die es mit jedem Mangel oder jeder Schwäche, von der Sie vielleicht glauben, dass Sie sie geerbt haben, oder mit jedem Hindernis in Ihrer Umgebung aufnehmen kann.

Gleichgültig, was Ihnen zustößt, denken Sie stets daran, dass etwas in Ihnen größer ist als jedes Schicksal, etwas, das über jedes grausame Los lachen kann – dass Sie Ihr eigenes Schicksal, Ihr eigenes Geschick sind.

»Glück ist die Fähigkeit, eine Gelegenheit zu erkennen und sie sich zunutze zu machen«, sagt Beatrice Fairfax, und wenn wir ihre Definition akzeptieren, müssen wir zugeben, dass es so etwas wie Glück gibt. Aber mit »Glück« meinen wir das Folgende: Manchmal kommt es vor, dass bei einem Eisenbahnunglück oder einer anderen schweren Katastrophe eine unbekannte Person plötzlich bekannt wird durch eine einfache Tat, zu der Tausend andere genauso gut imstande gewesen wären. Doch das Vermögen dieser Person, die Möglichkeit beim Schopf zu packen und das Notwendige prompt und richtig zu erledigen, war nicht auf »Glück« zurückzuführen, sondern darauf, dass diese Person ihre Entschlusskraft kultiviert hat.

Was Sie vielleicht im Augenblick als Ihr Pech bezeichnen, kann in Wahrheit eher das Resultat einer Schwäche sein, einer schlechten Angewohnheit, die Ihre Anstrengungen durchkreuzt und Ihnen den gewünschten Wohlstand vorenthält. Vielleicht haben Sie irgendwelche Eigenarten, unangenehme Eigenschaften, die Ihr Weiterkommen behindern, die Stolpersteine auf Ihrem Weg sind. Ihr »Pech« ist vielleicht nur fehlende Vorbereitung, eine lückenhafte Schulbildung oder eine unzureichende Ausbildung für Ihren speziellen Beruf. Möglicherweise liegt es nur daran, dass Ihr Fundament nicht stabil genug ist, um Ihre Ziele zu tragen. Oder Ihr »Pech« könnte die Folge Ihres Wunsches sein, sich vor allen Dingen zu amüsieren, was auch passieren mag.

Glück ist genau das Gegenteil von all dem. Jeder wohlhabende Mensch weiß, dass Glück dem starken Willen folgt, der aufrichtigen, beharrlichen Anstrengung, der fleißigen, harten Arbeit und gründlichen Vorbereitung, dem Ehrgeiz, sich hervorzutun, einer wirklich ernst gemeinten Absicht.

Glück ist wie eine Gelegenheit, es widerfährt denen, die dafür arbeiten und bereit dafür sind. Nutzen Sie Ihre Zeit auf die bestmögliche Weise; dies wird Ihnen zu Glück verhelfen.

Wenn Sie aufgrund einer mangelhaften Bildung im Nachteil sind, können Sie sich um ein Niveau bemühen, das einer Hochschulbildung ziemlich entspricht, gleichgültig, wie arbeitsreich Ihr Tag auch sein mag. Lesen und studieren Sie in Ihrer Freizeit. Unzählige Männer und Frauen bilden sich auf diese Weise jeden Tag weiter und bringen es im Leben zu etwas trotz Tausender Hindernisse und Benachteiligungen, die Sie nie erlebt haben.

Wenn wir die Karrieren der meisten von denen untersuchen sollten, die, wie es heißt, »Glück gehabt haben«, werden wir feststellen, dass ihr Erfolg weit zurück in ihrem Leben seinen Ursprung hat und dass er Nahrung in vielen Schlachten in dem Ringen um die Vorherrschaft über Armut und Widerstand fand. Wir werden entdecken, dass die Leute, die »Glück haben«, nicht an Glück glauben, sondern an sich selbst, dass sie nie darauf gewartet haben, dass etwas »passiert« oder ihnen das Glück »nachläuft«. Sie sind zur Arbeit gegangen und haben Dinge geschehen lassen, haben *bewirkt*, dass ihnen Glück widerfährt.

Meiner Erfahrung nach reden diejenigen, die das Zeug zum Siegen haben, nicht über Pech oder ein grausames Schicksal, sie reden nicht davon, dass andere sie behindern. Wer Triebkraft besitzt, der wird aufsteigen, nichts kann ihn aufhalten. Klare Entschlossenheit wird mehr Glück anziehen als fast alles andere, was ich kenne.

Gewöhnlich sind es die Untätigen, die Vergnügungssüchtigen, die Selbstmitleidigen, die am hartnäckigsten an Glück glauben. Diejenigen, die von ihrem »Pech« reden, sind ausnahmslos solche, die nicht die Willenskraft, die Charakterstärke entwickelt haben, um Hindernisse zu überwinden.

Es ist von großem Vorteil, wenn Sie es sich zur Gewohnheit machen, zu denken, dass Sie Glück haben, sich immer so zu sehen, wie Sie gern sein würden, anstatt als jemand, der unfähig ist und ständig Fehler macht. Reden Sie über sich und über Dinge so, wie sie Ihren Wünschen entsprechend sein sollten. Andernfalls vertreiben Sie das, wonach Sie sich sehnen, und ziehen Dinge an, die Sie eigentlich loswerden wollen.

Unzählige schwer arbeitende Menschen lassen immer wieder gerade das nicht an sich heran, was sie zu bekommen versuchen, weil sie nicht die richtige Geisteshaltung haben. Es fehlt ihnen an Optimismus, Überzeugung und Selbstvertrauen, die einer begeisterten Person eigen sind – allesamt Helfer des »Glücks«.

Wenn Sie damit fortfahren, wie ein Versager auszusehen und zu handeln, oder wie einer, der nur mittelmäßigen oder zweifelhaften Erfolg hat, wenn Sie weiterhin jedem erzählen, was für ein Pechvogel Sie doch sind und dass Sie nicht glauben, sich durchsetzen zu können, weil Erfolg nur etwas ist für einen kleinen Kreis von Begünstigten – denjenigen, die Beziehungen haben, jemanden, der ihnen nachhilft oder sie empfiehlt –, dann werden Sie genauso erfolgreich sein wie der Schauspieler, der versucht, einen bestimmten Charakter zu verkörpern, und dabei wie das Gegenteil davon aussieht, denkt und handelt.

Unsere Gedanken und Worte sind reale Kräfte, die aufbauen oder niederreißen. Wer nur den Misserfolg sieht, kann nicht gewinnen. Die Person, die nichts anderes als den Sieg sieht, die niemals die Möglichkeit einer Niederlage in Betracht zieht, setzt sich durch. Diejenigen, die ihren Misserfolg damit entschuldigen, dass sie von Anfang an zum Scheitern verurteilt waren aufgrund der schlechten Karten, die das Schicksal ihnen zugeteilt hat, und dass sie gezwungen waren, mit ihnen zu spielen, und dass keine Anstrengung ihrerseits, in welchem Maße auch immer, die Ergebnisse hätte wesentlich ändern können, betrügen sich selbst.

Wenn Sie geringschätzig über sich selbst reden, wenn Sie sich selbst herabsetzen, beeinträchtigen Sie sich selbst. Die ständige Anspielung auf Ihre Minderwertigkeit, Ihre Fehler oder Schwächen wird Ihren Erfolg bei allem, was es auch sei, durchkreuzen. Sie können kein Glück haben, Sie können nicht erfolgreich sein, wenn Sie die ganze Zeit über schlecht von sich reden, denn das wird nicht nur Ihren Glauben an sich selbst und Ihre Fähigkeiten zersetzen, sondern es wird Sie auch davon abhalten, Gelegenheiten zu erkennen, die andere, die nicht solche Scheuklappen tragen, sofort sehen.

Haben Sie eine hohe Meinung von sich. Halten Sie viel von sich. Lernen Sie, Ihre Fähigkeiten zu würdigen und sich selbst zu achten, nicht auf egoistische Weise oder von einem selbstsüchtigen Standpunkt aus, sondern weil Sie Ihr wunderbares Erbe göttlicher Eigenschaften zu schätzen wissen.

Denken Sie daran, dass Sie jedes Mal, wenn Sie geringschätzig von sich sprechen – indem Sie anderen von Ihrem Pech erzählen, indem Sie einräumen, dass Sie nicht vorankommen wie andere, dass Sie nicht genug Geld verdienen, um etwas sparen zu können, dass Sie keinen Sinn fürs Geld zu haben scheinen –, Ihre Selbstachtung, Ihre Idealvorstellung von sich herabsetzen, und das ist das Modell für Ihr Lebensgebäude. In Ihnen existiert ein Bildhauer, der sich an dem Modell orientiert, das Sie ihm hinstellen, und wenn Sie ein schadhaftes, minderwertiges, mangelhaftes, missratenes Modell zur Verfügung stellen, wird eben dieses in das Gerüst Ihres Seins eingebaut werden.

Was Sie von sich halten, wird Ihnen widerfahren, was Sie über sich, Ihre Fähigkeit, Ihre Zukunft glauben, wird dazu beitragen, dass es zu Ihnen kommt. Was Sie von sich erwarten, wird genau in diesem Augenblick in das Gewebe Ihres Seins eingearbeitet.

Denken Sie immer von sich, dass Sie Glück haben. Lassen Sie nie zu, anders von sich zu denken. Sagen Sie sich: »Ich *habe* Glück. Es liegt in meiner Natur, Glück zu haben. Ich bin dazu bestimmt, Glück zu haben. Niemand wird zum Verlieren geboren. Wir sind alle geborene Sieger, und ich *bin* ein geborener Sieger.«

Denken Sie stets darüber nach, wie wunderbar es ist, ein göttliches Wesen in sich zu haben, das nie verloren gehen kann, eine Allmacht, die über jegliche Beeinträchtigung aufgrund eines irdischen Erbes oder eines Unfalls triumphieren kann.

Nichts kann Sie besiegen oder Sie Ihres Erfolgs berauben außer *Sie* selbst. Keine Bedingungen, wie ungünstig sie auch sein mögen, können Sie bezwingen oder Ihr Lebensziel durchkreuzen – sofern Sie ein Lebensziel haben. Nur Ihre eigene Schwäche vermag das – Ihr Mangel an Entschlossenheit, an Energie, an Selbstvertrauen. Nichts in der Welt kann Sie zu einer Null machen; keine Missgeschicke, keine Umstände, keine Umgebung, nichts vermag das außer Sie selbst. Sie können ein Niemand sein, wenn Sie es wollen, oder ein Jemand, wenn Sie es wollen; es liegt an Ihnen.

Sie können Ihr Leben erfolgreich gestalten, Sie können dafür sorgen, dass Ihr Einfluss von Generation zu Generation zum Tragen kommt, oder Sie können ins Grab sinken, ohne auch nur die kleinste Welle im Strom des Lebens zu Ihrer Zeit verursacht zu haben. Ihr Glück oder Ihr Pech liegt in Ihnen.

Es ist fatal für Erfolg und Glück, wenn Sie sich, an Ihr Unglück oder Pech denkend, mit anderen vergleichen, die sich besser stehen oder in einer besseren Lage sind, weil wir in die Richtung gehen müssen, in die wir blicken, und die Richtung, in die wir blicken, entspricht der Weise, wie wir denken, wie wir reden, wie wir handeln. Wir sind Wetterfahnen gleich und wir drehen uns in die eine und in die andere Richtung, je nachdem, was wir denken. Unsere Gedanken, unsere Emotionen, unsere Gefühle sind wie der Wind, der die Wetterfahne bewegt.

Meines Wissens wird nichts einen größeren Einfluss auf Ihr Leben haben, als wenn Sie es sich zur Gewohnheit machen, zu denken, dass Sie Glück haben, sich glücklich zu schätzen angesichts Ihres Ziels und Ihrer Chance im Leben, es zu etwas zu bringen.

Wir werden von unseren Gedanken, die genauso reale Kräfte sind wie die elektrische Kraft, geschaffen, geformt und geprägt. Unser Denken formt uns unentwegt, um ihm zu entsprechen. Wir sind unsere eigenen Architekten, unsere eigenen Bildhauer. Wir sind ständig damit zugange, uns neu zu formen, uns neu zu gestalten, um mit unseren Gedanken und unseren Emotionen, unseren Beweggründen, unserer allgemeinen Lebenseinstellung übereinzustimmen. Wenn wir von uns denken, dass wir immer Glück haben, werden wir vielleicht nicht immer ungewöhnliche Beispiele für Glück sein, aber wir werden immer froh sein, lächelnd und zufrieden, überzeugt davon, dass alles, was uns widerfährt, das Beste ist, was wir möglicherweise erhalten können.

WO MAN GLÜCKLICHE
UMSTÄNDE FINDET

In Sparsamkeit und Weitblick.

In der gründlichen Vorbereitung auf die Arbeit, die man in seinem Leben ausüben wird.

In geistiger Wachheit.

In der ständigen Bereitschaft zu helfen, wo und wann immer es erforderlich ist.

In taktvollem Verhalten und Kontaktfreude.

*Im Aufrechterhalten des Leistungsideals in Bezug auf sich selbst
und seine Fähigkeiten.*

In regelrechter, beharrlicher, harter Arbeit.

Im Bereitsein für die Gelegenheit, wenn sie kommt.

*In Höflichkeit, Freundlichkeit und Rücksichtnahme jedem anderen
gegenüber.*

*In Selbsthilfe, statt sich auf andere zu verlassen, dass sie einem
nachhelfen, Kapital oder irgendwelche Unterstützungen gewähren.*

Darin, seine Arbeit etwas besser zu erledigen als andere die ihre.

*Darin, sich nur damit zufriedenzugeben, wenn man sein Bestes
gegeben hat, und niemals mit halben Sachen oder gar mit Pfusch-
arbeit.*

*Darin, immer Lesestoff dabeizuhaben, sodass die Zeit, in der man
auf Züge, Busse, Flugzeuge – oder auf Personen, die zu Verabredungen zu spät kommen – wartet, für die Weiterbildung genutzt werden
kann.*

In Fröhlichkeit, gleichgültig, wie düster die Aussichten auch sind.

*In dem Versuch, auf jede mögliche Weise sein Ziel zu erreichen,
ohne andere auszunutzen.*

*Darin, die Sache anzufangen, von der etwas in Ihnen sagte, dass
Sie sie tun können und sollten, gleichgültig, welche Hindernisse sich
Ihnen in den Weg stellen würden; indem Sie Ihren positiven Impul-
sen unverzüglich folgen, bevor sie aufhören, Sie anzutreiben.*

*Darin, sich nie dem Gedanken hinzugeben, dass Sie dazu bestimmt
sind, arm, ein Versager, mittelmäßig zu sein.*

*Darin, in jeder Situation eine Siegerhaltung einzunehmen: indem
Sie wie ein Sieger aussehen, wie ein Sieger reden und das Selbstvertrauen eines Siegers ausstrahlen.*

*In dem Denken, dass die guten Dinge des Lebens nicht für einige
Begünstigte bestimmt sind, sondern für alle.*

*Darin, dass Sie unbeirrbare Entschlossenheit und Beharrlichkeit
anstelle der Vorteile, die andere vielleicht von Geburt an genießen,
einsetzen.*

In unbeugsamer Ausdauer, einer Zielstrebigkeit, die kein Aufgeben oder Rückzug kennt; im unermüdlichen Weitermachen, ob Sie nun das Ziel sehen können oder nicht.

In der Wahl Ihres Bekanntenkreises – umgeben Sie sich nur mit solchen Menschen, die ihr Bestes geben, um vorwärtszukommen.

In dem Lernen, mittels geistiger Chemie die Gedanken zu neutralisieren, die Ihre besten Anstrengungen zunichtemachen – Angst, Sorge, Beklemmung, Eifersucht, Neid, Groll, Empfindlichkeit, Wut –, und somit Ihren Geist freizumachen für die größeren Dinge.

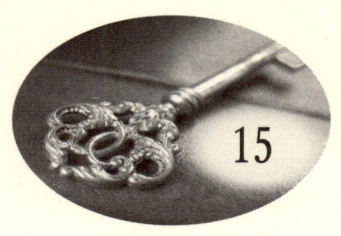

15

Die Erwartungshaltung

Als ich an einer Akademie in New Hampshire graduiert wurde, bestand mein größter Ansporn zu weiteren Anstrengungen darin, dass mein Lieblingslehrer an mich glaubte. Er gab mir zum Abschied die Hand und sagte: »Mein Junge, ich erwarte, in Zukunft von dir zu hören – dass die Welt von dir hören wird. Enttäusche mich nicht. Ich halte viel von dir und sehe etwas in dir, was du selbst nicht sehen kannst.«

Es gibt nur eine Sache, die im Streben nach Erfolg noch mehr anspornt und hilfreicher ist als das Wissen, das andere – unsere Lehrer, unsere Eltern, unsere Freunde und unsere Verwandten – an uns glauben und Großes von uns erwarten, und zwar, Großes von uns selbst zu erwarten. Was zwei Menschen aus dem Leben herausholen, was sie leisten und was sie für andere darstellen, hängt davon ab, was sie von sich selbst erwarten.

Ein General, der mit der Überzeugung, geschlagen zu werden, in die Schlacht zieht, wird nicht siegen. Seine Erwartung von Niederlage überträgt sich auf seine Armee, demoralisiert diese von Anfang an und macht es für die Männer unmöglich, ihr Bestes zu geben.

Im normalen Leben sieht es nicht anders aus. Mit der Erwartung einer Niederlage in den Kampf zu treten bedeutet, besiegt zu werden, bevor Sie überhaupt angefangen haben. Wenn Sie erfolgreich sein wollen, müssen Sie Ihre zuversichtliche Hoffnung auf Erfolg schon in Ihrer Haltung zeigen. Außerdem müssen Sie Tag für Tag aus tiefster Seele mit der Aussicht auf all die herrlichen Dingen, die Ihnen widerfahren werden, leben.

Sich für eine Sache einzusetzen und das Gegenteil zu erwarten kann nur zu einem Ergebnis führen – Misserfolg. Jedes Mal, wenn Sie sich sagen, dass Sie nicht glauben, jemals etwas zu sein, etwas zu bekommen oder etwas Lohnendes zustande zu bringen, schwächen Sie Ihre Bemühungen, um das Gewünschte zu sein, zu bekommen oder zu tun. Unsere Erwartungen müssen mit unseren Anstrengungen übereinstimmen. Wenn wir überzeugt sind, dass wir nie richtig glücklich sein werden, dass wir dazu bestimmt sind, in Unzufriedenheit und Elend dahinzuvegetieren, unser ganzes Leben lang zu leiden, wird es auch dazu kommen, weil wir nichts anderes erwartet haben. Nach Glück zu streben und zugleich immer damit zu rechnen, unglücklich zu sein, ständig an unsere Fähigkeit, zu bekommen, wonach wir uns sehnen, was es auch sein mag, zu zweifeln, ist so, als würden wir in einem Zug zusteigen, der gen Osten fährt, während wir doch eigentlich in den Westen wollen. Wir müssen *erwarten*, in die Richtung unseres Wunsches, unserer Sehnsucht und unserer Anstrengung zu gehen. Wenn Sie bei dem, was Sie versuchen zu tun oder zu sein, erfolgreich sein wollen, müssen Sie dem Misserfolg den Rücken kehren, jeden Gedanken, jedes Bild, jede Spur von Misserfolg aus Ihrem Bewusstsein tilgen und auf Erfolg hinsteuern.

Der gewohnheitsmäßigen Erwartung – der Überzeugung, dass wir unser Vorhaben verwirklichen, dass unsere Träume wahr werden – wohnt eine enorme Kraft inne.

Nichts ist so hilfreich wie eine optimistische Erwartungshaltung – die Haltung, die stets das Beste, das Höchste, das Erfreulichste erhofft und voraussieht. Dass das, was wir glauben, uns auch widerfährt, ist eine enorme schöpferische Triebkraft. Der Traum von einem eigenen Heim, von Wohlstand, die Hoffnung, eine einflussreiche Persönlichkeit zu sein, jemand zu sein, der für etwas eintritt, der Gewicht in der Gesellschaft hat – dies alles sind mächtige schöpferische Triebkräfte. Doch wie viele nehmen es als selbstverständlich hin, dass es eine Fülle an guten Dingen in dieser Welt, Annehmlichkeiten, Luxus, schöne Häuser, edle Kleidung, Reisemöglichkeiten, Muße, für andere gibt, aber nicht für sie selbst! Sie lullen sich mit der Überzeugung ein, dass diese Dinge ihnen nicht zustehen, sondern nur für jene, die einer anderen Klasse angehören, bestimmt sind.

Aber warum gehören sie nicht zu dieser anderen Klasse? Einfach weil sie sich in eine andere Klasse hineindenken. Sie denken sich in die Minderwertigkeit hinein, weil sie sich Einschränkungen auferlegen. Durch welche Philosophie kann jemand die guten Dinge des Lebens erhalten, wenn er felsenfest davon überzeugt ist, dass sie nicht für ihn bestimmt sind?

Wenn Sie gesenkten Hauptes herumlaufen, als ob Sie alles aufheben würden, was ein anderer fallen gelassen hat, und froh darüber wären, es zu bekommen, aber für sich selbst nicht viel erwarten, als ob Sie nicht daran glauben würden, dass die großartigen Dinge, die guten Dinge des Lebens für Sie bestimmt wären, dann werden Sie bekommen, womit Sie rechnen.

Wir neigen dazu, zu bekommen, was wir erwarten: Wenn wir nichts erwarten, erhalten wir auch nichts. Niemand kann wohlhabend werden, wenn er davon ausgeht, arm zu bleiben.

Erst kürzlich erhielt ich ein paar Manuskripte zusammen mit einem Brief, in dem der Absender schreibt: »Ich weiß, dass die Anlagen nichts sind im Vergleich zu Ihren Artikeln, denn ich kann nicht so schreiben wie Sie, wie sehr ich mich auch anstrengen mag. Ich rechne nicht damit, dass Sie sie veröffentlichen, aber dachte mir, ich sende sie Ihnen für den Fall zu, dass Sie es doch tun.«

Nun, gleich am Anfang nimmt dieser Autor mich gegen seine Artikel ein, indem er sich als minderwertig darstellt und darauf hinweist, dass sie es nicht wert seien, veröffentlicht zu werden, und wahrscheinlich zurückgeschickt würden. Es ist, als ob ein junger Mann in niedergedrückter Stimmung sich auf Arbeitssuche begeben, Mutlosigkeit im Gesicht und in all seinem Tun, und einem potenziellen Arbeitgeber sagen würde: »Ich glaube nicht, dass Sie mich einstellen werden. Als ich hereinkam, habe ich mir schon gedacht, dass ich kein Glück haben werde. Trotzdem fand ich, dass ich es wenigstens versuchen sollte. Ich habe nicht viel Selbstvertrauen und weiß nicht, ob ich in diesem Bereich überhaupt arbeiten kann. Ich bezweifle es sehr, dass ich Sie zufriedenstellen kann. Aber ich werde mein Möglichstes versuchen, falls Sie mir eine Chance geben. Aber das wiederum glaube ich nicht, denn ich hatte noch nie Glück bei der Arbeitssuche.«

Dies mag sich zwar lächerlich anhören, aber es bringt die Geisteshaltung zum Ausdruck, die unzählige Menschen zu der Sache einnehmen, nach der sie sich sehnen und die sie zu bekommen anstreben. Sie erwarten niemals, bei irgendetwas, das sie unternehmen, erfolgreich zu sein, erwarten nie, einigermaßen wohlhabend zu sein – ganz zu schweigen von Luxus und den Feinheiten des Lebens. Sie rechnen nur mit Misserfolg und Armut und verstehen nicht, dass gerade diese Erwartungshaltung die Stärke ihres geistigen Magneten, diese Dinge anzuziehen, erhöht, während sie doch eigentlich versuchen, von ihnen loszukommen.

Nach Reichtum zu streben und dabei ständig Armut zu erwarten, immer seine Fähigkeit, seine Wünsche wahr zu machen, infrage zu stellen, kommt dem Versuch gleich, den Osten zu erreichen, indem man gen Westen fährt.

Keine Philosophie vermag einer Person zum Erfolg zu verhelfen, die unentwegt an ihre Fähigkeit, erfolgreich zu sein, zweifelt – und somit Misserfolg anzieht. Wer Erfolg haben will, muss Erfolg erwarten. Er muss kreativ, konstruktiv, originell – und vor allem erfolgsorientiert – denken.

Es ist verhängnisvoll, auf eine Sache hinzuarbeiten und etwas anderes zu erwarten. Gleichgültig, wie sehr sich jemand nach Wohlstand sehnt, eine verhärmte, klägliche Geisteshaltung wird alle Wege dorthin versperren.

Die meisten Menschen entkräften einen Großteil ihrer Anstrengungen, weil ihre Geisteshaltung nicht damit übereinstimmt, sodass sie, während sie auf ein Ziel hinarbeiten, eigentlich mit dem Gegenteil rechnen. Sie verhindern, vertreiben gerade die Sache, die sie anstreben, indem sie die falsche Geisteshaltung dazu einnehmen. Sie gehen nicht an ihre Arbeit heran mit der Aussicht oder Zuversicht auf Sieg, die Resultate anzieht und erzwingt – der Entschlossenheit und dem Selbstbewusstsein, das keine Niederlage kennt.

»Was immer die Seele gelehrt wird zu erwarten, das wird sie errichten.«

Am deutlichsten ist das zu erkennen, wenn wir uns vergegenwärtigen, dass wir nicht unbedingt bekommen, wofür wir arbeiten – vielmehr widerfährt uns das, was wir erwarten. Was Sie fürchten ebenso wie das, was Sie sich sehnlichst wünschen, steuert auf Sie zu. Alle Ihre Ängste, alle Ihre

Zweifel, alle Ihre Gedanken an Misserfolg nehmen Gestalt in Ihrem Leben an, formen die Umstände, die ein Spiegelbild davon sind. Und wie hart Sie auch für das von Ihnen Gewünschte arbeiten, solange Sie ständig negative, pessimistische Gedanken hegen, solange Sie Misserfolg erwarten statt Erfolg, Unglück statt Gutes, wird Ihnen genau das, was Sie erwarten, widerfahren. Mit anderen Worten, Ihr Denken ist die schöpferische Kraft, die Ihre Lebensbedingungen prägt und bestimmt.

»Sie müssen Vögel in Ihrem Herzen haben, Madam, bevor Sie sie in den Büschen finden können«, sagte John Burrough, der große Naturforscher, zu einer Frau, die sich beklagte, dass niemals Vögel ihren Obstgarten aufsuchten, während er mehr als zwanzig zählte, noch während sie klagte.

Was Sie in Ihrem Herzen tragen, was Sie glauben, dass es sich manifestieren wird, das wird in Ihr Leben eintreten. Niemand kann in dieser Welt große Taten vollbringen, wenn er davon überzeugt ist, nur zu kleinen Dingen bestimmt zu sein, und mit einer untergeordneten Position zufrieden ist, in dem Glauben, nichts anderes zu können, als sein ganzes Leben lang Diener zu sein.

Diese Erwartung, dass uns etwas leiden lassen und uns schließlich zerstören wird, übt einen außerordentlich niederdrückenden Einfluss aus. Sie trocknet die Quelle des Lebens und der Lebenskraft selbst aus und lässt das Opfer rapide schwächer werden. Es ist die optimistische Erwartung, das bedingungslose Vertrauen, das Krankheiten heilen und Gewohnheiten und den Charakter verändern kann. Die Aussicht auf Erleichterung und der unbeirrbare Glaube an das Heilmittel oder den Arzt üben einen stärkeren Einfluss auf die Genesung aus als das Heilmittel oder der Arzt selbst.

Gerade die Erwartungshaltung, dass die Zukunft nur gute Dinge für Sie bereithält, dass Sie gesund, wohlhabend und glücklich sein werden, wird sich für Sie als wertvoller erweisen als Geldkapital für den Start ins Leben.

Gleichgültig, wie es um Ihre Herkunft und sozialen Verhältnisse bestellt ist, Sie sind es, der Ihre Laufbahn lenkt, Ihr Leben gestaltet in Richtung Glück oder Unglück, Erfolg oder Misserfolg. Für alle Männer und Frauen gilt, dass »sie selbst die Schöpfer ihrer selbst sind«.

Was auch immer Sie zu erreichen versuchen, es sind die Hoffnung und die Aussicht auf Erfolg, die zwangsläufig zum Erfolg führen. Die meisten erfolgreichen Männer und Frauen, die ich kenne, gehen davon aus, dass die Dinge einen guten Ausgang nehmen werden. Diese Erwartungshaltung zieht – auf irgendeine uns unverständliche geheimnisvolle Weise – das von uns Ersehnte an, gerade so, als wäre es die ganze Zeit auf uns zugestrebt, sobald wir es angestrebt hatten.

Unsere verschiedenen Kräfte führen Befehle aus, und sie neigen dazu, zu tun oder hervorzubringen, was von ihnen erwartet wird. Wenn wir sehr viel von ihnen erwarten, große Anforderungen an sie stellen und darauf bestehen, dass sie uns helfen, unser Vorhaben auszuführen, ordnen sie sich unter und schicken sich an, uns die erforderliche Unterstützung zu geben.

Die Gewohnheit, Großes von uns zu erwarten, bietet das Beste in uns auf. Sie führt dazu, Kräfte zu wecken, die verborgen bleiben würden, wenn es nicht um den höheren Anspruch, die höhere Berufung ginge.

Glauben Sie mit ganzem Herzen, dass Sie tun werden, wozu Sie bestimmt sind. Zweifeln Sie nicht einen Augenblick daran. Verjagen Sie jegliche Gedanken des Zweifels und hegen Sie nur solche, die dem Vorhaben, das zu verwirklichen Sie entschlossen sind, förderlich sind.

Leben Sie aus ganzer Seele in der Erwartung auf bessere Dinge, mit der Überzeugung, dass etwas Großes, Prächtiges und Schönes auf Sie warten wird, wenn Ihre Gewohnheiten und Bemühungen Ihren Ambitionen entsprechen, wenn Ihr Geist in einem schöpferischen Zustand verweilt und Sie sich zu Ihrem Ziel nach oben kämpfen.

Es gibt keine erhebendere Gewohnheit, als eine hoffnungsvolle Haltung einzunehmen, zu erwarten, dass die Dinge einen guten Ausgang nehmen werden und keinen schlechten, dass Sie erfolgreich sein werden und nicht scheitern werden, dass Sie, gleichgültig was geschieht oder auch nicht geschieht, glücklich und wohlhabend sein werden.

Rüsten Sie sich mit großen Erwartungen und der Entschlossenheit, Ihr Ziel zu erreichen, aus. Lassen Sie sich nicht von dem beirren, was sich Ihnen in den Weg stellen wird, und allein mit dieser Entschiedenheit werden Sie sich von den Feinden des Wohlstands befreien, die die Schwachen und die Unschlüssigen zu Fall bringen.

16

$\mathcal{D}$as $\mathcal{G}$esetz der $\mathcal{F}$ülle

Eine der tückischsten Ideen, die jemals Eingang ins menschliche Denken gefunden haben, ist, dass nicht für jeden von allem genug zur Verfügung steht und dass die meisten Menschen auf Erden arm sein müssen, damit einige wenige reich sein können.

Das Grundprinzip des Gesetzes der Fülle besagt, dass jeder von uns untrennbar mit der schöpferischen Energie des Universums verbunden ist. Wenn wir uns erst einmal voll und ganz dieser Verbindung bewusst geworden sind, werden wir nie wieder Not leiden. Es ist unser Gefühl des Getrenntseins von der immerwährenden schöpferischen Energie des Universums, das uns hilflos macht.

Solange wir uns selbst einschränken durch unser Denken, dass wir vereinzelte, unbedeutende, losgelöste Atome im Universum sind, dass der üppige Vorrat, die schöpferische Energie, sich außerhalb von uns befindet und dass nur ein geringfügiger Teil davon auf mysteriöse Weise von einigen wenigen Leuten genutzt werden kann, die »Glück haben«, werden wir nie in den Genuss dieser Fülle kommen, die unser Geburtsrecht ist.

Und wo liegt der Ursprung dieser irrigen Vorstellung davon, dass nur wenige all die guten Dinge genießen können, von der Notwendigkeit des Konkurrenzkampfes? Sie hat ihren Ursprung in dem pessimistischen Gedanken, dass alle Dinge, die wir am meisten begehren, nur beschränkt zur Verfügung stehen, und dass, da es ja nicht für alle reicht, *einige unbedingt auf selbstsüchtige Weise um das Verfügbare kämpfen müssen* – und die Klügsten den Löwenanteil davon bekommen werden.

Es gibt nichts in dieser Welt, das wir begehren und worum wir uns bemühen und was gut für uns ist, von dem nicht genug für alle vorhanden ist. Gehen wir einmal näher auf unsere wichtigsten Grundbedürfnisse ein – Nahrung, Kleidung und Unterkunft.

Im Hinblick auf die Lebensmittelversorgung in den Vereinigten Staaten haben wir uns noch nicht einmal ansatzweise mit dieser Thematik auseinandergesetzt. Die fortschrittlichsten Landwirte halten sich für Amateure, wenn es um die Möglichkeiten einer intelligenten Bodenkultivierung geht. Ausbildung und Kenntnisse befähigen uns, auf ein paar Acre Land mehr zu produzieren als früher auf einer Fläche von Hunderten von Acre. Dennoch steckt die Landwirtschaft nach wie vor in den Kinderschuhen. Bis jetzt wissen wir fast nichts über die Möglichkeiten der Stickstoffgewinnung aus der Luft und der Bodenregenerierung.

Was die Kleidung betrifft, so gibt es in den USA genug Material, um alle Bewohner in Purpur und feines Leinen zu kleiden. Wir haben noch gar nicht angefangen, an das Potenzial unserer Bekleidungsversorgung zu rühren. Das Gleiche gilt für alle anderen notwendigen Gebrauchs- und Luxusartikel. Wir befinden uns noch an der Außenfläche von Fülle und Reichtum, einer Oberfläche, unter der fürstliche Vorräte für jeden Einzelnen in der ganzen Welt liegen.

Und mit den verfügbaren Baustoffen könnte man jedem Menschen auf Erden eine Villa errichten, die prächtiger ist als irgendeine, die ein Vanderbilt oder Rothschild besitzt.

Wir sollten eigentlich alle reich und glücklich sein, all die guten Dinge, die das Herz begehrt, in Hülle und Fülle genießen. Wir sollten mit der Erkenntnis leben, dass eine Kraft existiert, die im Überfluss vorhanden ist, von der unsere augenblickliche Kraft herrührt, und dass wir von dieser ungeheuren Quelle schöpfen können, so viel, wie wir brauchen.

Irgendetwas stimmt nicht, wenn die Kinder des Königs der Könige herumlaufen wie Schafe, gehetzt von einem Wolfsrudel. Irgendetwas stimmt nicht, wenn diejenigen, die kraft ihres Geburtsrechts grenzenlose Fülle geerbt haben, sich um ihr tägliches Brot sorgen müssen, von Angst und Sorgen verfolgt sind, sodass sie keine Ruhe finden können, dass ihr Leben ein

einziger Kampf mit der Armut ist, dass sie immer von Befürchtungen gequält werden, immer bange sind. Irgendetwas stimmt nicht, wenn Menschen so unruhig und so sehr mit dem Lebensunterhalt beschäftigt sind,
dass sie sich kein gutes Leben mehr machen können.

Das Problem hat nichts mit den Ressourcen zu tun; es gibt Reichtum,
der auf jeden Menschen auf Erden wartet. Das Problem liegt darin, dass
wir dem Gesetz der grenzenlosen Ressourcen nicht vertrauen, und durch
dieses Verhalten verschließen wir unser Wesen, sodass kein Reichtum zu
uns fließen kann. Mit anderen Worten, wir schenken dem Gesetz der Anziehung keine Aufmerksamkeit. Wir sorgen dafür, dass unsere Gedanken
so begrenzt bleiben, unsere Hoffnungen so klein und unser Glaube so
schwach, dass wir den Versorgungsstrom drosseln.

Mit einschränkenden Gedanken erschaffen, erleben und ziehen wir Einschränkung an.

Wohlstand folgt einem Gesetz, das genauso exakt ist wie das der Mathematik: Wenn wir das Gesetz befolgen, kommen wir in den Genuss von
Wohlstand; wenn wir es ignorieren, stellen wir ihn ab.

Wenn wir nur unsere enge, innerste Verbindung mit der schöpferischen
Energie des Universums, der Kraft der grenzenlosen Ressourcen, erkennen
und wahrnehmen würden, dann bräuchten wir keine Not mehr zu leiden.

Es ist das Gefühl, von dieser großartigen Kraft getrennt zu sein, das uns
Angst macht, so, wie die Trennung des Kindes von seiner Mutter es mit
Angst und Panik erfüllt.

Wenn wir einsehen, dass es nicht das Universum ist, sondern unsere
falsche Denkweise, die die Ursache der Einschränkung ist, wenn wir begreifen, dass es unser Denken ist, das uns vom Wohlstand trennt, werden
wir wissen, wie wir mit diesem großen Versorgungsprinzip des Universums wieder in Verbindung treten: Wenn wir ein Gefühl der Einheit ver-
spüren, das Einssein mit dem universalen schöpferischen Prinzip, können
wir keine Angst haben, können wir keine Not leiden, weil wir verstehen,
dass wir genau inmitten der Ressourcen geboren wurden, direkt im Schoß
der Fülle.

Wohlstand ist ein Ergebnis des schöpferischen Geistes. Der Geist, der sich fürchtet, zweifelt, seine Kräfte gering schätzt, ist ein negativer, nicht schöpferischer Geist – einer, der Wohlstand zurückweist, die Ressourcen zurückweist. Er hat nichts mit Überfluss gemein, daher kann er ihn nicht anziehen.

Natürlich *beabsichtigt* niemand, Chancen, Wohlstand oder Überfluss von sich fernzuhalten. Nichtsdestotrotz ist unsere Lebenseinstellung geprägt von Zweifeln, Ängsten und einem Mangel an Glauben und Vertrauen – und macht praktisch genau das, ohne dass es uns bewusst ist.

Oh, was für arme Menschen machen unsere Zweifel und Ängste aus uns!

Das Leben im Wohlstand ist bereit, uns in sich aufzunehmen – und wir hungern uns zu Tode inmitten der Fülle, weil unsere Gedanken alles abwürgen. Unser eingeschränktes Leben rührt nicht von einem Mangel oder einer Knappheit im Universum her, sondern von unserer Unfähigkeit, uns gedanklich mit der mächtigen Quelle aller Ressourcen zu verbinden.

So fließt das Leben in Fülle, der Fluss des Reichtums, an unseren Türen vorbei, und wir darben direkt am Ufer des Stroms, der unermessliche Vorräte mit sich führt.

Alle unsere Einschränkungen existieren in unseren Köpfen, die Ressourcen stehen in Hülle und Fülle zur Verfügung.

Die Vorstellung, dass Reichtümer nur für diejenigen möglich sind, die bessere Vorteile genießen, begabter sind oder vom Schicksal begünstigt sind, ist falsch und verwerflich.

Menschen, die sich mit dem Gesetz der Fülle in Einklang bringen, sammeln ein Vermögen an, während diejenigen, die das unterlassen, in den meisten Fällen nicht genug finden, um sich am Leben zu erhalten.

Das Gefühl, reich zu sein, kann sich in allen möglichen Situationen und Beziehungen einstellen. Ich kenne eine Dame, die ein so wundervolles Verständnis für alles um sie herum hat, so vorzügliche Vorstellungen vom Leben und der Größe und Erhabenheit von dessen Bedeutung, dass man sich schon in ihrer Gesellschaft reich fühlt. Bei ihr ist nichts gewöhnlich. Selbst wenn sie die alltäglichsten Aufgaben verrichtet, werden diese zu etwas Würdevollem und Erhabenem erhöht. Die Dinge regeln sich wie von selbst, ohne dass sie sich sorgenvolle oder ängstliche Gedanken macht. Sie liebt jeden, und alle lieben sie. Sie grollt niemandem, ist sie doch von Natur heiter und glücklich. In ihrem Leben herrscht kein Mangel, weil sie an die unermessliche Quelle der Fülle glaubt und auf sie vertraut, ohne den kleinsten Zweifel und die geringste Angst zu hegen. Sie ist reich, wohlhabend im wahrsten Sinn des Wortes. Solchen Menschen gelingt es, dass andere sich reich fühlen.

Wenn wir die Tatsache erkennen, dass wir nicht außerhalb von uns nach dem suchen müssen, was wir brauchen, dass die Quelle aller Ressourcen, der göttliche Brunnen, der unseren Durst stillen kann, in unserem Inneren zu finden ist, dann werden wir nie Not leiden – denn wir werden wissen, dass wir nur tief in uns selbst graben müssen, um auf die grenzenlosen Ressourcen zu stoßen. Das Problem ist, dass wir nicht im Überfluss leben, dass wir nicht bei der schöpferischen, der alles versorgenden Quelle der Dinge verweilen.

Einem außergewöhnlich erfolgreichen Mann sagt man nach, dass er Armut nicht sehen kann. Sein Bewusstsein ist so konstruiert, dass er überall Reichtum zu erblicken scheint und derart bedingungslos an das Gesetz der Fülle glaubt, dass er es mit Leichtigkeit beweist. Er hegt absolut keine Zweifel, die seine Anstrengungen untergraben.

Im Großen und Ganzen holen wir das aus dem Leben heraus, worauf wir uns konzentrieren. Wenn wir denken, dass die besten Dinge des Lebens höchstwahrscheinlich nicht für uns bestimmt sind, werden wir natürlich auch nicht in ihren Genuss kommen, weil wir uns eben darauf ausgerichtet haben.

Wenn wir dagegen unsere Gedanken in Richtung Reichtum, Überfluss konzentrieren, wenn wir glauben, dass die besten Dinge des Lebens für uns bestimmt sind und Gesundheit, Glück und Wohlstand unser Geburtsrecht sind, und wenn wir unser Bestes tun, um unsere Ideale zu verwirklichen, werden unsere Umgebung, unsere Verhältnisse unsere Gedanken widerspiegeln.

Zu viele von uns schließen sich in das begrenzte, blockierende Armutsdenken ein, und dann schlagen wir, wie eingesperrte Adler, die vergeblich versuchen, freizukommen, unsere Flügel gegen die Gitter, die wir selbst errichtet haben.

Wenn unser Glaube an das Gesetz der Fülle stark und fest genug ist, sodass wir unseren letzten Dollar mit dem gleichen Selbstvertrauen und der gleichen Zuversicht ausgeben können, die wir besäßen, wenn wir Tausende mehr hätten, dann sind wir mit dem Gesetz der göttlichen Versorgung in Berührung gekommen. »Wohltätigkeit beschenkt sich reich. Habgier hortet sich arm.«

Üben Sie sich darin, von begrenzenden Gedanken loszukommen, weg von Gedanken an Mangel, an Not, an Versorgungsknappheit. Indem Sie an Überfluss denken und sich über Einschränkungen hinwegsetzen, wird sich Ihr Bewusstsein öffnen und Gedankenströme in Richtung einer stark vermehrten Versorgung in Gang setzen.

Wenn Sie voll und ganz zu der Erkenntnis gelangen, dass Sie in ein schöpferisches Universum hineingeboren wurden, dass schon Ihre Geburt ein Beweis für die immerwährende Energie der Schöpferkraft ist und dass Sie ein Teil, ein *unzerstörbarer* Teil dieser Versorgung sein *müssen*, dann werden Sie nie mehr Armut oder irgendeine Form von Mangel erleiden.

Der Schöpfungsplan wird scheitern, wenn jeder Mensch nicht schließlich das erlangt, was ihm zusteht, und uneingeschränkt an der sich stets erneuernden, in verschwenderischer Fülle vorhandenen schöpferischen Lebenskraft teilhat.

$\mathcal{W}$ie man $\mathcal{W}$ohlstand anzieht

Eine arme Frau, die ihr ganzes Leben im Hinterland verbracht hatte, zog in ein fortschrittliches kleines Dorf, wo sie zu ihrer großen Überraschung feststellte, dass ihr neues Heim elektrisch beleuchtet wurde. Sie wusste nichts über Elektrizität, hatte nie zuvor ein elektrisches Licht gesehen und die kleinen Glühlampen in 8 Kerzenstärke, mit denen das Haus ausgestattet war, kamen ihr einfach wunderbar vor.

Eines Tages kam ein Mann vorbei, der eine neue Sorte Glühlampen verkaufte, und bat die Frau, eine von ihren kleinen Birnen gegen eine seiner neuen in 60 Kerzenstärke auszutauschen –, nur um ihr den Unterschied zu zeigen. Sie willigte ein, und als das Licht angeschaltet wurde, stand sie wie versteinert da. Es kam ihr geradezu wie Zauberei vor, dass diese kleine Glühlampe solch ein strahlendes Licht, das dem Sonnenlicht so ähnlich war, spenden konnte. Sie hatte es sich nie träumen lassen, dass die Quelle des neuen hellen Lichts die ganze Zeit über da gewesen war, dass dieses derart verstärkte Licht von dem gleichen Strom herrührte, der auch ihre kleine Birne mit 8 Kerzenstärke versorgt hatte.

Wir lächeln über die Unwissenheit dieser armen Frau, aber die meisten von uns wissen noch viel weniger von unserer eigenen Kraft als sie von der Kraft des elektrischen Stroms. Wir gehen durchs Leben unter Zuhilfenahme einer kleinen Birne in 8 Kerzenstärke und glauben, dass wir die ganze Kraft erhalten, die uns gewährt werden kann, alles, was wir ausstrahlen können oder was uns das Schicksal zuteilwerden lässt, davon überzeugt, dass wir auf Birnen in 8 Kerzenstärke beschränkt sind. Wir ahnen

nicht, dass ein unendlicher Strom, ein Strom, in den wir fortwährend ein-
getaucht sind, unser Leben mit Licht durchflutet, mit einem unvorstellbar
hellen und strahlenden Licht, wenn wir nur eine stärkere Glühlampe einsetzen würden, wenn wir nur eine stärkere Verbindung mit dem unendlichen Versorgungsstrom herstellen würden. Das Versorgungskabel, das
wir verwenden, ist so winzig, dass nur ein Bruchteil des riesigen Stroms
dadurch fließen kann, nur eine geringe Kerzenstärke, während Millionen
direkt an unserer Haustür vorbeifließen. Eine unbegrenzte Menge dieses
unendlichen Stroms steht uns zur Verfügung, bereit, von uns genutzt zu
werden.

Unzählige Menschen erhalten nicht mehr von den ihnen verfügbaren
unermesslichen Ressourcen als diese Frau von dem elektrischen Strom. Sie
scheinen zu denken, dass, wenn sie Kerzenstärke 4 oder 8 verwenden, dies
alles ist, was die grenzenlose Fülle ihnen gewähren kann, oder alles, was
sie haben sollten. Es kommt ihnen niemals in den Sinn, dass das Problem
nichts mit dem Strom an sich zu tun hat, sondern mit den schwachen Birnen, die sie einsetzen.

Aber wir müssen den Strom offen halten, sonst wird die Versorgung abgeschnitten.

Das Gesetz der Versorgung arbeitet exakt. Es tritt erst in Kraft, wenn alle
notwendigen Bedingungen erfüllt sind. Einfach an eine neue Philosophie
glauben und gleichzeitig an den alten Lebenszweifeln und Angstgewohn-
heiten festhalten, die alten Denkweisen in Bezug auf Mangel und Armut,
Unzulänglichkeit beibehalten – dies wird nicht zu Wohlstand führen.
Wenn Sie nicht davon überzeugt sind, dass Sie vorwärtskommen werden,
und nicht in die Tat umsetzen, was Sie glauben, werden Sie keine Resultate erzielen. Wenn Sie seine Früchte ernten wollen, müssen Sie sich an
das Gesetz der Versorgung, das Gesetz der Fülle, das Gesetz des Wohlstands halten.

Wohlstand stellt sich niemals allein dadurch ein, dass man ihn sich
wünscht oder sich danach sehnt. Sie werden nicht wohlhabend, nur weil
Sie Ihre Aufmerksamkeit ständig darauf richten, weil Sie einfach an Wohlstand denken. Das ist lediglich der erste Schritt. Sie müssen an Ihrem

Wohlstandsdenken, Ihrem Wohlstandsideal festhalten, aber dieses zugleich mit exakten Methoden, den praktischen, vernünftigen Methoden, die alle wohlhabenden Menschen einsetzen, stärken.

Sie können Ihr ganzes Leben lang von Überfluss und Reichtum träumen und im Armenhaus sterben, wenn Sie Ihren Traum nicht mit effektiven, praktischen Methoden unterstützen. Das heißt, Sie müssen methodisch, zielbewusst, systematisch, sorgfältig, gründlich, fleißig sein. Alles, was Sie tun, müssen Sie zu Ende führen. Sie müssen Ihre Energie in Ihr Geschäft, Ihren Beruf, Ihre Arbeit, was auch immer es ist, stecken, Sie müssen Ihr Herz daran hängen.

Wenn Sie entschlossen sind, der Armut den Rücken zu kehren und das Gesicht dem Wohlstand zuzuwenden, auch wenn diese Entscheidung im Widerspruch zu Ihrer aktuellen Situation stehen sollte, wenn Sie wirklich glauben, dass Sie nicht zur Armut geschaffen sind, sondern dass im Gegenteil die guten Dinge, die schönen Dinge des Lebens für Sie bestimmt sind, ein wunderbares Leben und nicht eines in Armut oder Schinderei, dann öffnen Sie Ihren Geist, damit der Strom des Wohlstands hineinfließen kann.

Stellen Sie sich das ganze Universum vor, den großen kosmischen Ozean schöpferischer Intelligenz, voll von all den Reichtümern, all den herrlichen Dingen, den großartigen Möglichkeiten, die der menschliche Geist sich ausdenken kann, und versuchen Sie, sich dann auszumalen, was es für Sie bedeuten würde, wenn Sie sich mittels irgendeiner Zauberei aus dieser universellen Fülle heraus alles zukommen lassen könnten, was Ihren Sehnsüchten, Ihren Herzenswünschen entspricht.

Sie werden zweifellos sagen, dass so etwas zu albern ist, um darüber auch nur einen Augenblick lang nachzudenken. Aber haben Menschen nicht gerade das getan seit der Morgenröte der Zivilisation, die ganzen Jahrhunderte hindurch?

Jede Entdeckung, jede Erfindung, jede Verbesserung, jede Annehmlichkeit, jedes Zuhause, jedes Gebäude, jede Stadt, jedes Transportmittel, jede neue Technologie – alles wurde aus diesem unermesslichen Kosmos heraus geschaffen.

Wie?

Durch Gedankenkraft.

Alles, was wir benutzen, alles, was wir haben, jede Errungenschaft geht einem geistigen Bild, einem Plan voraus. Zuerst war die Fantasie da: Jemand malte sich das gewünschte Vorhaben im Geiste aus. Dieser Mensch hielt sich diese Geistesschöpfung ständig vor Augen, hörte nie auf, darüber nachzudenken, entwickelte sie weiter, bis er dank der Anstrengungen, die Vision an die Wirklichkeit anzupassen, die Sache, auf die er sich konzentriert hatte, zu sich zog.

Wir alle denken uns, dass wir selbst diese Dinge erschaffen. Das stimmt nicht. Wir arbeiten einfach im Einklang mit der schöpferischen Kraft des Universums, schöpfen aus dem unermesslichen unsichtbaren kosmischen Ozean der Fülle.

Aber wir müssen das Unsrige tun, oder es wird sich nichts für uns verwirklichen. So, wie der erste Schritt zu einem Gebäude der Plan des Architekten ist, müssen auch wir zuerst einen Plan machen oder uns das Gewünschte vorstellen. Der Architekt sieht zunächst alle Einzelheiten des zu errichtenden Gebäudes vor seinem geistigen Auge – bevor er sie zu Papier bringt. Er sieht im Geiste das fertige Bauwerk, lange bevor irgendwelche Materialien zur Baustelle geschafft werden. Der Plan ist aus dem Unsichtbaren hervorgegangen, aus dem uns umgebenden unermesslichen Ozean der Möglichkeiten.

In ähnlicher Weise können all unsere Wünsche und Sehnsüchte in diesem unbegrenzten Lager Wirklichkeit werden.

Dies ist eine unglaubliche Offenbarung, deren Bedeutung die meisten von uns noch nicht erfasst haben. Nur hin und wieder gibt es welche, die in ihrem täglichen Leben Gebrauch von ihr machen. Aber in der Wissenschaft stößt sie auf Zustimmung. Edison zufolge haben alle Wissenschaftler den Eindruck, dass *»um und durch alles ein Ewiger Geist am Werke ist«*. Sie erkennen dies als die erste große Ursache an.

Es ist schwer, sich klarzumachen, dass in jedem Augenblick unter dem Impuls des Ewigen Geistes plötzlich Wunderdinge aus dem kosmischen

Ozean der Energie auftauchen, um unsere Wünsche zu erfüllen, um all
unsere Bedürfnisse zu befriedigen. Die meisten von uns sind nicht in der
Lage, die Vorstellung zu erfassen, dass hier Reichtum und Schönheit und
ein unglaublicher Luxus warten. Und das ist der Grund dafür, dass wir
nicht das materialisieren, was wir uns wünschen.

Es ist eines der erstaunlichsten Dinge, dass wir im Grunde in diesem unsichtbaren Ozean grenzenlosen schöpferischen Materials leben, uns darin
bewegen und unser Sein darin baden und dass wir, um das Gewünschte
anzuziehen, nur die richtige Geisteshaltung ihm gegenüber einnehmen
und unser Bestes auf der physischen Ebene tun müssen, um es an seine
Wirklichkeit anzupassen.

Zweifeln Sie daran?

Dann ziehen Sie Folgendes in Betracht: Noah hätte die Arche beleuch-
ten können, wenn er das nötige Wissen darum besessen hätte. Die Kraft
existierte damals genauso wie heute.

Sobald wir in unserem Bewusstsein fest verankert haben, dass in dieser
unsichtbaren Welt der Möglichkeiten alles da ist, was mit jedem legitimen
Wunsch und Ziel übereinstimmt, und dass sich unser Wille erfüllt, wenn
wir uns einen solchen Wunsch nur stark genug vorstellen und unser Bestes
tun, um ihn wahr zu machen, werden wir nicht länger in Armut und Elend
leben.

Die Vorstellung von Überfluss muss jedoch tief im Unterbewusstsein verwurzelt sein – so, wie alles andere, was wir zustande bringen, was wir aus
dem universellen Bestand schöpfen möchten, unserem Unterbewusstsein
tief eingeprägt sein muss, indem wir unser Versprechen, unseren Entschluss
in ihm festschreiben –, bis unsere unerschütterliche Hingabe an unser Ziel
zu einem festen Beweggrund oder einem treibenden Prinzip wird.

Was immer wir im realen Leben erreichen möchten, zuerst müssen wir
es im Unterbewusstsein durch die unbeirrbare, eindeutige, positive Einstellung zu unserem Wunsch festlegen.

Zugegeben, trotz einer solchen Entschlossenheit, Hoffnung, Erwartung
und Zuversicht ist Armut zwar immer noch kein sehr angenehmer Zustand,
aber damit geht keine Verzweiflung mehr einher, kein echter Schmerz, ein

geringeres Maß an echtem Leid, weil die Hoffnung das Ziel jenseits der Dunkelheit sieht – sie spendet ein Licht, das die Düsterheit der Einschränkung vertreibt, das den Blick auf gute Dinge während deren Verwirklichung freigibt. Es ist die von Verzweiflung begleitete Armut, die kein Licht am Ende des Tunnels sieht und Männer und Frauen zwingt, sich von Tag zu Tag abzuplagen ohne Aussicht auf Entlastung oder Hoffnung auf eine Verbesserung, die das Leben aus ihren Opfern aussaugt. Dies ist die Armut, die den Elan vernichtet, die Lebenskraft, die Fröhlichkeit und die Freude zerstört, die das Geburtsrecht eines jeden Menschen sind.

Was für ein Jammer es ist, dass in Amerika, in diesem Land der unbegrenzten Möglichkeiten und des Überflusses, unsere Regierung über keine Institutionen verfügt, in denen Experten Menschen behandeln, die an Armut leiden – Menschen, die von der Idee besessen sind, dass ihre Armut unvermeidlich ist. Diese Menschen bedürfen ebenso einer Therapie, um ihnen Wohlstand nahezubringen, wie Patienten in normalen Krankenhäusern einer Behandlung bedürfen, damit ihre Gesundheit wiederhergestellt wird. Sie haben sich nur auf dem Lebensweg verirrt und stehen der Dunkelheit gegenüber statt dem Licht, haben das Gesicht dem Armutsziel zugewandt statt dem Reichtumsziel. Ihre geistige Haltung muss verändert, auf Erfolg ausgerichtet werden, und nicht auf Misserfolg, auf Komfort und Fülle, Überfluss, und nicht auf Armut und Einschränkung. Durch psychologische wohlstandsorientierte Behandlungen würde neue Hoffnung in diesen von Resignation erfüllten Menschen entfacht werden, und die Aussicht auf gute Dinge würde den Platz von Verzweiflung einnehmen. In den Augen dieser Armen würde ein neuer Glanz erstrahlen, und wenn man den an Armut Leidenden überall in der Welt derartige wohlstandsorientierte Behandlungen angedeihen ließe, dann würde es hier auf Erden ganz anders aussehen.

Aber es ist nicht nötig, dass diejenigen von Ihnen, die jetzt unter Armut leiden, darauf warten, bis eine solche Heilung möglich ist. Jeder kann das Gesetz anwenden und sich selbst gegen Armut therapieren.

Geistige Gesetze sind klar und einfach. Wir wissen, dass der Angstgedanke noch mehr Angst anzieht, dass der beunruhigte Gedanke noch mehr Beunruhigung anzieht, dass der besorgte Gedanke noch mehr Besorgnis anzieht, der hasserfüllte Gedanke noch mehr Hass, der eifersüchtige Gedanke noch mehr Eifersucht und der Armutsgedanke noch mehr Armut. Dies ist das Gesetz der Anziehung. Wie jedes andere Gesetz ist es unveränderlich.

Die Armutskrankheit kann nur durch ihr Gegenmittel geheilt werden – den Wohlstandsgedanken. Dieses Gegenmittel gegen das Gift der Armut, des Mangels, der Not, der kleinmachenden Beschränkung tragen Sie in sich. Es ist der Wohlstandsgedanke. Setzen Sie ihn ein und heilen Sie sich selbst. Töten Sie den Armutsbazillus ab.

Stellen Sie sich selbst als wohlhabend vor. Befolgen Sie das Gesetz des Überflusses, indem Sie das Ideal des Überflusses hegen. Nehmen Sie den Wohlstandsgedanken, den Gedanken an Fülle voll und ganz in sich auf.

Kürzlich sprach ich mit einem Mann, der erst ein paar Jahre zuvor so arm gewesen war, dass er, seine Frau und seine Kinder gezwungen waren, sich ausschließlich von Brot und Crackern ohne Butter zu ernähren. Sie konnten nicht einmal die geringe Miete bezahlen oder sich bequeme Kleidung leisten. Tatsächlich steuerten sie rapide auf die Reihen der Obdachlosen zu. Heute leben sie im Luxus, in einem kostspieligen Hotel. Sie besitzen einen prächtigen Wagen und haben alles, was das Leben angenehm macht. Sie sehen nicht mehr wie die Leute aus, die sich vor gar nicht mal so langer Zeit in einem halb verhungerten Zustand befanden.

Wie kam es zu dem Wandel? Hat ihnen jemand ein Vermögen hinterlassen oder sind sie auf eine Goldmine gestoßen? Nein, nichts dergleichen. Sie erkannten einfach, dass ihre Armut ihr eigenes Werk war, dass die Ursache ihres elenden Zustandes ausschließlich geistiger Natur war. Und auf der Stelle wandten sie ihrer verzweifelten Lage den Rücken zu und beschlossen, dass sie sich dem äußeren Anschein zum Trotz dem Licht zuwenden und sich zu ihm durchkämpfen würden. Als Folge dessen begannen sie in sehr kurzer Zeit bessere Dinge in ihr Leben zu ziehen.

Die ganze Familie hat jetzt neuen Auftrieb bekommen. Der Ausdruck von Verzweiflung und Elend ist ihren Gesichtern gewichen, wurde ersetzt durch das Licht der Hoffnung und der Freude. Es besteht nur der Unterschied in ihrem Äußeren und ihrer Lage zwischen Verzweiflung und Freude, zwischen der Hoffnung und Aussicht auf mehr von den guten Dingen, die ihnen gehören, und der Angst vor Bedürftigkeit, dem Elend der erdrückenden, quälenden Einschränkungen.

Die Psychologie lehrt uns, dass alle Formen der Entmutigung, verzagte, zweifelnde, ängstliche, sorgenvolle Gedanken, ferngehalten werden müssen, denn der Geist kann nicht erschaffen, solange diese Feinde das Reich des Denkens besetzt halten. Es stellt sich immer mehr heraus, dass, um etwas zu schaffen, aufzubauen, wir die ganze Zeit über eine konstruktive geistige Haltung einnehmen müssen, dass wir den Geist vor all den negativen Dingen, allen Gedanken der Entmutigung, der Verzagtheit, an ein mögliches Scheitern, bewahren müssen. Wir lernen durch die Psychologie, dass wir nur das hervorbringen können, worauf wir uns konzentrieren, woran wir unentwegt denken, dass nur das, was in unserem Bewusstsein vorherrschend ist, sei es nun vorteilhaft oder schädlich für uns, in unserem Leben manifestiert wird.

Ihre Geisteshaltung wird Sie ins Licht führen oder Sie in der Dunkelheit festhalten. Sie wird Sie zur Hoffnung oder zur Verzweiflung führen, zu einem glorreichen Erfolg oder einem kläglichen Scheitern – wie Sie sich entscheiden, dass liegt ganz und gar in Ihrer Macht.

Erfolgreiche Menschen lassen sich selbst – vielleicht ohne sich immer dessen bewusst zu sein – ständig wohlstandsorientierte, erfolgsorientierte Behandlungen angedeihen, indem sie sich selbst ermutigen, indem sie sich selbst positiv stimmen, sodass sie immun sind gegen alle negativen, entmutigenden, armutsbezogenen Gedankenströme.

Den Erfolgsgedanken, das Wohlstandsideal hegen, ständig bei der eigenen erfolgreichen Zukunft verweilen und sie erwarten, dafür arbeiten – dies alles ist, ob Sie sich dessen bewusst sind oder nicht, eine wohlstandsorientierte Therapie.

Jedes Mal, wenn Sie entmutigenden und düsteren, verzagten Gedanken nachgeben, jedes Mal, wenn Sie sich erlauben, niedergeschlagen oder trübsinnig zu werden, reißen Sie nieder, was Sie durch Ihre Erfolgsbehand-

lungen, durch das Hegen des Wohlstandsgedanken versucht haben aufzubauen. Ihre Einstellung ist dem Wohlstand feindlich gesinnt, und allein
Ihre Stimmung verhindert ihn, erstickt ihn im Keim.

Es ist, als würden Sie sich sagen: »Ich sehne mich so sehr nach Wohlstand, aber ich glaube nicht, dass es mir jemals gelingen wird. Er ist offensichtlich nicht für mich bestimmt, denn alles, was ich unternehme, endet
im Misserfolg. Es muss schon ein komisches Schicksal sein, das mich von
dem gewünschten Erfolg und Wohlstand fernhält. Ich rechne wirklich
nicht damit, wohlhabend zu sein, auch wenn ich hart daran arbeite.«

Wenn wir uns im Wald verlaufen, wissen wir nicht mehr, in welche Richtung wir blicken, weil wir die Orientierung verloren haben und die Him-
melsrichtungen nicht mehr bestimmen können. Solange wir nicht die
Sonne sehen und die Orientierung zurückgewinnen, werden wir im Kreis
laufen in der Überzeugung, dass wir geradewegs die richtige Richtung eingeschlagen haben. Aber wir kommen nicht vorwärts, weil wir uns ja nicht
auf unser Ziel zubewegen. Nach einer Weile, wenn wir feststellen, dass
keine Lichtung in Sicht kommt, und keine Ahnung haben, wie lange wir
noch im Kreis herumlaufen werden, verlieren wir den Mut.

Millionen von uns haben sich in den dichten Wäldern des falschen
Denkens verirrt. Wir gehen nicht auf das Ziel des Wohlstands zu. Wir
sehen kein Licht, keinen Weg aus dem Wald heraus und dann verzagen
wir. Wir bewegen uns geistig im Kreis und wissen es nicht einmal.

18

*O*ffene *A*ussprache mit sich selbst

»M eine Worte sind Geist und sie sind Wahrheit, und sie werden nicht leer zu mir zurückkommen, sondern werden tun, wozu sie gesendet wurden.« Wie viele von uns verstehen die wahre Bedeutung dieses Bibelwortes? Oder dieses: »Und das Wort ward Fleisch und wohnte unter uns.«? Wie viele von uns denken jemals daran, dass unsere eigenen Worte, unsere geäußerten Gedanken, lebendige Kräfte sind und Fleisch werden? Trotzdem ist es wirklich wahr, dass sie sich in unserem Körper spiegeln, dass sie unsere Gestalt formen, unsere Gesichter meißeln, unseren Gesichtsausdruck modellieren nach ihren Bedeutungen.

Was wir denken und sagen, taucht nicht nur in unserem Gesichtsausdruck wieder auf, sondern zeigt sich auch in unserem körperlichen Zustand, in unserer Gesundheit, sei sie gut oder schlecht, entsprechend der Natur unserer Gedanken und Worte.

Jedes Wort, das wir von uns geben, ist eine unzerstörbare Kraft, weil sie einen Gedanken, eine Empfindung, eine Emotion, ein Motiv bestärkt, die niemals aufhören, ihren Einfluss auszuüben.

Jesus erkannte offensichtlich, dass Worte reale Kräfte sind, denn Er sagte: »Himmel und Erde werden vergehen; aber meine Worte werden nicht vergehen.« Materielles kann verschwinden, aber Sein Wort war eine Kraft, die nie aufhören konnte, ihren Einfluss auszuüben.

Überall in der Bibel wird die Macht des Wortes hervorgehoben: »Und das Wort ward Fleisch und wohnte unter uns.« »Das Wort war bei Gott, und Gott war das Wort.« »Er sandte sein Wort und machte sie gesund.«

Dem gesprochenen Wort, der energischen Bekräftigung eines Gedankens, wohnt eine geheimnisvolle Kraft inne, die einen tiefen Eindruck auf das Unterbewusstsein hinterlässt, und die stillen Kräfte in uns schicken sich an, das Wort wahr zu machen, das zu verwirklichen, was wir bekräftigen. Es liegt eine enorme konstruktive Kraft in dem Versprechen, das Sie geben, in einer energischen, entschiedenen Bekräftigung, unterstützt von einem hartnäckigen, zähen Bestreben, ein gewünschtes Vorhaben zu realisieren.

Ein schlagender Beweis dafür wurde im Ersten Weltkrieg erbracht, in der schrecklichen Schlacht bei Verdun im Jahre 1916. Wie in einem telegrafierten Bericht eines hohen französischen Offiziers erwähnt, war das Geheimnis des französischen Widerstandes gegen den Angriff der Deutschen im Wesentlichen psychologischer Natur. Es war, wie er erklärte, Autosuggestion in großem Stil. General Pétain ersetzte Zweifel und Mutlosigkeit durch eiserne Entschlossenheit, als in der gesamten Armee sein geäußerter Vorsatz, dass die Deutschen nicht die französischen Linien durchbrechen sollten, durchgegeben wurde – »Ils ne passeront pas.« (Sie werden nicht durchkommen.) Alle Soldaten waren dermaßen hypnotisiert von der ständigen Wiederholung des Satzes »Ils ne passeront pas«, dass ihnen kein anderer Gedanke in den Sinn kommen konnte als der an Widerstand.

Es besteht kein Zweifel, dass dies die Widerstandskraft der Armee verdreifachte oder gar vervierfachte. Die starke suggestive Wirkung von Unbesiegbarkeit in den Worten war in der Tat der entscheidende Faktor in der Schlacht. Die Wiederholung von »Sie werden nicht durchkommen« war es, die die Infanterie befähigte, ein beispielloses Bombardement durchzumachen und dann voller Eifer, ausgeruhten Soldaten gleich, mit dem Bajonett loszustürmen. Die Siegesgewissheit, die sogar bei gefangen genommenen Franzosen zu erkennen war, versetzte die Deutschen in Erstaunen.

In dem Bericht des französischen Offiziers heißt es weiter, dass ein Stabsarzt am Truppenverbandsplatz in unmittelbarer Frontnähe sagte, dass das Bemerkenswerteste an den Verletzten ihre tendenziell entschiedene Haltung war. In einigen Fällen, so erzählte er, schienen die Gesichter starr vor einem Ausdruck grimmiger Entschlossenheit zu sein. Viele von denen, die an einem Granatenschock litten, und solche, die nur halb bei Bewusstsein waren, wiederholten ab und zu im Delirium: »Passeront pas, passeront pas.«

Alle Soldaten bei Verdun waren ausschließlich von dieser einen beherrschenden Idee besessen. »Die Deutschen werden nicht durchkommen.« Ein Kriegskorrespondent berichtete: »Ich sah ein Regiment zurückkommen, um sich nach sechs Tagen in den Schützengräben zu erholen. Die Soldaten schienen alle von einer Haltung der festen Entschlossenheit und des eisernen Vorsatzes beseelt zu sein. Wenn nach ihrer Meinung zur Schlacht befragt, lautete die allgemeine Antwort einfach: *»Die Deutschen werden nicht durchkommen.«* Und die Deutschen kamen nicht durch.

Angenommen, Sie sollten Ihrem Unterbewusstsein, was den Eingang destruktiver Gedanken, Motive und Emotionen – diesen erbitterten Feinden Ihres Wohlstands und Glücks – in Ihren Geist betrifft, einen eisernen Vorsatz einflößen, so, wie ihn die französischen Soldaten bei Verdun fassten. Was würde passieren? Wenn Sie, wann immer negative Gedanken oder Emotionen versuchten, sich Zutritt zu Ihrem geistigen Königreich zu verschaffen, ihnen grimmig entgegneten: »Ihr werdet nicht durchkommen. Ich werde in meinem Geist keine Feinde meines Erfolgs und Glücks dulden«, glauben Sie, es wäre ihnen möglich, vorbeizukommen? Natürlich nicht. Es wäre ihnen unmöglich. Und wenn Sie denselben eisernen Entschluss – »Ihr werdet nicht durchkommen« – in Bezug auf blockierende Gewohnheiten, jede Versuchung, die an Sie appelliert, immer wieder wiederholen würden, nun, dies würde Ihr Leben revolutionieren.

Wörter sind die Kleider unserer Gedanken. Jedes Wort, das wir aussprechen, selbst ein geäußerter Gedanke, ist eine Macht zum Guten oder zum Schlechten. Wir dürfen nicht vergessen, dass das, was wir in das Wort hineinlegen, ihm seine Bedeutung gibt und seine Qualität und seinen Einfluss bestimmt.

Ihre Worte sind Boten des Lebens oder des Todes für Sie selbst und für andere.

Wir können ein Wort nehmen und in dieses Wort Liebe hineindenken, Gefälligkeit hineindenken, Freundlichkeit hineindenken, und es wird ein entsprechendes Gefühl bei der Person, an die es gerichtet ist, erzeugen. Oder wir können dasselbe Wort nehmen und Hass in es hineindenken, Eifersucht, Neid, und es dann hinausschleudern und Feindschaft, Eifersucht, Hass oder Neid in einem anderen Geist auslösen.

Alles hängt von dem Gedanken hinter dem Wort ab. Es ist die Geisteshaltung, die dem Wort seine wirkliche Bedeutung zukommen lässt.

Wörter haben die Zivilisation dorthin gebracht, wo sie jetzt steht. Das mit dem Gedanken eng verbundene Wort hat all das aufgebaut, was wir erreicht haben.

Den gesprochenen Wörtern liegt eine Kraft inne, die nicht geweckt wird, wenn man sich dieselben Wörter im Stillen sagt. Laut gesprochene Wörter aktivieren schlummernde Energien in uns, was durch bloßes Nachdenken über sie nicht möglich ist; wenn sie artikuliert werden, üben sie eine nachhaltigere Wirkung auf den Geist aus – so, wie wir viel stärker beeindruckt und inspiriert sind, wenn wir einem packenden Vortrag oder einer packenden Predigt zuhören, als wenn wir die gleichen Worte lesen würden; oder wie wir Dinge in der Natur sehen, prägt sich uns tiefer ein, als wenn wir über sie *nachdenken*. Eine Lebendigkeit, eine gewisse Kraft, begleitet das gesprochene Wort – besonders wenn es aufrichtig, leidenschaftlich geäußert wird –, eine Kraft, die nicht übertragen wird, wenn man es sich nur durch den Kopf gehen lässt. Wenn Sie sich laut, nachdrücklich, sogar heftig, einen festen Entschluss wiederholen, dann ist die Wahrscheinlichkeit größer, dass Sie Ihr Vorhaben realisieren, als wenn Sie sich lediglich im Stillen dazu entschließen.

Wir können mit unserem inneren Selbst reden und wissen aus Erfahrung, dass es zuhören und nach unseren Vorschlägen handeln wird. Im Grunde übermitteln wir diesem inneren Selbst ständig Vorschläge oder Befehle. Vielleicht tun wir das nicht hörbar, sondern still, im Geiste. Unbewusst geben wir ihm Ratschläge, machen ihm Vorschläge, versuchen, ihn in bestimmte Richtungen zu beeinflussen.

Indem wir uns bewusst, hörbar an es richten, in offenen Aussprachen mit uns selbst, werden wir gleichermaßen feststellen, dass wir unsere Gewohnheiten, unsere Motive, unsere Lebensweisen erheblich beeinflussen können. Tatsächlich sind die Möglichkeiten, derart auf den Charakter und das Leben einzuwirken, praktisch unbegrenzt.

Viele Menschen haben innere Feinde, Feinde des Friedens und des Glücks vernichtet, haben ihr Selbstvertrauen verdoppelt und vervierfacht, haben ihre Entschlusskraft, ihre Führungsqualitäten enorm gestärkt, haben sich wirklich geändert und gebessert, indem sie offene Aussprachen mit sich selbst führten.

Ich kenne einen Mann, der seine Schüchternheit, sein zurückhaltendes Wesen durch Gespräche mit seinem inneren Selbst derart beeinflusst hat, dass es niemandem im Traum einfallen würde, dass er nur wenige Jahre zuvor so scheu, so extrem empfindlich war, dass er krebsrot wurde, wenn sich die Aufmerksamkeit in einer Menschenmenge auf ihn richtete, und er wich Leuten auf jede erdenkliche Weise aus.

Fünf Jahre zuvor hätte kein Geldbetrag, wie hoch auch immer, diesen Mann dazu bewegen können, sich in einer öffentlichen Versammlung zu erheben oder gar einen Antrag zu stellen oder eine Erklärung abzugeben. Vermutlich wäre er beim bloßen Aufrufen seines Namens an einem öffentlichen Ort in Ohnmacht gefallen. Ihm fehlte nicht nur das geringste Selbstvertrauen, sondern er war obendrein von der quälenden Vorstellung besessen, ein Betrüger zu sein. Obwohl er ein völlig ehrlicher, aufrichtiger, schwer arbeitender Mann war, der nur die besten Absichten hegte, wurde er das Gefühl nicht los, dass er irgendwie nicht lauter war und dass irgendwann etwas geschehen würde, das seinen wahren Charakter entlarven würde.

Jahrelang litt er unsägliche Qualen wegen seiner törichten Vorstellungen von sich. Sich dessen bewusst, dass er zwar Begabungen hatte, aber mit Schwächen gestraft war, die sie in vieler Hinsicht unerreichbar machten, steuerte sein Leben auf ein Scheitern zu, als er zufällig auf ein Buch stieß, das von den Wundern handelte, die durch die Praxis der hörbaren Selbstermutigung möglich seien. Sofort begann er, die Vorschläge des Buches in die Tat umzusetzen, und machte es sich zur Gewohnheit, täglich offene Aussprachen mit sich selbst zu führen. Binnen sehr kurzer Zeit fiel ihm eine starke Verbesserung seiner Gefühle, seiner Geisteshaltung und seiner

Stimmung auf. Auch anderen sprang bald eine positive Veränderung seines Verhaltens und Auftretens ins Auge. Jetzt leitet er öffentliche Versammlungen und ist dabei kein bisschen unsicher oder gehemmt. Seine quälende Schüchternheit ist verschwunden; er kann jedes Maß an Kritik und Anprangerung ertragen, ohne darauf empfindlich oder verlegen zu reagieren.

Es gibt keinen Fehler, keine Schwäche, sei sie groß oder klein, die nicht der kontinuierlichen hörbaren Autosuggestion weichen wird. Und nicht nur das, diese Technik trägt auch dazu bei, schlummernde Qualitäten in uns zu wecken, die durch bloßes Denken nicht aktiviert werden.

Wir alle müssen wachgerüttelt werden. In uns ist genügend Schießpulver, um eine gewaltige Explosion auszulösen, wenn wir nur die Lunte an dem gigantischen Pulverfass in uns erreichen könnten.

Wenn Zweifel Sie quälen, wenn Sie Angst vor Misserfolg oder Armut haben, können Sie durch tägliche offene Aussprachen mit sich selbst, durch regelmäßig angewendete Affirmationen wie »Ich muss«, »Ich kann«, »Ich werde« Ihren Mut vergrößern und Ihr Selbstvertrauen aufbauen. Es gibt keinen besseren Vorschlag als den von Emerson, um den Willen und die Tatkraft aufzurichten: »Stärke uns mit ständigen Affirmationen.« Und ständige Affirmationen werden uns stärken.

Die wiederholte Affirmation der Fähigkeit, sein Ziel zu erreichen, seiner grimmigen Entschlossenheit, sich um jeden Preis im Leben durchzusetzen, die Bejahung von Wohlstand, Erfolg, die ständige Bekräftigung des eigenen Selbstvertrauens, des Glaubens an die eigene Fähigkeit, genau das zu tun, woran sein Herz hängt, wird einen schwachen Willen stärken und einen schwankenden Entschluss festigen, wie nichts anderes es vermag.

Wenn Sie mit Ihren bisherigen Fortschritten nicht zufrieden sind, wenn Sie nicht vorankommen, dann hält Sie etwas zurück, hindert Sie daran, Ihr Ideal zu verwirklichen. Finden Sie heraus, was es ist, und beseitigen Sie es dann mit hörbaren Autosuggestionen.

Die beste Möglichkeit, herauszufinden, was Ihr Hemmschuh ist, besteht in regelmäßigen offenen Aussprachen mit sich selbst. Werfen Sie einen Blick in Ihre Seele und machen Sie eine persönliche Bestandsaufnahme, bestimmen Sie Ihre Erfolgs- und Misserfolgseigenschaften. Analysieren Sie sich so, wie Sie es bei einem Freund tun würden, dem Sie unbedingt helfen möchten – dessen starken und schwachen Seiten Sie klar und deutlich erkennen können.

Suchen Sie einen Ort auf, an dem Sie absolut allein sein können, und erforschen Sie sich etwa auf folgende Weise, stellen Sie die Fragen laut und sprechen Sie sich mit Namen an:

»Nun, (James oder Ann oder wie auch immer Sie heißen), was ist das Problem mit dir? Warum kommst du nicht schneller voran? Unterdrückst du deinen Ehrgeiz oder wurde er noch gar nicht geweckt? Warum verdienst du noch nicht so viel Geld, wie du möchtest? Warum schleppst du dich im Mittelmaß dahin, während alle anderen um dich herum mit Riesenschritten vorwärtskommen, obwohl sie keine besseren Chancen, vielleicht sogar viel schlechtere Chancen haben als du? Dafür muss es doch einen Grund geben. Fehlt es dir an Vitalität, Energie, oder benutzt du nicht das, was du hast? Hast du irgendeine Schwäche, einen Fehler oder eine Eigenheit, die dich niederhält? Bist du das Opfer eines schwachen Glieds in der Kette deines Charakters, das alle deine Anstrengungen in andere Richtungen zunichtemacht? Wo liegt die Schwierigkeit? Du musst alles tun, was in deiner Kraft steht, um den Finger auf das Problem zu legen und es zu lösen.«

Erstellen Sie eine Liste mit den Eigenschaften, die einen starken, mutigen, erfolgreichen Charakter ausmachen, und den entsprechenden Gegensätzen – die Eigenschaften, die mit einem schwachen, schüchternen, erfolglosen Charakter verbunden sind – und nehmen Sie anhand dieser Liste eine Selbsteinschätzung vor. Sagen Sie die einzelnen Eigenschaften laut auf – Glaube, Mut, Selbstvertrauen, Ehrgeiz, Enthusiasmus, Ausdauer, Konzentration, Initiative, Freundlichkeit, Optimismus, Gründlichkeit usw. Fragen Sie sich, ob Sie diese hervorragenden Eigenschaften besitzen oder ob Sie zu den gegenteiligen Merkmalen neigen.

Fürchten Sie sich nicht davor, Ihren Schwachstellen ins Auge zu sehen, Ihre Fehler beim Namen zu nennen. Bringen Sie sie ans Licht, erkennen Sie sie als das, was sie sind, und dann setzen Sie sich mit ihnen auseinander. *Sie können es sich nicht leisten, weniger zu sein, als Sie glauben, sein zu sol-*

len und sein zu können, Ihr Leben durch irgendeine Schwäche zu ruinieren, die Sie überwinden können.

Wenn Sie die speziellen Charaktereigenschaften durchgegangen sind, stellen Sie sich die folgenden allgemeineren Fragen; die ganze Zeit über sehen Sie sich im Geiste und sprechen sich mit Namen an:

»Warum bist du hier? Was bedeutest du der Welt? Welche Botschaft bringt dein Leben ihr? Wofür setzt du dich ein? Was stellst du dar? Bist du dir dessen bewusst, dass du mit einer Botschaft für die Menschheit hierher geschickt wurdest? Überbringst du sie – beharrlich, entschlossen, ohne zu murren, zu jammern oder dich davor zu drücken? *Was gibst du der Welt?* Träumst du von der großen Sache, die du vielleicht morgen unternehmen wirst, oder kümmerst du dich um die kleinen Dinge, *die du heute tun kannst?* Gibst du von dir, während du voranschreitest – oder schenkst du, wenn du nichts anderes zu geben hast, denen, die sich auf dem Weg mit dir befinden, Mut, Inspiration, Hilfsbereitschaft?«

Erforschen Sie sich auf diese Weise, bis Sie eine gute Vorstellung von sich haben, eine ehrliche Selbsteinschätzung, bis Sie sowohl Ihre Stärken als auch Ihre Schwächen kennen, bis Sie mit klaren Augen die Dinge erkennen, die Sie zurückhalten, die Unzulänglichkeit in Ihrem Wesen, die Sie beeinträchtigt, die Schwäche, die Ihre Talente im Durchschnitt um zehn, zwanzig, fünfzig oder gar fünfundsiebzig Prozent einschränkt. Dann greifen Sie Ihre Feinde energisch an – die Feinde Ihres Erfolgs, Ihrer Leistungsfähigkeit, Ihres Glücks. Bekräftigen Sie beständig und beharrlich, dass Sie voll und ganz die Oberhand über sie haben, dass sie keine Macht haben, Ihr Leben zu beherrschen und Ihre Karriere zu zerstören.

Mithilfe dieser Art von offenen Aussprachen mit sich selbst können Sie Ihr ganzes Wesen verändern, Ihre Karriere revolutionieren. Ob es Glaube ist, Mut, Initiative, Freundlichkeit, was immer Ihnen fehlen sollte, nehmen Sie die Eigenschaft an, die Sie gern besitzen möchten, bekräftigen Sie sich, dass Sie sie bereits besitzen, üben Sie sie ein, wann immer es Ihnen möglich ist, konzentrieren Sie sich auf sie, und Sie werden überrascht sein, wie schnell Sie das Gewünschte erwerben können.

Ein berühmter Musiklehrer in New York, der Opernsänger unterrichtete, riet einer jungen Frau mit großem musikalischem Talent, der es jedoch an Selbstvertrauen und Durchsetzungsvermögen mangelte, jeden Tag vor dem Spiegel eine erhabene Haltung einzunehmen und mit allem Nachdruck und aller Kraft, die sie aufbringen konnte, zu sich selbst »Ich, ich, ich« zu sagen. Gleichzeitig sollte sie sich vorstellen, dass sie die führende Sängerin ihrer Zeit sei. Er sagte ihr, dass, wenn sie sich bejahen und ständig diese Rolle spielen würde, sie sich Selbstvertrauen angewöhnte und verinnerlichte, was für sie das Allerwichtigste sei. »Nehmen Sie Ihre Kunst kühn und unerschrocken an«, riet er ihr, »und bewahren Sie sich eine Würde und Kraft, die Ihrem Charakter entspricht.« Sie befolgte seinen Rat genau, und er erwies sich für sie als wertvoller als unzählige Gesangsstunden: Ihr Selbstvertrauen vergrößerte sich auf wunderbare Weise, und sie wurde von ihrer Schüchternheit und Befangenheit geheilt.

Ich glaube fest an die aufbauende Kraft der Affirmation, an die Möglichkeiten darin, mein Vorhaben, das ich unbedingt durchführen will, unbeirrt zu bejahen, meine schwach ausgebildeten Eigenschaften zu stärken, die Persönlichkeit zu entwickeln, das Leben edler zu machen.

Die Gewohnheit, das, was wir uns wünschen, als unser Eigen, als eine lebendige Wirklichkeit zu beanspruchen, hat eine enorme Anziehungskraft. Dem gesprochenen Wort, der entschlossenen Bejahung eines Gedankens wohnt eine geheimnisvolle Kraft inne, die einen tiefen Eindruck auf das Unterbewusstsein hinterlässt – wo die stillen Kräfte in uns damit zugange sind, das Wort Fleisch werden zu lassen, den Gedanken, den wir bekräftigen, zu verwirklichen.

»Denn gleichwie der Regen und Schnee vom Himmel fällt und nicht wieder dahin zurückkehrt«, heißt es bei Jesaja, »sondern feuchtet die Erde und macht sie fruchtbar und lässt wachsen, dass sie gibt Samen, zu säen, und Brot, zu essen, so soll das Wort, das aus meinem Munde geht, auch sein: Es wird nicht wieder leer zu mir zurückkommen, sondern wird tun, was mir gefällt, und ihm wird gelingen, wozu ich es sende.«

Große Taten werden vollbracht, wenn wir uns immer wieder unsere Überzeugung vergegenwärtigen, dass uns gelingt, was immer wir unternehmen wollen. Aber viele von uns denken kaum jemals über die Wörter nach, die sie von sich geben, über die Tatsache, dass unsere geäußerten Gedanken lebendige Kräfte sind und Fleisch werden. Dennoch manifestieren sich diese Wörter ständig in unseren Körpern, sie formen unsere Gesichter und Mienen und prägen unser Schicksal nach ihren Bedeutungen.

Diejenigen beispielsweise, die sich intensiv mit materiellen Dingen beschäftigen und deren Leben aufs Geldverdienen ausgerichtet ist, *glauben*, dass sie es schaffen werden, *wissen*, dass sie es schaffen können; *bestärken sich*, dass sie es schaffen werden. Sie sagen sich nicht jeden Morgen: »Na ja, ich weiß nicht, ob ich heute überhaupt etwas zustande bekomme. Ich werde es versuchen. Vielleicht klappt es, vielleicht aber auch nicht.« Sie behaupten einfach und ausdrücklich, dass sie können, was sie wollen – und dann werden sie aktiv, nehmen Pläne in Angriff und mobilisieren Kräfte, alles, was zur Verwirklichung ihres Vorhabens beiträgt.

Wenn Sie sich bestärken, bestärken Sie das spirituelle »Ich«, die Göttlichkeit in Ihnen, nicht das physische »Ich«, Ihr Fleisch. Dies wäre reiner Egotismus, und nicht die Bestärkung Ihres Egotismus wird Ihnen von Vorteil sein. Das wird Sie nur verletzen. Aber durch die Bestärkung der Wirklichkeit, der Göttlichkeit in Ihnen wird für Sie alles möglich.

Vergessen Sie nicht: »Und das Wort ward Fleisch.« Zuerst kommt der Geist – und dann das Fleisch.

Ihre Göttlichkeit ist Ihr schöpferisches Selbst, und wenn Sie die Wirklichkeit dieses Selbst bestärken und nicht die äußere oder physische Persönlichkeit, bestärken Sie Allmacht, Allwissenheit – Sie bestärken eine Kraft, die zu handeln vermag.

Wenn wir nur die schöpferische Kraft der Affirmation erkennen könnten, der Bestärkung, dass wir die tatsächliche Verkörperung dessen sind, was wir zu sein oder zu erlangen anstreben – nicht dass wir einfach all die guten Eigenschaften besitzen, sondern dass wir diese Eigenschaften sind, weil der Gedanke an sie unserem Innern entsprungen ist, weil unsere Gedanken an sie die ins Bewusstsein gebrachten Ausdrücke der uns innewohnenden Bestrebungen sind –, was für ein Leben würden wir leben!

Die Affirmation ist eine lebendige, vitale Kraft. Die Bibel verdankt dieser Kraft einen Großteil ihrer Stärke. Sie ist ein Buch der Affirmationen, der kraftvollen positiven Aussagen. Aber aufgrund dieser Tatsache hätte sie vor langer Zeit ihre Macht verloren.

Die heiligen Autoren verhandeln nicht, argumentieren nicht, unternehmen keinen Versuch, die Wahrheit ihrer Aussagen zu beweisen. Sie behaupten einfach, versichern hartnäckig, dass gewisse Dinge passiert sind und dass andere gewisse Dinge passieren würden. Hätten sie versucht, die Authentizität dessen, was sie schrieben, zu beweisen, hätten sie sich bemüht, den Leser davon zu überzeugen, dass sie ehrliche Männer sind, die die Wahrheit schreiben, hätten sie Zweifel geweckt. Aber es gibt keine Aufforderung zur Zustimmung, keinen Appell an die Leichtgläubigkeit der Leser, keine Bitte um Bestätigung, keine Angeberei um des Eindrucks willen, nur unnachgiebige Gewissheit, beharrliche Versicherungen. Sie führen einfach Tatsachen an und bestätigen Prinzipien. Jede Zeile strömt Dominanz, Überlegenheit und Selbstvertrauen aus. Darin liegt ihre enorme Kraft. Selbst im Vaterunser findet sich kein sentimentales Flehen. Es fordert. Es heißt: »gibt uns«, »führe uns nicht«, »vergib uns« usw.

Seien Sie in Ihren Selbstgesprächen wie die biblischen Autoren. Schwanken, »glauben« oder »hoffen« Sie nicht. Sagen Sie beherzt: »Ich bin«, »Ich kann«, »Ich werde«, »Es ist«. Versichern Sie sich beständig, beharrlich, dass Sie zu dem werden, was Ihre Ambitionen als passend und möglich zu erkennen geben. Sagen Sie nicht: »Ich werde irgendwann erfolgreich sein.« Sagen Sie: »Ich bin jetzt erfolgreich. Erfolg ist mein Geburtsrecht.« Sagen Sie nicht, dass Sie irgendwann in der Zukunft glücklich sein werden. Sagen Sie sich: »Ich bin dazu bestimmt, glücklich zu sein, ich wurde dafür geschaffen, und ich bin jetzt glücklich.« Sagen Sie mit Walt Whitman: »Ich selbst bin das Glück.« Versichern Sie sich, dass Sie die Dinge, die Sie brauchen, die Eigenschaften, die Sie gern hätten, bereits besitzen. Zwingen Sie Ihren Geist, sich auf Ihr Ziel auszurichten, halten Sie ihn beständig, beharrlich in diesem Zustand, denn dies ist der erschaffende Geisteszustand. Das ist es, was das Wort dazu bringt, Fleisch zu werden. Der negative Geist, der zweifelt, schwankt, sich fürchtet, bringt nichts zustande. Von ihm kann keine positive, selbstbewusste Versicherung ausgehen.

Wir lassen ständig gewaltige Gedankenkräfte, emotionale Kräfte, verbale Kräfte frei, die sich unaufhörlich in der universalen Energie vervielfachen und ausdrücken, die unentwegt unsere Verhältnisse gestalten. Wir sind reich oder arm, erfolgreich oder erfolglos, glücklich oder unglücklich, edel oder gemein, je nachdem, wie wir unsere gedanklichen und verbalen Kräfte einsetzen. Der äußere Ausdruck im Fleisch, in *allen* materiellen Verhältnissen und Dingen, entspricht dem inneren Gedanken und dem entschlossenen positiven Wort.

Aber denken Sie daran, es ist das Leben, die treibende Kraft des Geistes, die dem Wort Macht verleiht. Wenn Sie nicht meinen, was Sie sagen, wenn Sie nicht nach der Bedeutung in Ihren Worten leben, sind sie nichts als leere Luft. Sie müssen *glauben*, was Sie bejahen. Wenn Sie sich sagen: »Ich bin Gesundheit; ich bin Wohlstand; ich bin dies oder das«, aber nicht daran glauben, werden Affirmationen Ihnen auch nicht weiterhelfen.

Denken Sie daran, es ist das Leben in Ihren Affirmationen – Ihren offenen Aussprachen –, das *geistige Leben*, das durch die Worte heilt, die der Verstand eingibt. So, wie Glaube ohne gute Werke nutzlos ist, wenn der Geist fehlt, sind Ihre Worte, ohne das Leben hinter ihnen, kalt und ohne Wirkung.

Menschen, die bei ihren Affirmationen sagen, dass sie dieses oder jenes tun werden, »wenn Gott es so will« oder »wenn die Vorhersehung es so will«, ist kaum klar, dass der Zweifel, der durch das Wörtchen »wenn« zum Ausdruck kommt, die Wirkung ihrer Entschlossenheit abschwächt und dazu beiträgt, einen negativen Geist zu erzeugen.

Die Intensität Ihrer Affirmation, die Stärke Ihres Vertrauens in Ihre Fähigkeit, Ihr Vorhaben durchzuführen, steht eindeutig und direkt im Zusammenhang mit dem Maß Ihrer Leistung. Um den Wechselfällen des Lebens zu begegnen, benötigen wir oft eine starke Stoßkraft: Es ist einfacher, eine große Granate durch die Stahlplatten eines Schiffs zu treiben, wenn sie mit Blitzesschnelle von einer Kanone abgefeuert wird, als zu versuchen, sie langsam hindurchzuschieben.

Wenn Sie sich nach irgendetwas sehnen, was für Sie richtig und gut ist, bestärken Sie sich in der festen Überzeugung, dass das Betreffende bereits

Ihnen gehört; nehmen Sie es als Tatsache für sich in Anspruch. Gleichgültig, ob Sie sich entsprechend fühlen oder nicht, bekräftigen Sie, dass Sie
sich entsprechend fühlen *müssen*, dass Sie sich entsprechend fühlen *werden*, dass Sie sich *jetzt* entsprechend fühlen – dass Sie, ob Sie bereits
Schritte unternommen haben oder nicht, das Zeug dazu haben, Ihr Bestes
zu tun.

Und dann unternehmen Sie auf der materiellen Ebene alles Ihnen Mögliche, um es sich anzueignen, und schon bald werden Sie ernten, was Sie
in Gedanken und in positiver schöpferischer Bekräftigung gesät haben.

Wiederholen Sie Ihre Affirmationen immer wieder und warten Sie nicht
auf eine Gelegenheit, um mit Ihrem Vorhaben anzufangen. Verschaffen
Sie sich selbst die Gelegenheit. Die Macht der Affirmation wird Wunder
für Sie wirken.

Sie werden feststellen, dass Ihre Fähigkeit genau in dem Maße zunehmen wird, wie Sie Ihr Selbstvertrauen durch die Affirmation dessen, was
Sie unbedingt sein und tun wollen, stärken. Gleichgültig, was andere Leute
vielleicht über Sie denken oder sagen, erlauben Sie sich niemals, daran zu
zweifeln, dass Sie Ihr Vorhaben erfolgreich durchführen können. Bestätigen Sie sich mit Beherztheit und fester Überzeugung, dass es einen besonderen Platz in der Welt für Sie gibt, eine besondere Rolle, die nur Sie
spielen können, und dass Sie sie auch spielen werden. Üben Sie sich darin,
Großes von sich zu erwarten. Lassen Sie niemals zu, auch nicht durch Ihr
Verhalten, dass Sie glauben, in Ihrem ganzen Leben nur für kleine, unbedeutende Dinge bestimmt zu sein.

Bekräftigen Sie beharrlich, standhaft, unentwegt, dass Sie zu dem werden, was Ihren Ambitionen entspricht. Sagen Sie sich nicht: »Ich werde irgendwann erfolgreich sein«, sagen Sie: »Ich bin erfolgreich. Erfolg ist mein
Geburtsrecht.« Sagen Sie nicht, dass Sie *in der Zukunft* glücklich sein werden. Sagen Sie sich: »Meine Bestimmung ist das Glück, ich wurde dafür
geschaffen, und ich bin glücklich.«

Bekräftigen Sie immer mit aller Entschiedenheit Ihre Fähigkeit, die Oberhand zu gewinnen.

Beschließen Sie jeden Morgen, dass Sie wohlhabend sein werden, dass Wohlstand Ihr Schicksal ist.

Die folgenden positiven Affirmationen von C. D. Larson sind sehr anregend und wirkungsvoll und eignen sich hervorragend als tägliche Übung:

- »Ich gehe über das, was ich bin, hinaus.«
- »Ich erreiche mehr, weil ich weiß, dass ich dazu imstande bin.«
- »Ich erkenne nur das Gute in mir und in anderen an.«
- »Wenn Not droht, werde ich entschlossener sein als je zuvor in meinem Leben, um zu beweisen, dass ich aus allem Nutzen ziehen kann.«
- »Ich wünsche mir nur das, was Freiheit und Wahrheit zuteilwerden lassen, was zum Wohl anderer beiträgt.«
- »Ich erhebe nur meine Stimme, um Ermutigung, Inspiration und Freude zu schenken.«
- »Ich arbeite daran, einer immer größer werdenden Zahl von Menschen von Nutzen zu sein, und mein stärkster Wunsch ist, das Leben aller, die meinen Weg kreuzen, zu bereichern, zu veredeln und zu verschönern.«

Imitieren Sie jeden Tag eine Person, die Sie für ihr Wohlstandsdenken bewundern. Gleichgültig, ob Sie am Anfang Fehler machen, halten Sie an Ihrer Entscheidung fest, ein für alle Mal wohlhabend zu sein. Bestärken Sie sich kontinuierlich den ganzen Tag lang mit positiven Affirmationen.

Aber denken Sie daran, wenn Sie Ihrem Handeln nicht die gleiche feste Entschlossenheit zugrunde legen, die Ihren Worten entspricht, wie es bei den französischen Soldaten bei Verdun der Fall war, werden sie zu gar nichts nütze sein. Wenn es Ihnen nicht ernst damit ist, was Sie sagen, wenn Sie Ihren Worten keine Bedeutung verleihen, sind sie nichts weiter als heiße Luft. Sie könnten genauso gut sagen: »Ich bin ein erfolgreicher Dramatiker«, obgleich Sie noch nicht einmal ein Stück schreiben, oder wenn Sie eines geschrieben haben, es in Ihrer Schreibtischschublade verstecken.

Vermitteln Sie Ihren Mitmenschen das Gefühl von Unbesiegbarkeit. Das wird für Sie wertvoller sein, als wenn Sie lediglich über einen hohen Geldbetrag verfügten.

Selbstgespräche zu führen mag Ihnen anfangs vielleicht albern vorkommen, aber Sie werden sich schnell daran gewöhnen und die wohltuenden Wirkungen spüren. Vergessen Sie nicht, Sie reden sowieso schon die ganze Zeit über mit sich selbst. Aber jetzt geht es darum, die Wörter, die Sie sich sagen, zu kontrollieren. Jetzt geht es darum, jeden Tag, den ganzen Tag lang und vor dem Zubettgehen gewissenhaft Affirmationen von sich zu geben, die zum Wohlstand befähigen. Diese Affirmationen werden, falls von aufrichtigen Anstrengungen unterstützt, um Ihre Worte wahr zu machen, Wunder dabei wirken, die gewünschten Resultate herbeizuführen.

Sie werden eine bessere Meinung von sich haben, Sie werden mehr Selbstachtung haben, mehr Selbstvertrauen, Sie werden stärker an sich glauben, Sie werden mehr Zuversicht haben, mehr Vertrauen in Ihre Fähigkeiten, Sie werden in jeder Hinsicht in Ihrer Selbsteinschätzung höher stehen. Das heißt nicht, dass Sie egoistisch oder eingebildet sein werden, sondern lediglich, dass Sie sich und Ihre Möglichkeiten besser kennen werden und in der Lage sind, all Ihre inneren Kräfte und Begabungen vorteilhafter zu nutzen.

Wir alle haben die Fähigkeit, wohlhabend und erfolgreich zu sein. Wir wurden nicht zu Geringerem geboren. Kommt nicht jedes Kind voller Ungeduld in diese Welt, um sie sich zu eigen zu machen? Sie zu erfahren? Von ihr erfüllt zu werden?

Seien Sie nicht enttäuscht, wenn sich nicht sofort Erleichterung einstellt. Führen Sie Ihre Selbstgespräche weiter auf selbstbewusste Weise, besonders vor dem Zubettgehen, und bekräftigen Sie stets Ihre Fähigkeit, Ihre Schwäche zu überwinden, welche es auch sein mag, und Sie werden sie überwinden. Ihre Willenskraft wird Ihnen beistehen, aber Überzeugung ist tausendmal stärker als Willenskraft, und die beharrliche Bekräftigung Ihrer inneren Kraft, das Hindernis, das Ihnen im Weg steht, überwinden zu können, wird Ihnen schließlich helfen, den Sieg davonzutragen.

Ermutigen Sie sich immer, loben Sie sich, setzen Sie sich niemals herab. Stärken Sie auf jede mögliche Weise Ihr Selbstvertrauen, denn ein starkes Selbstvertrauen ist eine machtvolle Kraft, eine schöpferische Kraft.

»Dein Glaube ist groß. Dir geschehe, wie du willst!«

19

Sie sind zu Erfolg und Glück bestimmt

Vieles deutet darauf hin, dass wir zu Großem, zu erhabenen Dingen bestimmt sind: zum Wohlstand und nicht zur Armut. *Mangel und Not entsprechen nicht unserem göttlichen Wesen.* Das Problem ist jedoch, dass wir bei Weitem nicht genug an das Gute glauben, das auf uns wartet. Wir wagen es nicht, unseren Herzenswunsch herauszustoßen, der Führung unseres göttlichen Verlangens zu folgen und den Wohlstand, der unser Geburtsrecht ist, uneingeschränkt einzufordern. Stattdessen bitten wir, wenn überhaupt, um kleine Dinge, und wir erwarten kleine Dinge und schränken dabei unsere Wünsche und unsere Versorgung ein. Dadurch, dass wir nicht den Mut haben, unseren Herzenswunsch bis ins Kleinste einzufordern, öffnen wir uns nicht genügend, sodass uns kein großer Zustrom von guten Dingen erreichen kann. Wir denken vom Standpunkt der Einschränkung aus. Wir stoßen unseren Herzenswunsch nicht mit dem *festen* Glauben heraus, der blind vertraut – und entsprechend empfängt.

Die Rose bittet die Sonne nicht darum, ihr nur ein bisschen von ihrem Licht und ihrer Wärme zu schenken. Es liegt im Wesen der Sonne, großzügig ihr Licht an alle abzugeben, die es begierig in sich aufnehmen.

Die Kerze verliert nichts von ihrem Licht, indem sie eine andere Kerze erhellt.

Wir verlieren nicht, sondern stärken vielmehr unsere Fähigkeit zu freundschaftlichen Beziehungen, indem wir freundlich sind, indem wir in reichem Maße von unserer Liebe geben.

Eines der größten Geheimnisse des Lebens besteht darin, zu lernen, wie wir den ganzen Strom der universellen schöpferischen Kraft zu uns hinüberschaffen und diese Kraft effektiv einsetzen können. Wenn jeder von uns dieses Gesetz des Umleitens versteht, begreift, werden wir unsere Leistungsfähigkeit um ein Millionenfaches erhöhen, weil wir dann nämlich Mitwirkende, Mitschöpfer der großen schöpferischen Lebenskraft sein werden.

Wenn wir erkennen, dass alles von der großen Unendlichen Quelle der Versorgung herrührt und dass sie ungehindert zu uns fließt, wenn wir in vollkommenen Einklang mit dem Unendlichen kommen, dann werden all die guten Dinge im Universum von selbst zu uns fließen.

Das Problem ist, dass wir durch falsches Tun und Denken den Zustrom blockieren.

Entschuldigen Sie sich nie dafür, dass Ihnen dies oder jenes fehlt. Jedes Mal wenn Sie sagen, dass Sie nichts Passendes zum Anziehen haben, dass Sie nie die Dinge besitzen, die andere Leute besitzen, dass Sie nie irgendwohin gehen oder unternehmen können, was andere unternehmen, machen Sie nichts anderes, als ein verzweifeltes Bild immer tiefer und tiefer einzuprägen. Solange Sie diese bedauerlichen Einzelheiten von sich geben und bei Ihren unangenehmen Erfahrungen verweilen, wird Ihre Geisteshaltung nicht das anziehen, wonach Sie streben, wird sie nicht das herbeiführen, was Ihre schweren Bedingungen erleichtert.

Ihre geistige Einstellung, Ihre Vorstellungen müssen mit der Wirklichkeit, die Sie erstreben, übereinstimmen.

Wenn Sie die Kunst lernen, großzügig zu sehen und nicht in kleinem Maßstab, wenn Sie lernen, grenzenlos zu denken, wenn Sie lernen, sich nicht selbst zu blockieren durch einschränkende Gedanken, wenn Unaufrichtigkeit, der Wunsch, Ihre Brüder und Schwestern auszunutzen, aus Ihrem Leben verschwunden ist; dann werden Sie feststellen, dass das von Ihnen Gesuchte auf der Suche nach Ihnen ist – und dass es Ihnen auf halbem Wege begegnen wird.

Wohlstand beginnt im Kopf, und er kann auf keinen Fall mit einer Geisteshaltung verwirklicht werden, die ihm ablehnend gegenübersteht.

Mit einer von Armut durchdrungenen Denkart, die alles, wonach wir uns sehnen, vertreibt, können wir keinen Reichtum anziehen. Es ist fatal, für eine Sache zu arbeiten und etwas anderes zu erwarten. Wie sehr man sich auch nach Wohlstand sehnen mag, eine von Armut beherrschte Geisteshaltung wird alle Wege zu ihm verschließen.

Überfluss und Wohlstand können nicht über Gedanken an Armut und Misserfolg zu uns gelangen. Um ein Netz weben zu können, muss nach einer Vorlage gearbeitet werden.

Wir müssen uns erst Wohlstand vorstellen, bevor wir ihn erhalten können. Er muss zuerst gedanklich erschaffen werden.

Wie viele von uns nehmen es als selbstverständlich hin, dass es eine Fülle von guten Dingen in dieser Welt – jede Art von Annehmlichkeit und Luxus, schöne Häuser, Kleidung, Reisemöglichkeiten, Freizeit – für andere gibt, aber nicht für sich selbst. Wir beschwichtigen uns mit der Überzeugung, dass diese Dinge uns nicht gehören. Und so errichten wir Hindernisse zwischen uns und der Fülle. Wir schneiden uns vom Reichtum ab, wir setzen das Gesetz der Versorgung für uns außer Kraft, indem wir unseren Geist ihm gegenüber verschließen.

Die Einschränkung ist in uns selbst zu suchen, nicht im Leben.

Eine der schlimmsten Geißeln der Welt ist, von der Notwendigkeit von Armut überzeugt zu sein. Die meisten Menschen glauben fest daran, dass manche zwangsläufig arm sein müssen – und viele glauben, dass sie zur Armut bestimmt seien. Aber auf dem Planeten muss es überhaupt keine armen Menschen geben. Die Erde ist voller Ressourcen, die wir bisher kaum angerührt haben. Wir sind arm inmitten von Überfluss einfach aufgrund unserer eigenen einschränkenden Gedanken.

Wir sind dabei zu entdecken, dass Gedanken Dinge sind, dass sie eng in das Leben eingebunden sind und einen Teil des Charakters bilden und dass, wenn wir Gedanken des Mangels hegen, wenn wir uns vor Armut fürchten, davor, in Not zu geraten, dieser Armutsgedanke direkt in die Struktur unseres Lebens eingeht und uns zu dem Magnet macht, der noch mehr Armut anzieht.

Wir sollten es nicht so schwer damit haben, unseren Lebensunterhalt zu verdienen, es war nicht beabsichtigt, dass es uns nur gerade eben gelingt, durchzukommen, dass wir uns einige wenige Annehmlichkeiten erarbeiten, beinahe unsere ganze Zeit damit verbringen, für unser tägliches Brot zu sorgen, anstatt etwas aus unserem Leben zu machen. Uns war ein reiches, erfülltes, freies, schönes Leben bestimmt.

Wenn wir an dem Gedanken an Wohlstand festhalten würden, unserem Geburtsrecht, das wir als Kinder haben, dann wäre unsere Sorge für den Lebensunterhalt, ebenso wie bei Kindern, eine bloße Nebensache in unserer Lebensgestaltung.

Entschließen Sie sich dazu, dem Armutsgedanken den Rücken zu kehren und unbeirrt Reichtum zu erwarten, hartnäckig am Gedanken an Wohlstand, dem Ideal des Überflusses, der Ihrer Natur eigen ist, festzuhalten, zu versuchen, in der Verwirklichung von Fülle zu leben, sich tatsächlich reich, wohlhabend zu fühlen. Dies wird Ihnen helfen, das Ersehnte zu erreichen. Dem starken Wunsch wohnt eine schöpferische Kraft inne.

Tatsache ist, dass die Welt, in der wir leben, unser eigenes Werk ist: Wir sind die Schöpfungen, die Ergebnisse unseres Denkens. Jeder von uns errichtet seine eigene Welt nach seinen Denkgewohnheiten. Wir können uns mit einer Atmosphäre des Überflusses oder des Mangels, der Fülle oder der Not umgeben.

Wir wurden geschaffen, um aufzusteigen, nach oben zu schauen und nicht nach unten. Wir wurden für große Dinge geschaffen, nicht dazu, uns in Armut abzuquälen.

Es ist nicht das Leben oder die Umstände, sondern es ist die Armutshaltung, die Beschränktheit unseres Denkens, die uns einengt.

Wenn wir lernen würden, bedingungslos darauf zu vertrauen, dass das Leben eine Quelle der Grenzenlosen Versorgung ist, die immer Saatzeit und Ernte mit sich bringt, würden wir nie Not erleben.

Aber die meisten von uns sind überhaupt nicht von ihren Möglichkeiten überzeugt, erwarten gar nichts von sich selbst. Wir fordern den Reichtum nicht ein, der uns gehört und uns zusteht, daher die Bedürftigkeit, der Mangel an Fülle, die Unvollkommenheit unseres Lebens. Wir fordern nicht *königlich* genug ein. Wir geben uns mit zu wenigen der lohnenden Dinge zufrieden. *Wir sollten ein Leben in Fülle leben,* wir sollten genügend von allem, was gut für uns ist, haben. Niemand ist zu einem Leben in Armut und Elend bestimmt. *Der Mangel an etwas, was wünschenswert ist, ist dem Wesen eines jeden Menschen nicht eigen.*

Hegen Sie den Gedanken, dass Sie eins sind mit Ihren Wünschen, dass Sie im Einklang mit ihnen sind, damit Sie sie in Ihr Leben ziehen können. Konzentrieren Sie nachdrücklich Ihr Denken darauf. Zweifeln Sie nie an Ihre Fähigkeit, das Gewünschte zu bekommen, und Sie werden sich darauf zubewegen.

Armut ist in den meisten Fällen eine geistige Krankheit. Wenn Sie darunter leiden, wenn Sie ein Opfer von ihr sind, werden Sie überrascht sein, wie schnell sich Ihr Zustand verbessern wird, wenn Sie Ihre Geisteshaltung ändern. Statt an der einengenden Armutsvorstellung festzuhalten, wenden Sie sich dem Wohlstand und dem Überfluss zu, der Freiheit und dem Glück.

Wohlstand stellt sich durch einen völlig systematischen geistigen Prozess ein. Diejenigen, die zu Wohlstand gelangen, sind davon *überzeugt*, dass sie wohlhabend *sein* werden. Sie glauben an ihre Fähigkeit, das große Geld zu machen. Sie machen sich nicht voller Zweifel und Ängste auf den Weg – und reden dann die ganze Zeit über Armut, denken an Armut, gehen wie ein Armer und kleiden sich wie ein Armer. Sie wenden das Gesicht der Sache zu, um die sie sich bemühen und die sie unbedingt haben wollen, und lassen nicht zu, dass sich gegenteilige Vorstellungen in ihrem Geist einnisten.

In den Vereinigten Staaten leben unzählige Menschen, die schwer arbeiten, aber jede Hoffnung auf Wohlstand verloren haben.

Einige erhalten den Zustand ihrer Armut durch die *Angst* vor Armut aufrecht, erlauben es sich, bei der Möglichkeit, in Not zu geraten, niemals genug zu haben, zu verweilen.

Die panische Angst vor Armut, die ständige Sorge darum, mit seinem Geld auszukommen, die Furcht vor diesem schrecklichen »Notfall«, wird

Sie nicht nur unglücklich machen, sondern auch tatsächlich unfähig dafür, sich in eine bessere finanzielle Lage zu bringen. Indem Sie solche Gedanken mit sich herumtragen, vergrößern Sie lediglich eine Last, die bereits zu schwer für Sie ist.

Gleichgültig, wie düster die Aussichten oder wie beschränkt Ihre Verhältnisse auch sein mögen, weigern Sie sich entschieden, irgendetwas zu sehen, was ungünstig für Sie ist, jegliche Bedingung, die dazu führt, Sie zu versklaven, alles, was Sie davon abhalten könnte, das *Beste* in Ihnen zum Ausdruck zu bringen.

Mit welcher Philosophie können wir erwarten, dass Armutsgedanken, Gedanken an Mangel und Not, zu Wohlstand führen? Unsere Verhältnisse werden unseren Haltungen und Idealen entsprechen. Wir neigen dazu, das zu bekommen, was wir erwarten, und wenn wir nichts erwarten, werden wir auch nichts bekommen. Der Fluss kann nicht höher ansteigen als seine Quelle; niemand kann wohlhabend werden, wenn er damit rechnet oder halbwegs damit rechnet, arm zu bleiben.

Sagen Sie sich nicht: »Was hat das überhaupt für einen Zweck? Die großen Konzerne vernichten alle Chancen. Bald wird die breite Masse für die wenigen arbeiten müssen. Ich glaube nicht, dass ich jemals zu mehr in der Lage sein werde, als ein sehr bescheidenes Einkommen zu finden. Ich werde nie ein eigenes Haus und die Dinge besitzen, die andere Leute haben. Ich bin dazu bestimmt, arm und ein Niemand zu sein.« Mit solchen Idealen werden Sie es im Leben zu nichts bringen.

Die Menschen, die Reichtum erwarten, *bringen gedanklich unentwegt Geld hervor, errichten in ihren Gedanken ihr finanzielles Gebäude.* Zuerst muss ein mentales Bild von Reichtum existieren. Schließlich entsteht ein Bauwerk mit all seinen Einzelheiten auch erst einmal im Geiste des Architekten. Der Bauunternehmer stellt, um die Idee zu verwirklichen, bloß noch die Steine, die Ziegel und andere Materialien bereit.

Wir alle sind Architekten. Allem, was wir im Leben unternehmen, geht eine Art von Plan voraus.

Es erfordert ein viel geringes Maß an Geschicktheit, das Material für eine Idee zur Verfügung zu stellen, als die Idee, das geistige Bild, *zu entwickeln.*

Das hat nichts mit müßigen Träumereien zu tun. Es ist geistiges Planen, gedankliches Konstruieren. Der *wahre* Träumer ist einer, der glaubt, der es zu etwas bringt.

Derjenige, der wenig oder kein Eigentum besitzt, ist nicht arm, sondern derjenige, der in Ideen, in Neigungen, der Wahrnehmungsfähigkeit, in Empfindungen von Armut beherrscht wird. Die wahren Armen sind diejenigen, die in ihren Meinungen über sich selbst, über ihr Schicksal, ihre Fähigkeit zum Emporkommen von Armut befallen sind – die das Verbrechen begehen, sich selbst gering zu schätzen.

Es ist *geistige* Armut, die uns arm macht.

Die Erfolgsmenschen machen verhältnismäßig wenig mit den Händen – sie arbeiten mit dem Kopf. Sie sind praktische Träumer. Sie greifen gedanklich in den unendlichen Energie-Ozean und kreieren ihre Gelegenheiten – genauso wie der Same in den unendlichen fruchtbaren Boden um sich herum greift und den Baum hervorbringt.

Um wohlhabend zu sein, müssen wir uns in eine wohlhabende Haltung versetzen. Übertriebenes Sparen durch Knapsen und Knausern lässt sich, was die Effektivität betrifft, nicht vergleichen mit den Ergebnissen, die sich einstellen, wenn man den Gesetzen der Fülle folgt. Wir müssen großzügig denken. Unsere geistige Haltung zu dem Ziel, das wir anstreben, und die intelligente Anstrengung, die wir aufbieten, um es zu verwirklichen, werden letzten Endes unserer Errungenschaft als Maßstab dienen.

Wir müssen uns in unserem Denken reich fühlen. Wir müssen in unserer Körperhaltung und unserem Verhalten Selbstvertrauen und Zuversicht ausstrahlen.

Wir gehen in die Richtung dessen, worauf wir uns konzentrieren. Wenn wir uns auf Armut konzentrieren, wenn Not und Mangel unsere Gedanken beherrschen, müssen ärmliche Bedingungen das Ergebnis sein.

Bevor wir also äußere Armut überwinden können, müssen wir die innere geistige Armut besiegen.

TEIL III

DIE GEWOHNHEIT
DES REICHTUMS

20

Sich von Armut freimachen

Das Ringen darum, sich von Armut zu befreien, ist der große Förderer von Charakter und Fortschritt der Menschheit. Wären alle mit einem silbernen Löffel im Mund geboren – hätte keine Notwendigkeit bestanden, sie zum Arbeiten zu drängen –, dann würde die Menschheit noch immer in den Kinderschuhen stecken. Wäre jeder Amerikaner reich geboren, dann würde es in diesem Land wie im finsteren Mittelalter aussehen. Die unermesslichen Ressourcen wären noch nicht erschlossen, das Gold würde immer noch in den Minen stecken, und es gäbe unsere Großstädte nicht, sondern nur Wälder und Steinbrüche. Die Zivilisation verdankt dem ewigen Kampf des Einzelnen um die Überwindung von Armut mehr als allem anderen. Wir sind so beschaffen, dass wir unsere größten Anstrengungen unternehmen und unser Bestes geben, während wir uns abmühen, das zu erreichen, wonach unser Herz sich sehnt. Für die meisten Menschen ist es praktisch unmöglich, die größten Anstrengungen aufzubieten, wenn es nicht dringend erforderlich ist. Es ist die ständige Notwendigkeit, ihre Lage zu verbessern, die die Einzelnen ansporte und vorwärtstrieb und die Ausdauer und den lauteren Charakter der ganzen Menschheit formte und entwickelte. Die Geschichte ist voller Berichte über das Scheitern von Männern und Frauen, die wohlhabend angefangen haben – und sie wird erhellt von den Beispielen derer, die alles dem Ansporn der Not zu verdanken haben.

Ein Blick auf die Geschichte der Vereinigten Staaten von Amerika zeigt, dass die große Mehrheit der erfolgreichen Männer und Frauen, egal auf welchem Gebiet, klein angefangen hat: Benjamin Franklin, Alexander Hamilton, Andrew Jackson, Henry Clay, Daniel Webster, Abraham Lincoln, Horace Mann, George Peabody, Ulysses S. Grant, James A. Garfield, Charlotte Brontë, Lillian Nordica, Louisa Alcott – um nur einige der großen Namen der vergangenen Generationen zu nennen – stiegen aus unerträglichen Verhältnissen und bitterster Armut zu Ruhm und Ehre auf.

Größe wurde in erster Linie durch den Stachel der Not, eines dringenden Bedürfnisses – durch den Wunsch, das meiste aus sich zu machen – vorangetrieben.

»Diejenigen, die das Pech haben, die Kinder reicher Eltern zu sein, sind im Rennen stark benachteiligt«, meinte Andrew Carnegie. »Die große Mehrheit der Kinder reicher Eltern ist unfähig, den Versuchungen zu widerstehen, denen sie infolge des Reichtums ausgesetzt sind, und sie sacken zu einem unwürdigen Leben ab. Von dieser Klasse hat der arme Anfänger keine Rivalität zu befürchten. Die Söhne oder Töchter des Partners werden Ihnen nie große Probleme bereiten. Aber nehmen Sie sich davor in Acht, dass der Junge oder das Mädchen, die ärmer, sehr viel ärmer als Sie selbst sind, deren Eltern ihnen keine Schulbildung ermöglichen konnten, Sie nicht kurz vor dem Ziel herausfordert und an der Haupttribüne überholt. Nehmen Sie sich vor dem Kind in Acht, das sich direkt von der High School in die Arbeit stürzen muss und anfängt, das Büro auszufegen. Er oder sie ist wahrscheinlich das Dark Horse, das das ganze Geld gewinnen und den ganzen Beifall ernten wird.«

Ein Jugendlicher, der im Luxus geboren und aufgezogen wurde, der sich immer auf andere verlassen hat, der niemals gezwungen war, sich seinen Weg nach oben zu kämpfen, der von klein auf verhätschelt wurde, entwickelt selten große Ausdauer oder Stehvermögen. Er gleicht oft den schwachen Schösslingen im Wald im Vergleich zu der riesigen Eiche, die von der Eichel bis zu ihrer jetzigen Größe sich Zoll für Zoll durchkämpfen musste, indem sie Stürmen und Unwettern trotzte.

Diejenigen, die wissen, dass ein Vermögen auf sie wartet, sagen sich nur allzu oft: »Was soll das für einen Zweck haben, frühmorgens aufzustehen und sich die Seele aus dem Leib zu arbeiten? Ich werde später genug Geld haben, sodass für mich ausgesorgt ist, solange ich lebe.« Also drehen sie sich um und schlafen weiter, während die, die nichts in der Welt haben außer sich selbst, worauf sie sich verlassen können, den Stachel der Notwendigkeit spüren, der sie morgens aus dem Bett treibt. Sie wissen, dass ihnen keine andere Möglichkeit bleibt, als zu kämpfen. Sie haben niemanden, auf den sie sich verlassen können – niemanden, der ihnen hilft. Sie wissen, dass es darum geht, entweder ein Niemand zu sein oder, um durchzukommen, aufzustehen und mit Hochdruck zu arbeiten.

Kraft resultiert aus dem Überwinden von Zwang. Der Gigant erstarkt dadurch, dass er mit Schwierigkeiten ringt. Jemand, der nicht kämpfen und gegen Hindernisse angehen muss, kann unmöglich Kraft und Ausdauer entwickeln. »Ohne Prüfung zu leben bedeutet, nur als halber Mensch zu sterben.«

Charakterstärke ist etwas, was aus überwundenen Hindernissen herausgepresst werden muss. Das Leben ist eine große Turnhalle, und niemand, der auf einem Stuhl sitzt und sich die Barren und andere Sportgeräte anschaut, wird sich Muskeln oder Ausdauer aneignen.

Und wie viele Eltern versuchen trotzdem, die Turnübungen für ihre Söhne und Töchter zu machen, während die Kinder auf den weichen Bänken oder in Sesseln sitzen und ihnen dabei zusehen!

Ist es nicht merkwürdig, dass so viele wohlhabende Leute, die stolz darauf sind, etwas aus sich gemacht zu haben, die es als das größte Glück der Welt erachten, dass sie ganz auf sich gestellt waren, die großen Wert auf die Tatsache legen, dass sie gezwungen waren, Selbstständigkeit, Ausdauer und Selbstvertrauen zu entwickeln, sich dann solche Mühe geben, um ihre Kinder davor zu bewahren, die gleichen Erfahrungen zu machen? Ist es nicht merkwürdig, dass sie Krücken bereitstellen, sodass es für ihre Kinder noch schwieriger sein wird, ohne fremde Hilfe zu laufen? Dass sie ihren Kindern die stärkstmögliche Triebfeder für die Entfaltung von Stärke wegnehmen, indem sie das Streben nach etwas unnötig machen, indem sie jeden Wunsch erfüllen und sie von allen Seiten mit Reichtum beschützen?

Ein berühmter Künstler antwortete auf die Frage, ob seiner Ansicht nach ein junger Mann, der bei ihm lernte, ein großer Maler werden würde:

»Nein, nie. Er hat ein jährliches Einkommen von sechstausend Pfund.«
Dieser Künstler wusste, dass der große Kampf gegen Hindernisse und
Schwierigkeiten Kraft und Stärke erzeugt – wie schwer es ist, einen starken
Charakter im Sonnenschein von Reichtum heranzubilden.

Wie viele junge Einwanderer sind nach Amerika gekommen, ungebildet,
der Sprache nicht mächtig, ohne Freunde und völlig mittellos, und trotzdem sind sie zu hohen Positionen und Reichtum aufgestiegen und beschä-
men damit Zehntausende von gebürtigen jungen Amerikanern, die jeden
Vorteil von Reichtum, Bildung und Chancen besaßen, aber von denen
man nie etwas gehört hat!

Ich befürworte nicht die Segnungen der Armut und betrachte sie nicht
als etwas Endgültiges. Armut hat keinen Wert, abgesehen davon, dass sie
eine günstige Ausgangsposition bietet. Sie ist nur so gut wie die Geräte in
der Turnhalle – um den Einzelnen zu fördern. Armut an sich ist ein Fluch
– Sklaverei. Das Größte daran ist, von ihr *wegzukommen*. Und dieses Wegkommen von ihr – wenn ehrlich und gewissenhaft vollzogen – ist es, was
den Einzelnen aufweckt, was den menschlichen Giganten zutage treten
lässt.

Wir erkennen nicht immer sofort, dass das, was wir nebenbei auf dem
Weg von der Armut weg nach oben erhalten, entschieden besser und wertvoller ist als die von uns angestrebte Sache – dass die Bildung eines starken Charakters in dem großen Kampf gegen die Not tausendmal wertvoller ist als das, was erreicht wird, sei es der Lebensstil, das Geld oder das
Eigentum.

Der ehemalige US-Präsident Grover Cleveland, der einst ein armer Angestellter mit einem Jahresgehalt von fünfzig Dollar war, sagte, als er von
Armut als einem Förderer sprach: »Zweifellos ist die Entwicklung von
Charaktereigenschaften und die Stimulierung der Kräfte des wahren Charakters auf eine derart durchgreifende und zwingend wirksame Weise nur
möglich durch die Kombination von gut angepasster Ambition und den
heilsamen Unbilden der Armut.«

Der Schüler, der am härtesten für eine Schulbildung kämpfen muss, ist
es, der die größte Disziplin erlangt und den größten Nutzen daraus zieht.

Die »geborenen guten Schüler«, die nur eine Lektion überfliegen müssen, um den Inhalt zu verstehen und imstande zu sein, eine Prüfung darüber zu bestehen, schöpfen nur halb so viel Gewinn aus ihrem Studium als diejenigen, die für alles, was sie bekommen, hart arbeiten müssen. In der Regel ist es nicht der junge Mensch, der über ein regelmäßiges Einkommen verfügt und dem jedes Bedürfnis durch nachsichtige Eltern befriedigt wird, der das Beste aus seinem Studium herausholt, sondern derjenige, der sich durcharbeiten muss, der sich abplagen und seine Ausgaben selbst bestreiten muss, um nicht ohne Ausbildung dazustehen.

Was würde der Durchschnittsmensch tun, wenn er nicht aus Not zum Arbeiten gezwungen wäre – wenn er nicht genötigt wäre, sich anzustrengen, um die Dinge zu bekommen, die er sich wünscht? Nicht einer von Zehntausend würde den Kampf gegen die Armut durchmachen – das Ringen mit der Not –, nur um den Charakter zu formen und an Stärke zu gewinnen.

Dadurch, dass uns also die scharfsinnige Natur dazu veranlasst, über eine Zwangslage zu bekommen, was wir uns am meisten wünschen, erreicht sie ihre großen Ziele: die Entwicklung der Zivilisation und die des Charakters. Sie interessiert sich keinen Deut für finanzielles Gedeihen. Es ist das Gedeihen der Menschheit und der Zivilisation, worauf es ihr ankommt. Der Besitz, die Position, was uns so viel bedeutet, ist belanglos für sie. Es geht ihr um den *Charakter*. Und daher, um ihr Werk zu vervollkommnen, erlegt sie uns die härteste Schule der Disziplin auf und bildet uns jahrelang in der großen Universität der Erfahrung aus.

21

Ein festes Ziel

Um erfolgreich zu sein, um wohlhabend zu werden, müssen Sie alle Ihre Geisteskräfte auf ein festes Ziel bündeln und eine Zielstrebigkeit besitzen, die nur Tod oder Sieg zulässt. Jede Neigung, die Sie von Ihrem Ziel entfernt, muss unterbunden werden.

New Jersey besitzt viele Häfen, aber sie sind alle so seicht und schmal, dass der Schiffsverkehr des gesamten Bundesstaates ziemlich unbedeutend ist. Dagegen verfügt New York nur über einen einzigen Seehafen, aber dieser ist so breit, tief und groß, dass er eine führende Rolle in Amerikas Handelsschifffahrt spielt. Von hier laufen Schiffe zu allen Häfen der Welt aus, während sein Nachbar auf den Binnenverkehr beschränkt ist.

Ein Mensch kann bei einem Dutzend halb gelernter Tätigkeiten oder Berufe Not leiden, während ein anderer vielleicht reich und berühmt wird, obgleich er nur einen Beruf hat, auch wenn es der einfachste ist, diesen aber hundertprozentig beherrscht.

Bekanntermaßen geht Erfolg mit Konzentrationsfähigkeit, mit einer Zielstrebigkeit einher, die alles, was außerhalb des gefassten Plans liegt, außer Acht lässt.

»Warum führst du so ein einsames Leben?«, wurde Michelangelo von einem Freund gefragt. »Die Kunst ist eine eifersüchtige Herrin«, erwiderte der Künstler. »Sie fordert den ganzen Mann.« Disraeli zufolge weigerte er sich während seiner Arbeit an der Sixtinischen Kapelle, irgendjemanden zu treffen, selbst in seinem eigenen Haus.

Auf eine Anzeige hin schickte ein New Yorker Sportler fünfundzwanzig

Cent als sichere Methode mit, um die Streuung einer Schrotflinte zu verhindern. Er erhielt folgendes Schreiben: »Sehr geehrter Herr: Legen Sie,
um die Streuung einer Flinte zu verhüten, nur eine einzige Schrotkugel ein.«

Victor Hugo schrieb seinen *Glöckner von Notre-Dame* während der Revolution von 1830, als die Gewehrkugeln mitten durch seinen Garten pfiffen.
Er sperrte sich in ein Zimmer ein, schloss seine Kleidung weg, damit er
nicht in Versuchung kam, hinaus auf die Straße zu gehen, und verbrachte
die meiste Zeit jenes Winters eingehüllt in eine große graue Steppdecke,
und dabei ließ er sein schieres Leben in sein Werk einfließen.

Adam Smith verwendete zehn Jahre auf den *Wohlstand der Nationen*.
Gibbon brauchte zwanzig Jahre für seinen *Verfall und Untergang des Römischen Reiches*. Hume arbeitete dreizehn Stunden täglich an seiner *Geschichte
von England*. Webster widmete seinem Wörterbuch sechsunddreißig Jahre.
Cyrus Field überquerte fünfzig Mal den Atlantischen Ozean, um ein
Kabel zu legen, während alle Welt über ihn spottete. Newton schrieb seine
Chronology of Ancient Kingdoms sechzehn Mal. General Ulysses Grant
sagte, dass er beabsichtigte, »es an dieser Front auszufechten, und wenn es
den ganzen Sommer dauern sollte«.

Die Schwächsten können, wenn sie ihre Fähigkeiten auf eine Sache konzentrieren, große Leistungen vollbringen; die Stärksten bringen, indem sie
ihre Fähigkeiten auf viele Projekte verteilen, möglicherweise überhaupt
nichts zustande. Wassertropfen um Wassertropfen, die stetig fallen, höh-
len den härtesten Stein aus, während der heftige Sturm, wie Carlyle dar-
legt, lärmend und tobend über ihn vorüberzieht – aber keine Spur zurücklässt.

Ein Mensch mit einem Talent, der sich einem festen, klaren Ziel ver-
schreibt, erreicht mehr als andere mit zehn Talenten, die ihre Energien verzetteln und nie genau wissen, was sie eigentlich wollen.

Ein großes Ziel hat eine kumulative Wirkung; und einem starken Magnet
gleich zieht es am Strom des Lebens entlang alles an, was ihm entspricht.

Wissenschaftler schätzen, dass genügend Energie auf einer Sonnen-
scheinfläche von etwa 200 Quadratkilometern zur Verfügung stünde, um
alle Maschinen der Welt zu betreiben, wenn man sie konzentrieren könnte.

Aber die Sonne brennt auf die Erde, ohne etwas in Brand zu setzen. Werden ihre Strahlen jedoch mithilfe eines Vergrößerungsglases gebündelt, kann sie harten Granit schmelzen oder gar einen Diamanten in Dampf verwandeln.

Eingemeißelt auf das Grab eines enttäuschten, gebrochenen Monarchen, Joseph II. von Österreich, in der Kaisergruft in Wien, erzählt uns ein Reisender, sei diese Inschrift: »Hier ruht ein Monarch, der trotz bester Absichten nicht einen einzigen Plan ausführte.«

In Paris pries sich ein gewisser Monsieur Kenard als »öffentlicher Schreiber, der Rechnungen ordnet, die Sprache der Blumen erklärt und Pommes frites verkauft« an.

Ein unklares Ziel, Unschlüssigkeit hat keinen Platz im Leben. »Geistige Hilflosigkeit« ist die Ursache vieler Fehlschläge. Die Welt ist voller erfolgloser Menschen, die ihr Leben damit verbringen, leere Eimer in leere Brunnen herabzulassen.

»Mr A. macht sich oft lustig über mich«, erzählte ein junger amerikanischer Physiker, »weil ich nur eine Idee habe. Er redet über alles, beabsichtigt, sich in vielen Dingen hervorzutun; aber ich habe gelernt, dass ich, wenn mir jemals der Durchbruch gelingen sollte, meine Munition unentwegt auf ein Ziel abfeuern muss.« Wenige Jahre danach stellte er elektromagnetische Experimente in Gegenwart von englischen Earls an und später stand er an der Spitze eines der größten wissenschaftlichen Institute der USA. Die Rede ist von dem verstorbenen Professor Joseph Henry der Smithsonian Institution, Washington.

»Man soll sich vor einem Talente hüten, das man in Vollkommenheit auszuüben nicht Hoffnung hat«, heißt es bei Goethe.

George Eliot meinte über die Jahre der konzentrierten Arbeit an *Romola*: »Ich begann damit als junge Frau und beendete es als alte Frau.«

Es ist das eine Ziel, mit dem der Sieg errungen wird.

Die Welt macht immer den Menschen mit einer inneren Bestimmung Platz.

Dieses Zeitalter der Konzentration braucht keine Menschen, die lediglich gebildet sind, keine Genies, keine Hansdampfe in allen Gassen, sondern solche, die nicht nur wissen, wie man etwas bewerkstelligt, sondern auch, dass es bewerkstelligt werden kann.

Beharrlicher, unermüdlicher Einsatz der Fähigkeiten in Verbindung mit einem zentralen Ziel verleiht Kraft und Stärke. Der Gebrauch von Fähigkeiten, ohne dass ein Ziel oder eine Absicht vorhanden ist, schwächt sie nur. Der Geist muss auf ein bestimmtes Ziel ausgerichtet werden oder er wird wie ein Triebwerk ohne eine Unruh zugrunde gehen.

Finden Sie Ihr Ziel und halten Sie daran fest.

Sich von einer Art Beschäftigung zur nächsten treiben lassen, von allem ein bisschen lernen, aber nichts richtig, wird niemals zu einem üppigen Leben führen, geschweige denn zu einem guten Auskommen – und Reichtum steht völlig außer Frage.

Wohlhabend zu sein bedeutet, seinen Bereich zu finden und ihn auszufüllen, sich in seine Stelle einzuarbeiten und sie zu beherrschen.

Und dennoch, trotz der Tatsache, dass fast alle wohlhabenden Menschen sich eine Sache zur Lebensaufgabe gemacht haben, erleben wir, wie Hunderte von Männern und Frauen von einer Beschäftigung zu einer anderen übergehen, von einer Branche zu einer anderen, heute die eine Tätigkeit ausüben und morgen eine andere – gerade so, als könnten sie von einer Sache zu einer anderen wechseln, indem sie einen Schalter betätigen, als ob sie genauso gut auf einem anderen Weg laufen könnten wie auf dem, den sie gerade verlassen haben. Diese Unbeständigkeit, diese Tendenz, von einer Beschäftigung zur nächsten zu wechseln, scheint für das amerikanische Leben typisch zu sein, und zwar in einem solchen Maße, dass, wenn zwei Menschen sich nach längerer Zeit wiedertreffen, die üblichste Frage, die sie sich stellen, folgende ist: »Was machst du gerade?« – was die Unwahrscheinlichkeit oder Ungewissheit zeigt, dass beide im Moment die gleiche Tätigkeit ausüben wie zu der Zeit ihrer letzten Begegnung.

Aber einfach »ewig dranzubleiben« ist kein Maßstab für Erfolg oder Wohlstand. Die Erfolgreichen haben ein Programm. Sie bestimmen ihren Kurs und halten daran fest. Sie schmieden ihre Pläne und führen sie aus. Sie werden nicht jedes Mal, wenn ihnen eine Schwierigkeit in den Weg gelegt wird, in die eine oder andere Richtung gedrängt. Wenn sie ein Problem nicht lösen können, stehen sie es durch.

»Wir setzten unsere Fahrt in westlicher Richtung fort«, das waren die simplen, aber großartigen Worte, die Kolumbus Tag für Tag in sein Logbuch notierte. Die Hoffnung konnte zunehmen und abnehmen, Angst und Entsetzen konnten die Mannschaft ergreifen angesichts der mysteriösen Missweisungen des Kompasses, aber Kolumbus behielt unbeirrt stets den Kurs nach Westen bei und fügte nachts seinen Aufzeichnungen die oben zitierten Worte hinzu.

Ohne einen Plan zu handeln ist genauso töricht, wie ohne Kompass in See zu stechen. Ein Schiff, dessen Ruder mitten im Ozean zerbricht, kann wohl »ewig dranbleiben«, kann vielleicht mit Volldampf weiter herumfahren, aber es wird nirgendwo ankommen, es wird niemals einen Hafen erreichen, sofern nicht durch Zufall. Und falls es einen Hafen finden sollte, ist seine Ladung für die Menschen, das Klima oder die Bedingungen, unter denen es zufällig dahingetrieben ist, möglicherweise gar nicht geeignet.

Das Schiff muss Kurs auf einen genau festgelegten Hafen nehmen, für den seine Ladung bestimmt ist, dorthin, wo Bedarf an den Waren herrscht, und es muss ohne Unterbrechung auf diesen Hafen zusteuern – bei Sonnenschein und Unwetter, bei Sturm und Nebel.

Wenn Sie Wohlstand finden wollen, dürfen Sie also auch nicht ruderlos auf dem Ozean des Lebens umhertreiben. Sie müssen nicht nur direkt auf Ihren festgelegten Hafen zusteuern, wenn das Meer ruhig ist, wenn die Strömungen und Winde günstig sind, sondern Sie müssen den Kurs auch gegen schneidenden Wind und den Sturm halten, und auch dann, wenn Sie in die Dunkelheit der Enttäuschung und die Nebel der Widerstände gehüllt sind.

In den Steppen Südamerikas wächst eine Blume, die sich immer in dieselbe Richtung neigt. Wenn Reisende sich verirren und weder Kompass noch Karte dabeihaben, finden sie in dieser Blume einen Führer, nach dem sie sich orientieren können, auf den sie sich absolut verlassen können; denn gleichgültig, wie der Regen niedergeht oder der Wind weht, ihre Blätter zeigen stets nach Norden. Auf ähnliche Weise muss die Nadel Ihres

Kompasses immer nach dem Polarstern Ihrer Hoffnungen weisen. Dann wird, was immer auch kommen mag, Ihr Leben nicht ziellos sein: Ein Wrack, das es in den Zielhafen schafft, ist viel erfolgreicher als ein voll getakeltes Schiff mit prallen Segeln und unversehrten Masten und Tauen, das zufällig in irgendeinen Hafen treibt.

Zugegeben, es ist nicht leicht, ein Wanderleben zu beenden und dem Leben eine Richtung zu geben, aber ein Leben ohne klare Zielvorstellung wird zweifellos mit leeren und sinnlosen Träumen vergeudet werden.

Bloße Energie ist nicht genug; sie muss auf ein festes, unerschütterliches Ziel ausgerichtet werden. Was kommt häufiger vor als »erfolglose Genies« oder Versager mit »beeindruckenden Talenten«? Tatsächlich ist der Ausdruck »unbelohntes Genie« zu einem Sprichwort geworden.

In jeder Stadt leben erfolglose Bürger, die gebildet und begabt sind. Aber Bildung hat keinen Wert, Talent ist bedeutungslos, sofern es nichts ausrichten kann, nichts erreichen kann.

Was dieses Zeitalter braucht, das sind Männer und Frauen, die sich einer Sache annehmen können, ohne ihre Identität oder Individualität zu verlieren – ohne engstirnig, verkrampft oder schwach und klein zu werden. Nichts kann den Platz eines ganz und gar erfüllenden Ziels einnehmen; Bildung nicht, Genialität nicht, Talent nicht, Fleiß nicht, Willenskraft nicht. Das ziellose Leben ist immer wieder zum Scheitern verurteilt.

Wozu sind Fähigkeiten, Begabungen gut, wenn wir sie nicht für ein Ziel nutzen können? Was soll einem Tischler eine Kiste mit Werkzeug nützen, wenn er damit nicht umzugehen weiß? Eine Universitätsausbildung, ein Kopf vollgestopft mit Wissen, ist für diejenigen, die dieses Wissen nicht für ein klares Ziel einzusetzen vermögen, von geringem Wert.

Die Menschen, die in diesem kurzen Leben vorwärtskommen wollen, müssen sich ihren Kräften mit solch einer Konzentration widmen, dass es für müßige Zuschauer, die nur fürs Vergnügen leben, wie Wahnsinn aussieht.

Christus wusste, dass das Leben von einer Neigung beherrscht wird, als er sagte: »Niemand kann zwei Herren dienen.«

Eine besondere Neigung, ein Ziel muss in uns den höchsten Stellenwert einnehmen. Auf allen großen Gemälden der Meister findet sich ein Gedanke oder eine Figur, die sich kühn von allem anderen abhebt. Alle anderen Gedanken oder Figuren auf der Leinwand sind ihr untergeordnet, aber indem sie die Aufmerksamkeit auf den Hauptgedanken lenken, finden sie ihren wahren Ausdruck.

Man kann untergeordnete Pläne haben, aber nur ein einziges überragendes, höchstes Ziel. Und von diesem Ziel werden alle anderen Ziele, die wir uns vielleicht setzen, ihr Gepräge annehmen.

»Gib dir Mühe und komm als bedeutende Persönlichkeit zurück«, verabschiedete sich Léon Gambettas zuversichtliche Mutter, als sie ihn nach Paris zur Schule schickte. Die Armut plagte ihn sehr in seinem kleinen Arbeitszimmer im Dachgeschoss, und seine Kleider waren abgetragen. Aber was machte das schon? Er hatte die Entscheidung getroffen, im Leben weiterzukommen. Jahrelang war er an seinen Schreibtisch gekettet und arbeitete wie besessen. Schließlich kam seine Chance. Jules Favre sollte an einem bestimmten Tag einen wichtigen Fall vor Gericht vertreten, aber da er erkrankte, wählte er diesen jungen Mann, der gänzlich unbekannt, schroff und ungehobelt war, dazu aus, seinen Platz einzunehmen. Viele Jahre lang hatte sich Gambetta auf eine solche Chance vorbereitet, und er war dieser Aufgabe gewachsen, denn er hielt eine der glänzendsten Reden, die bis zu jenem Zeitpunkt in Frankreich je vorgetragen wurden. An jenem Abend lobten alle Zeitungen in Paris diesen zerlumpten, ungehobelten Bohemien in den höchsten Tönen, und bald darauf erkannte ganz Frankreich ihn als seinen republikanischen Anführer an.

Sein plötzlicher Aufstieg verdankte er nicht dem Glück oder Zufall. Er hatte unbeirrt genau auf eine solche Gelegenheit hingearbeitet und sich gegen jegliche Widerstände und Armut nach oben gekämpft. Wäre er dem nicht gewachsen gewesen, hätte er sich nur lächerlich gemacht. Was für ein großer Schritt: gestern noch arm und unbekannt, in einer Dachkammer hausend; heute gewähltes Mitglied der Deputiertenkammer in Marseilles und der große republikanische Anführer! Die Klatschmäuler Frankreichs hatten seinen Namen noch nie zuvor gehört. Er war aus dem Priesterseminar ausgeschlossen worden, denn dort hatte er als gänzlich ungeeignet für das Priesteramt und als völlig unkontrollierbar, nicht erziehbar, gegolten. Binnen zwei Wochen stieg dieser zerlumpte Sohn eines italienischen Lebensmittelhändlers in der Kammer auf und nahm aktiv an der Beseitigung der napoleonischen Dynastie und der Ausrufung der Republik teil.

Nachdem Napoleon bei Sedan geschlagen wurde und sein Schwert Wilhelm I. von Preußen übergeben hatte und die preußische Armee auf Paris marschierte, verließ Gambetta die belagerte Stadt in einem Heißluftballon, konnte den preußischen Feuerwaffen nur knapp entkommen, landete in Amiens und stellte mit fast übermenschlichem Geschick drei 800 000 Mann starke Armeen auf, sorgte für ihren Unterhalt und leitete ihre militärischen Operationen. Ein deutscher Offizier sagte: »Diese ungeheure Tatkraft ist das bemerkenswerteste Ereignis in der neuzeitlichen Geschichte und wird dafür sorgen, dass Gambettas Name noch lange der Nachwelt erhalten bleibt.«

Dieser junge Mann, der in einer Dachkammer über seinen Büchern brütete, während andere Gleichaltrige auf den Champs-Élysées promenierten, war nun, gerade einmal zweiunddreißig Jahre alt, praktisch Diktator von Frankreich und der brillanteste Redner in der Republik. Trotzdem verlor er nicht den Kopf angesichts seiner schlagartigen Berühmtheit. Er lebte weiterhin in seiner Mansarde im modrigen Quartier Latin und blieb ein armer Mann ohne den Makel der Schande, obwohl er ohne weiteres Millionär hätte werden können. Als Gambetta starb, schrieb der *Figaro*: »Die Republik hat ihren bedeutendsten Mann verloren.«

Es ist das große Ziel, das dem Leben Sinn verleiht. Es bündelt all unsere Kräfte, vereinigt sie in einem Strang und macht stark und bringt zusammen, was andernfalls schwach, isoliert, zerstreut wäre.

Es ist das, was den Weg zu Erfolg und Wohlstand anlegt.

22

Das größte Hindernis auf dem Weg zum Wohlstand überwinden

Die erste wesentliche Voraussetzung für Wohlstand ist, ihn zu *erwarten*. Als ich einmal eine New Yorker Versicherungsgesellschaft aufsuchte, war ich beeindruckt von ihrem Geschäftsmotto: »Wir reden hier über Wohlstand.« Diese Leute sind wohlhabend, weil sie nichts anderes erwarten, sagte ich mir; sie erkennen Armut nicht an oder gestehen ein, dass ihnen etwas fehlt, was sie brauchen.

Der Weg, um das Ideal wahr zu machen, besteht darin, den Gedanken an seine Identität beharrlich zu hegen, der Weg, um Reichtum zu manifestieren, besteht darin, ihn ständig im Geist lebendig zu halten. Tausende von Menschen haben sich von der Armut weg*gedacht*, indem sie einen flüchtigen Eindruck von diesem großartigen Prinzip bekamen: *Wir neigen dazu, im Leben das zu verwirklichen, was wir hartnäckig in Gedanken festhalten und worum wir voller Tatkraft ringen.*

Erlauben Sie sich niemals, bei den düsteren Aspekten von irgendetwas zu verweilen. Weigern Sie sich, über flaue Märkte oder schwere Zeiten zu sprechen. Lernen Sie, etwas zu rühmen statt herunterzusetzen.

Es gibt viele chronische Querulanten und Nörgler: Es ist immer sehr anstrengend mit ihnen; sie fallen in ihren alten Pessimismus zurück und sehen niemals den Glanz oder den Erfolg von irgendetwas. Solchen Leuten ist es unmöglich, vorwärtszukommen. Erfolg ist eine empfindliche Pflanze und benötigt Unterstützung und Sonnenschein.

Wir neigen dazu, immer mehr dem ähnlich zu werden, woran wir festhalten, was wir hegen und wonach wir uns unentwegt sehnen, und wir neigen dazu, das zu verlieren oder dem unähnlich zu werden, was wir hassen, verabscheuen und ständig verleugnen. Letzteres verliert nach und nach die Herrschaft über unser Leben, lässt den Charakter los und verschwindet schließlich ganz.

Die hartnäckige Weigerung, zu glauben, dass Sie ein Opfer von Einschränkungen sind, und die unverzagte Bekräftigung, dass Sie Wohlstand erlangen, werden nicht nur den kostbareren Teil Ihres Charakters ans Licht bringen, sondern auch das von Ihnen Angestrebte. Die Sache, der Sie sich Ausdruck zu verleihen standhaft und unbeirrt weigern, wird nach und nach in Ihrem Bewusstsein verblassen und schließlich ganz aus Ihrem Leben verschwinden.

Wenn Sie wie die Sonnenuhr sind und das Gesicht dem Licht zuwenden und der Sonne folgen, werden Sie nie im Dunkeln sein. Die Schatten werden immer hinter Ihnen fallen.

Nichts wirkt sich auf die Schöpferkraft von Geist und Körper so lähmend aus wie eine freudlose, düstere, mutlose, hoffnungslose Geisteshaltung.

Die Annahme, dass nicht genug für alle da ist, dass einige wenige erbittert, selbstsüchtig um das Verfügbare kämpfen müssen, macht jegliche Verbesserung des Einzelnen und der Menschheit zunichte.

Der Schöpfer hat niemals Massen von Menschen in die Welt gesetzt, damit sie sich um eine knappe Versorgung abstrampeln, als ob Er nicht imstande wäre, genug für alle bereitzustellen. Es gibt nichts auf Erden, was wir uns wünschen und worum wir kämpfen und was gut für uns ist, von dem nicht genug für jeden zur Verfügung steht. Trotzdem stellen wir fest, dass, wohin wir auch gehen, der Albtraum, das Schreckgespenst einer möglichen Notlage zwischen so vielen und ihrem Ziel steht. Niemand ist in der Lage, wohlhabend zu sein, während er davon gequält wird.

Mit der Überzeugung, dass wir imstande sind, unser Vorhaben durchzuführen, ist schon viel gewonnen. Es kann kein großer Mut aufkommen, wenn Selbstvertrauen und Zuversicht fehlen.

Wir können keine großen Taten vollbringen, wenn das Banner der Hoffnung uns nicht vorangeht. Wenn es sich immer vor uns befindet, werden wir uns unserem Erfolg anschließen, selbst wenn Geld, Freunde, Ruf und alles andere verschwunden ist.

Trotzdem scheinen manche Menschen auf Moll gestimmt zu sein. In ihren Gedanken und Gesprächen dominiert ein Hang zum Pessimismus. Alles ist deprimierend: Geschäfte laufen schlecht, Aussichten sind düster, Schwierigkeiten liegen vor ihnen, nichts ist mehr so wie einst in ihrer Jugend, sie finden keine anständigen Angestellten mehr, alles ist in einem erbärmlichen Zustand. Sie sehen Strömungen im amerikanischen Leben, die mit Sicherheit die Demokratie untergraben und mit einer Revolution enden.

Solche Leute bewegen sich wie ein Tornado durchs Leben – sie reißen das Fundament ihrer eigenen Werke heraus und sorgen dafür, dass die Katastrophe, die sie vorhersagen, eintritt, wohin sie auch gehen.

Und die ganze Zeit finden wir direkt neben diesen Schwarzsehern andere, die in einem scheinbaren Misserfolg Herausforderungen sehen und immer wohlhabender werden.

Jemand hat Sorge definiert als »spirituelle Kurzsichtigkeit; eine ungeschickte Art, kleine Dinge zu betrachten und ihren Wert aufzubauschen. Bei einer echten spirituellen Sicht schweift der Blick über das Universum und sieht die Dinge im richtigen Verhältnis. In ihren wahren Relationen betrachtet, gibt es keine Lebenserfahrung, um die sich zu sorgen man das Recht hat«.

Der von Angst oder Sorge besessene Geist kann nichts so sehen, wie es wirklich ist. Im Kampf ums Überleben befindet er sich im Nachteil.

Unser Denken bringt unsere Umgebung hervor, und wir leben in Zwietracht oder in Harmonie entsprechend der Qualität der Gedanken und Stimmungen, die wir hegen. Zweifel, Ängste, Unruhe, Sorge, Selbstverachtung sind allesamt störende Elemente in unserer Umgebung, die uns die guten Dinge des Lebens vorenthalten, die unser legitimes Geburtsrecht sind – Frieden, Glück, Wohlstand, Erfolg bei der Lebensgestaltung sowie beim Verdienen unseres Lebensunterhalts.

Von all unseren inneren Feinden ist Angst der schlimmste. Sie ist immer das größte Hindernis in unserem Weg. All die Opfer der Mutlosigkeit, diejenigen, die an Verzagtheit leiden, die frustriert, ohne Hoffnung, voll Verzweiflung durchs Leben gehen, sind die Urheber ihres eigenen Elends. Unbeirrt fahren sie damit fort, gerade das zunichtezumachen, was sie verfolgen, ihr Streben zu durchkreuzen – und zwar durch das Gift der Angst, das sie auf immer davon zurückhält, das zu tun, was sie tun können und tun sollten.

Wenn wir nur erkennen würden, dass jeder sorgenvolle, angsterfüllte Gedanke die Selbstentfaltung blockiert und die Erfolgsaussichten verringert, würden wir solche Gedanken genauso vermeiden, wie wir die Einnahme von Gift vermeiden. Wenn wir wirklich verstünden, dass Angst und Sorge mehr Menschenleben vernichtet haben als alle Kriege, die die Bevölkerung seit dem Anbeginn des Menschengeschlechts dezimieren, würden wir genauso wenig zulassen, dass sie den Sitz unseres Geistes betreten, wie wir einem Dieb den Zutritt zu unserem Haus gestatten würden, um uns unserer wertvollsten Besitztümer zu berauben.

Niemand kann die Zerstörung einschätzen, die diese Vernichter von Glück und Leistung in unserem Leben anrichten. Sie nehmen den Mut, lassen das Haar weiß und das Gesicht runzelig, den Gang schwunglos und schleppend werden, machen Ambitionen zunichte, töten den Mut ab, ersticken die Hoffnung und lassen ihr Opfer schließlich als Schatten seiner selbst zurück.

Tausende von ewigen Angestellten sind in niedrigen Positionen, weil sie auf die Stimme der Angst gehört haben. Einst besaßen sie den Ehrgeiz, die Gipfel zu erklimmen, und hätten nicht einmal im Traum daran gedacht, dass sie in solchen unbedeutenden Stellungen bleiben würden. Zu Beginn ihrer Laufbahn dachten sie, dass sie es zu etwas Außergewöhnlichem bringen würden, aber die Angst umklammerte sie und lähmte ihre Initiative, dämpfte ihren Mut. Wann immer sie sich überlegten, sich selbstständig zu machen, mahnte die Angst sie, vorsichtig zu sein, dass der Zeitpunkt ungünstig sei, ohne Kapital, ohne viele Freunde und Geldgeber ein eigenes Unternehmen zu gründen. Sie flüsterte, dass sie zum Scheitern verurteilt wären, sollten sie es doch wagen, und dass man sie dann wegen ihrer Arroganz und Unbesonnenheit auslachen würde.

Dann fragte der Zweifel, das Kind der Angst, ob sie sich denn sicher wären, die erforderlichen Fertigkeiten zu einer selbstständigen Tätigkeit zu besitzen. Er wies sie darauf hin, dass ihre Zielvision vielleicht nur ein Hirngespinst sei, dass es sich vielleicht überhaupt nicht voraussagen ließe, ob sie ihr Vorhaben umsetzen könnten. So viele, riet er sie drängend davon ab, haben es versucht und sind gescheitert, weil sie einfach inkompetent waren.

Die meisten von uns werden von dem Todfeind Angst und seinen Verwandten Zweifel, Sorge, Hoffnungslosigkeit niedergehalten. Unser ganzes Leben lang werden wir durch Angstsuggestionen behindert: Angst vor ererbten Anlagen, Angst vor Krankheiten, Angst vor Unfällen, Angst vor dem Tod, Angst vor Feuer, Angst auf dem Land und auf See, Angst vor Versagen, Angst davor, dass sich unsere Hoffnungen und Pläne nicht erfüllen, Angst vor dem Scheitern unseres Lebens infolge von Untüchtigkeit.

Wie selten erleben wir jemanden, der den gegenwärtigen Augenblick wirklich genießt! Irgendeine Sorge, irgendeine Angst, irgendeine böse Vorahnung bringt ständig einen Missklang in unser Leben. Etwas, was, wie wir glauben, wahrscheinlich eintreten wird, oder etwas, was entgegen unseren Wünschen und Plänen geschehen ist, verfolgt uns unaufhörlich und wirft uns zurück auf dem Lebensweg.

Wir zivilisierten Menschen haben Mitleid mit primitiven Wilden, die in Angst und Schrecken vor ihren Göttern, grausamen Dämonen ihrer eigenen Schöpfung, leben, die sie in elender Sklaverei halten – aber wir selbst sind die Sklaven eines Dämons, der unsere Hoffnungen zunichtemacht, unser Glück zerstört, seinen grässlichen Schatten auf all unsere Freuden wirft, unseren Schlaf beeinträchtigt, unsere Gesundheit ruiniert und uns den Großteil unseres Lebens in Not und Elend gefangen hält. Dieser unser Dämon der Angst hält nicht nur den Körper in Knechtschaft, sondern erzeugt geistige Strömungen, die dazu beitragen, die Seele auf ihrer Reise zur Vollkommenheit zur Umkehr zu veranlassen. Wie die Theosophen uns sagen, hemmt alles, was den Geist mit düsterer Stimmung und Angst erfüllt, das spirituelle Wachstum im entsprechenden Maße.

Angstvolle Seelen, Menschen, die sich ständig sorgen, treiben fortwährend Raubbau mit ihren Kräften und arbeiten gegen ihre eigenen Interessen und ihr eigenes Glück.

Wenn Sie sich ängstigen und Sorgen machen, verstümmeln und betrügen Sie sich selbst.

Niemand, der ein Opfer der Angst ist, kann jemals wirklich leistungsfähig oder erfolgreich sein, gleichgültig auf welcher Ebene. Er kann nie sein Bestes geben, nie gelassen, selbstsicher, gesund oder glücklich sein. Er kann nie im Strom des Erfolges, im Strom des Reichtums schwimmen; er kann nie das Gesetz der Fülle befolgen.

Sie können sich von Angst, Sorge, gewohnheitsmäßiger Mutlosigkeit und allen anderen zerstörerischen Emotionen heilen. Sie können Ihr Leben zu einem glänzenden Erfolg verhelfen.

Durch die Praxis der geistigen Alchemie können Sie Ihre Gedanken von Blei in Gold verwandeln. Hören Sie auf, sich vor Dingen zu fürchten, so, wie Sie jede schlechte Gewohnheit aufgeben würden, die Ihnen schadet. Tauschen Sie Ihre angstbesetzten Gedanken gegen solche mit gegenteiligen Inhalten aus.

Mutlosigkeit, Sorge, Düsterheit oder Verzweiflung – all diese Feinde Ihres Glücks – können unmöglich Zutritt zu Ihrem Geist finden, solange Sie mit aufbauenden Gedanken erfüllt sind: gute Laune, Freundlichkeit, Schönheit, Wahrheit, Harmonie, Liebe. Gedanken des Mutes und der Beherztheit Ausdruck zu verleihen ist äußerst hilfreich dabei, Angst zu vertreiben. Angst in all ihren Ausdrucksformen – Sorge, Furcht, mangelndes Selbstvertrauen, Selbstverachtung – kann nicht einen einzigen Augenblick neben Gedanken und Bildern von Kühnheit, Furchtlosigkeit, Zuversicht, Selbstsicherheit, Selbstvertrauen in Ihrem Geist bestehen.

Wann immer Angst oder Sorge versucht, sich Ihrer zu bemächtigen, sagen Sie: »Ich wurde nicht dazu erschaffen, mich zu ducken, mich davonzuschleichen, mich zu fürchten. Angst ist keine Eigenschaft von mir. Ich bezwinge die Angst und bin nicht ihr Sklave.«

Das nächste Mal, wenn etwas in Ihr Ohr flüstert und versucht, Ihr Selbstvertrauen zu erschüttern, Sie davon abzuhalten, die Vorhaben in Angriff zu nehmen, die Ihnen am Herzen liegen und zu deren Durchführung Sie sich imstande fühlen, denken Sie daran, dass dieses Etwas, das zu Ihnen spricht, Angst ist.

Das nächste Mal, wenn Sie sich vor einem ungewöhnlichen Hindernis ducken und mit dem Gedanken spielen, einen Rückzieher zu machen, erinnern Sie sich daran, dass es wieder Ihr schlimmster Feind ist, der versucht, Einfluss auf Sie zu nehmen.

Wenn Sie geneigt sind, sich um etwas Sorgen zu machen, was bereits geschehen ist oder was Ihrer Meinung nach geschehen könnte, wenn Sie an Ihre Fähigkeit zweifeln, das eine oder andere Vorhaben durchzuführen, und glauben, dass Sie besser nichts unternehmen, bei dem ein positiver Ausgang nicht hundertprozentig sicher ist, erinnern Sie sich daran, dass es wieder die Angst ist, die Sie hinters Licht zu führen versucht. Hören Sie nicht auf ihre Anspielungen, denn sie ist der größte aller Lügner, der größte Betrüger und Verfälscher.

Vertreiben Sie die Angst aus Ihrem Bewusstsein. Sagen Sie zu ihr: »Du hast keine Macht über mich; ich erlaube dir nicht, meinen Frieden zu zerstören und meine Karriere zu durchkreuzen; du bist nicht die Wahrheit meines Seins; meine Wirklichkeit ist Fähigkeit. Ich kann und werde mich über all meine Probleme erheben, alle meine Fehler und Irrtümer ausgleichen. Ich werde von keinem Feind bezwungen. Ich werde siegen.«

Wenn die Dinge im Augenblick nicht so gut für Sie laufen, dann überlegen Sie sich genau, wem Sie davon erzählen – so sorgen Sie dafür, vom Einfluss der verhängnisvollen Vorschläge verschont zu werden, die anderen beim Anhören von Ihrem Pech in den Sinn kommen, in denen Gedanken widerhallen können, dass alles vergeblich sei.

Vergessen Sie nicht, dass Sie jedes Mal, wenn Sie die Geschichte von Ihrem Unglück, Ihren Problemen, Ihren Schicksalsprüfungen, Ihren Misserfolgen wiederholen, das Bild ein wenig tiefer Ihrem eigenen Geist einprägen – und das, was Sie eigentlich auf immer löschen sollten, ein kleines bisschen mehr Wirklichkeit für Sie werden lassen.

Bezwingen Sie Ängste und Sorgen und alles Übel, das daraus folgt, und Sie werden alle Feinde Ihres Erfolgs und Glücks bezwingen – und im Einklang mit dem Gesetz der Fülle leben.

23

*H*indernisse nutzen oder wie man trotz *S*chwierigkeiten wohlhabend wird

»Was weiß schon jemand«, sagte ein Weiser, »der nicht gelitten hat?« Wohlhabende Männer und Frauen hatten schon immer die Wesensart, Enttäuschungen in Ressourcen zu transformieren, so, wie die Auster den störenden Sand in eine Perle verwandelt.

»So manches Mal haben wir das seitdem gesagt«, bemerkte Harriet Martineau, sich auf den geschäftlichen Misserfolg ihres Vaters beziehend, »aber wegen dieses Geldverlustes hätten wir vielleicht auf die übliche provinzielle Art der Damen mit bescheidenen Mitteln weitergelebt, hätten genäht und sparsam gewirtschaftet und wären jedes Jahr schmaler geworden; dagegen haben wir dadurch, dass wir, solange es noch Zeit war, auf unsere eigenen Ressourcen vertrauen mussten, schwer und auf nützliche Weise gearbeitet, Freunde, Ansehen und Unabhängigkeit gewonnen, in reichem Maße die Welt gesehen, im Ausland und zu Hause; kurzum, wir haben wirklich gelebt anstatt dahinzuvegetieren.«

»Ich bin fest davon überzeugt, dass Gott ein grandioses Gedicht von diesem Mann haben wollte«, sagte George Macdonald über Milton, »und darum ließ er ihn erblinden, damit er in der Lage wäre, es auch zu schreiben.«

Zwei der drei größten epischen Dichter der Welt waren blind – Homer und Milton –, während der dritte, Dante, in seinen späteren Lebensjahren fast, wenn nicht gar ganz blind wurde. Es scheint, als ob einige große Persönlichkeiten an einer Körperbehinderung litten, damit sie ihre Energie nicht verzetteln, sondern voll und ganz in eine Richtung bündeln würden.

Ein berühmter Forscher sagte, dass er, wenn er auf ein offenbar unüberwindliches Hindernis stieß, gewöhnlich kurz vor einer Entdeckung stand. »Mit bestem Dank zurück« hat schon aus manch einem einen Autor gemacht. Ein Fehlschlag führt einen Menschen oft zum Erfolg, weil dadurch eine latente Energie wachgerufen, ein verborgenes Ziel ans Licht gebracht wird, schlummernde Kräfte entfesselt werden. Tausende mit großartigen natürlichen Begabungen sind der Welt verloren gegangen, weil sie sich nicht mit Hindernissen abmühen, nicht genügend unter Schwierigkeiten kämpfen mussten, um ihre schlummernden Talente zu aktivieren.

Armut und eine unbekannte Herkunft können zwar unser Vorankommen hemmen, aber sie stellen keine unüberwindbaren Hindernisse dar. Sie können zu einem Ansporn werden – und dazu führen, dass ein höheres Maß an Geistesstärke, Tatkraft und körperlicher Ausdauer entwickelt wird.

In den zehn Jahren, in denen er seine bedeutendsten Entdeckungen machte, konnte Isaac Newton kaum die zwei Shilling für die Royal Society aufbringen, bei der er Mitglied war. Einige seiner Freunde wollten, dass er von dieser Gebühr befreit würde, aber er erlaubte ihnen nicht, sich für ihn einzusetzen.

Als Kind konnte Emerson den zweiten Band eines bestimmten Buches nicht lesen, weil seine verwitwete Mutter es sich nicht leisten konnte, die erforderliche Leihbüchereigebühr in Höhe von fünf Cent zu entrichten.

Der schwedische Botaniker und Systematiker Carolus Linnaeus, auch bekannt unter dem Namen Carl von Linné, war während seiner Schulzeit so arm, dass er seine Schuhe mit zusammengefaltetem Papier ausbessern und seine Mahlzeiten oft von seinen Freunden erbetteln musste.

Reverend Eliphalet Nott, ein Kanzelredner, war besonders berühmt für eine Predigt über den Tod Alexander Hamiltons, der in einem Duell von Aaron Burr erschossen wurde. Nott war so arm, nachdem er das geistliche Amt angetreten war, dass er sich keinen Mantel leisten konnte. Seine Frau scherte ihr einziges Hausschaf im Januar, wickelte es in Decken aus Sackleinen, damit es nicht fror, kardete, spann und wob die Wolle und fertigte daraus einen Mantel für ihn an.

Als Michelangelo an seiner kolossalen Bronzestatue von Papst Julius II.

arbeitete, war er so arm – wie wir seiner Korrespondenz entnehmen können, die nun im British Museum aufbewahrt wird –, dass er seinen jüngeren Bruder nicht zu einem Besuch bei sich in Bologna kommen lassen konnte, weil er nur ein Bett hatte, in dem er mit drei seiner Assistenten schlief.

»In meinem Geldbeutel herrschte immer Ebbe«, beschrieb der große französische Romancier Émile Zola seine von Härten und Mühsal geprägten frühen Jahre als Schriftsteller. »Ich hatte sehr oft nicht einen Sou übrig und wusste auch nicht, wo ich einen hernehmen sollte. Normalerweise stand ich um vier Uhr morgens auf und begann nach einem Frühstück, das aus einem rohen Ei bestand, mit meinem Studium. Aber trotz allem waren es gute Zeiten. Nach einem Spaziergang an den Kais ging ich wieder in meine Dachkammer, nahm froh gestimmt eine Mahlzeit aus drei Äpfeln ein und machte mich dann an die Arbeit. Ich schrieb und ich war glücklich. Im Winter erlaubte ich mir kein Feuer; Holz war zu teuer – nur an Festtagen konnte ich es mir leisten. Aber ich hatte mehrere Pfeifen Tabak und eine Kerze für drei Sou. Eine Drei-Sou-Kerze – man stelle sich das nur vor! Das bedeutete für mich eine ganze Nacht Literatur.«

Als Elias Howe, zermürbt von Not und Leid, sich in London aufhielt und seine erste Nähmaschine fertigstellte, musste er sich regelmäßig Geld leihen, um sich zu ernähren. Er borgte sich auch Geld, um seine Frau nach Amerika zurückzuschicken. Er verkaufte seine erste Maschine für fünf Pfund, obwohl sie fünfzig wert war, und dann versetzte er seine Patenturkunde, um seine Schulden daheim zu begleichen.

Eine junge Witwe in Philadelphia, die nach dem Tod ihres Mannes, eines Marineoffiziers, auf sich selbst gestellt war, überlegte, wie sie ihre drei kleinen Kinder ernähren und ankleiden sollte. Zufällig fiel ihr eine Schachtel ein, von der ihr Mann gesprochen hatte. Sie öffnete sie und fand darin einen Umschlag, der Anleitungen und Pläne für ein farbiges Signallichtsystem für den nächtlichen Einsatz auf See enthielt. Das System war noch nicht ausgereift, aber sie stellte es fertig, fuhr nach Washington und brachte den Marinestaatssekretär dazu, es zu testen. Ein Admiral schrieb ihr bald, dass die Idee zwar wertvoll sei, aber die Signale nichts taugen würden. Monatelang, jahrelang arbeitete sie daran, und schließlich gelang es ihr, Signallichter in verschiedenen Farben zu entwickeln. Sie erhielt 20 000 Dollar für das Recht, sie für die US-Marine herzustellen. Fast alle Blockadebrecher im Bürgerkrieg wurden mithilfe des Coston-Signallichts aufgebracht oder versenkt. Auch beim Seenotrettungsdienst gilt es als außerordentlich wichtig. Mrs Coston verkaufte ihre Signallichter an die Kriegsmarine mehrerer europäischer Länder und wurde damit reich.

Wenn der Same sich abmühen muss, um sich durch die Steine und den harten Erdboden durchzuzwängen, um sich zum Sonnenlicht und zur Luft hinaufzukämpfen und dann mit Sturm und Gewitter, mit Schnee und Frost zu ringen, wird die Faser seines Holzes umso zäher und stärker sein.

Der Erfolg, der zum Wohlstand führt, wartet niemals auf Gelegenheiten; er schafft sie sich selbst. Er wartet auch nicht auf Annehmlichkeiten oder günstige Bedingungen. Er greift das auf, was auch immer in Reichweite ist, löst das Problem und meistert die Situation.

»Möchten Sie ohne eine Schicksalsprüfung leben?«, fragt ein moderner Lehrer. »Dann möchten Sie nur als halber Mensch sterben. Ohne Prüfung können Sie nicht Ihre eigene Stärke schätzen. Auf einem Tisch lernen wir nicht schwimmen. Wir müssen ins tiefe Wasser gehen und gegen die Wellen ankämpfen. Not und Härte sind die Heimaterde für Individualität und Selbstvertrauen. Prüfungen sind harte Lehrer, aber robuste Schulmeister bringen robuste Schüler hervor. Wer wohlhabend durchs Leben geht und sein Lebensende erreicht, ohne eine einzige Runzel bekommen zu haben, ist noch lange kein Mensch. Schwierigkeiten sind Gottes Aufträge. Und wenn wir sie zugeteilt bekommen, sollten wir sie als einen Beweis für Gottes Vertrauen hoch schätzen. Wir sollten nach dem höchsten Gut greifen.«

Wohl kaum einer hat härter gekämpft, um Hindernisse zu überwinden, die die meisten Männer mutlos gemacht hätten, als der größte Redner Griechenlands, Demosthenes. Mit dünner Stimme, einem Sprachfehler und Kurzatmigkeit ausgestattet, brachte er kaum einen Satz zu Ende, ohne dass er vor Erschöpfung innehalten und sich ausruhen musste. Aufgrund des Auszischens, Hohngelächters und Gespötts seiner Zuhörer gingen seine ersten rhetorischen Versuche fast unter. Einen ersten Erfolg konnte er verbuchen, als er gegen seinen Vormund vorging, der ihn um sein Vermögen betrogen hatte und den er zwang, einen Teil davon zurückzuzahlen. Er war so frustriert über seine Niederlagen, dass er beschloss, auf jeden weiteren Versuch in der Redekunst zu verzichten. Doch einer seiner Zuhörer war davon überzeugt, dass an dem jungen Mann etwas dran sei, und ermutigte ihn dazu, weiterzumachen. So trat er wieder öffentlich auf, wurde aber wie schon zuvor ausgezischt und ausgelacht. Als er sich entfernte, mit hängendem Kopf und ganz verlegen und beschämt, sprach ihn ein berühmter Schauspieler, Satyrus, an und riet ihm, weiterhin an seinem Sprachfehler zu arbeiten. Er stotterte so sehr, dass er einige Buchstaben überhaupt nicht artikulieren konnte, und ihm ging der Atem aus, bevor er einen Satz beenden konnte. Schließlich beschloss er, Redner zu werden, koste es, was es wolle. Um das Stottern zu überwinden und sich gleichzeitig an das Auszischen und den Tumult seiner Zuhörer zu gewöhnen, ging er an die Meeresküste, steckte sich kleine Kieselsteine in den Mund und führte dann inmitten der tosenden Brandung seine Übungen durch. Seine Kurzatmigkeit besiegte er, indem er sprechen übte, während er an beschwerlichen Stellen die Steilküste hinauflief. Und seine unbeholfenen Gesten korrigierte er durch ein langes und hartnäckiges Training vor dem Spiegel.

Widerstand entwickelt in uns genau die Kraft, durch die wir ihn überwinden. Ohne Widerstand würden wir nie lernen, uns zu stärken, uns zu verankern und uns zu wappnen – so, wie die Eiche dank ihrer unzähligen Kämpfe mit den Unwettern gestärkt und fest verwurzelt wird. Unsere Prüfungen, unser Leid und unser Kummer fördern uns auf ähnliche Weise.

Die großen Männer, die die Welt auf ein höheres Niveau gehoben haben, wurden nicht unter angenehmen Bedingungen gefördert, sondern in der Wiege der Schwierigkeiten geschaukelt und in Not und Elend gebettet.

Die besten Werkzeuge verdanken ihren Härtegrad dem Feuer, ihre Klinge der Schleifarbeit; die edelsten Charaktere werden auf ähnliche Weise geformt. Je härter der Diamant, umso heller der Glanz und umso stärker die Reibung, die erforderlich ist, um ihn zur Geltung zu bringen. Nur sein eigener Staub ist hart genug, um diesem überaus kostbaren Stein dazu zu verhelfen, seine ganze Schönheit zu offenbaren.

Der Funke im Feuerstein würde für immer ruhen, wäre da nicht die Reibung; das Feuer in uns würde nie lodern, wäre da nicht der Widerstreit. Gerade die Reibung, die einen Zug auf den Schienen verlangsamt, die Leistung der Lokomotive um ein Viertel vermindert, ist das Geheimnis der Fortbewegung. Fetten Sie die Schienen ein, beseitigen Sie die Reibung und der Zug wird sich keinen Millimeter von der Stelle rühren. In dem Augenblick, in dem ein Mensch von Widerstand oder Reibung befreit ist und die Schienen seines Lebens mit einer üppigen Erbschaft oder anderen Ressourcen eingefettet sind, genau in diesem Augenblick hört er auf zu kämpfen und hört folglich auf zu wachsen.

Die Räder eines Lastwagens schlitterten vergeblich im Morast, bis jemand eine Schaufel voll Sand unter die schweren Räder warf – dann rumpelte der Lastwagen schließlich davon. »Reibung ist etwas sehr Gutes«, kommentierte ein Schaulustiger.

Der Philosoph Kant bemerkte, dass eine Taube vielleicht die Vorstellung habe, schneller und mit größerer Leichtigkeit fliegen zu können, wenn nur die Luft aus dem Weg wäre, – in Anbetracht der Tatsache, dass ihr einziges zu überwindendes Hindernis der Luftwiderstand war. Doch wenn es die Luft nicht mehr gäbe und der Vogel versuchen sollte, in einem Vakuum zu fliegen, würde er sofort zu Boden stürzen, unfähig, überhaupt zu fliegen. Gerade das Element, das dem Fliegen Widerstand leistet, ist gleichzeitig die Bedingung für die Flugfähigkeit.

Fast jede große Entdeckung oder Erfindung, die die Menschheit gesegnet hat, musste sich die Anerkennung hart erkämpfen, sogar gegen den Widerstand der fortschrittlichsten Männer.

Sir Charles Napier kämpfte aufs Heftigste gegen die Einführung des Dampfantriebs in die Royal Navy. Im Unterhaus rief er aus: »Mr Speaker, wenn wir uns zum Dienst in der Royal Navy melden und uns der Wahrscheinlichkeit eines Krieges gegenübersehen, sind wir darauf vorbereitet, in Stücke gehackt zu werden, mit Kugeln durchlöchert zu werden, von Kanonenkugeln und Granaten zerrissen zu werden. Aber, Mr Speaker«, fügte er mit besonderem Nachdruck hinzu, »wir sind nicht darauf vorbereitet, bei lebendigem Leib gekocht zu werden.«

Wenn das Leben uns erziehen will, schickt es uns nicht in die Schule zu den Grazien, sondern zu den Zwängen.

»Ich kannte einmal einen kleinen farbigen Jungen, dessen Vater und Mutter starben, als er erst sechs Jahre alt war«, erzählte Frederick Douglass, als er kurz vor seinem Tod eine Ansprache in einer Schule für schwarze Schüler hielt. »Er war ein Sklave und hatte niemanden, der für ihn sorgte. Er schlief auf dem gestampften Lehmboden in einer Hütte, bei kaltem Wetter kroch er in einen Mehlsack, mit dem Kopf zuerst, und ließ seine Füße in der Asche, um sie warm zu halten. Oft röstete er sich eine Kornähre und aß sie, um seinen Hunger zu stillen, und viele Male kroch er unter die Scheune oder den Stall und beschaffte sich Eier, die er im Feuer röstete und verzehrte.

Dieser Junge trug keine Pantalons, so, wie ihr sie jetzt tragt, sondern ein Hemd aus Werggarn. Schulen kannte er nicht, und er lernte mit einem alten Webster-Wörterbuch buchstabieren und durch Plakate an Kellertüren und Scheunentoren lesen und schreiben, wobei er von anderen Jungen und Männern unterstützt wurde. Später predigte er und hielt Reden und bald wurde er sehr bekannt. Er hatte verschiedene öffentliche Ämter inne: Wahlmann bei den Präsidentschaftswahlen, United States Marshal, Recorder of Deeds für den District of Columbia sowie Minister-General von Haiti, und er häufte ein Vermögen an. Er trug feinen Wollstoff und musste nicht mehr die Brosamen mit den Hunden unter dem Tisch teilen. Dieser Junge war Frederick Douglass.

Was für mich möglich war, das ist auch für euch möglich. Glaubt nicht, weil ihr farbig seid, könnt ihr nichts zustande bringen. Strebt aufrichtig danach, euer Wissen zu vergrößern. Denn solange ihr unwissend bleibt, so lange wird es euch nicht gelingen, den Respekt eurer Mitmenschen zu verdienen.«

»Galileo«, sagte Emerson, »entdeckte mit einem Opernglas eine fantastischere Serie von Himmelserscheinungen als jeder andere seitdem mit den großen Teleskopen. Kolumbus fand die neue Welt in einem offenen Schiff.«

Über die Grube und den Kerker gelangte der biblische Josef auf den Thron.

Wir sind uns der starken Sehnsüchte unseres halbgöttlichen Menschseins nicht bewusst; wir sind uns des Gottes in uns nicht bewusst, bis sich ein Abgrund auftut, der gefüllt werden muss, oder bis unsere Gefühle uns zerreißen und wir gezwungen sind, uns über ein Bedürfnis klar zu werden.

Zwei Straßenräuber kamen zufällig an einem Galgen vorbei. Einer von ihnen rief aus: »Was hätten wir doch für einen schönen Beruf, wenn es keine Galgen gäbe.« »Du Dummkopf«, erwiderte der andere, »Galgen sichern unsere Zukunft; denn gäbe es keine Galgen, dann wäre doch jeder ein Straßenräuber.« Genauso ist es mit jeder Kunst, jedem Beruf oder jeder Beschäftigung; es sind die Hindernisse, die unwürdige Konkurrenten einschüchtern und fernhalten.

»Erfolg erwächst aus den Anstrengungen, Schwierigkeiten zu meistern«, schrieb der bekannte britische Motivationsautor Samuel Smiles. »Wenn es keine Schwierigkeiten gäbe, gäbe es auch keinen Erfolg. In dieser Notwendigkeit zu Strapazen finden wir die Hauptursache menschlichen Fortschritts – des Fortschritts von Individuen sowie von Nationen. Sie hat zu den meisten der mechanischen Erfindungen und Verbesserungen unserer Zeit geführt.«

»Hacken Sie auf mich herum«, meinte der Komponist Felix Mendelssohn zu seinen Kritikern, als er sich zum Birmingham Orchestra begab. »Sagen Sie mir nicht, was Ihnen gefällt, sondern was Ihnen nicht gefällt.«

John Hunter behauptete, dass die Kunst der Chirurgie niemals Fortschritte machen würde, solange die Ärzte nicht den Mut hätten, nicht nur ihre Erfolge, sondern auch ihre Misserfolge zu veröffentlichen.

»Selten erreicht man eine Position, mit der man zu Recht zufrieden ist«, sagte Dr. Elizabeth Peabody, amerikanische Pädagogin, Lehrbeauftragte und Gründerin eines der ersten Kindergärten in den Vereinigten Staaten, »ohne auf Schwierigkeiten und scheinbare Beeinträchtigungen zu stoßen. Aber wenn man ihnen richtig begegnet, sind sie nicht das, was sie zu sein scheinen, und können sich als hilfreich erweisen und nicht als Hindernisse. Es gibt keine hilfreichere und nützlichere Übung als das Überwinden von Hindernissen.«

Im Madrider Gefängnis schrieb Cervantes seinen *Don Quijote*. Er war so arm, dass es nicht für Papier für den letzten Teil des Romans reichte und er auf Lederfetzen schreiben musste. Ein reicher Spanier wurde gebeten, ihm zu helfen, aber dieser erwiderte: »Der Himmel verbietet, dass seine Not gelindert werden sollte; es ist seine Armut, die die Welt bereichert.«

Das Gefängnis hat die schlummernde Glut in so manchem edlen Geist entfacht. *Robinson Crusoe* wurde im Gefängnis geschrieben. Die *Pilgerreise zur seligen Ewigkeit* erschien im Bedford Jail. *Life and Times* von Baxter, Eliots *Monarchia of Man* und Penns *Ohne Kreuz keine Kron*e entstanden allesamt in Haftanstalten. Sir Walter Raleigh schrieb *The History of the World*, während er eine dreizehnjährige Gefängnisstrafe absaß. Verbannt auf der Wartburg, übersetzte Luther die Bibel.

Zwanzig Jahre lang arbeitete der zum Tode verurteilte Dante im Exil. Nachdem er gestorben war, wurden seine Werke öffentlich verbrannt; aber ein Genie wird nie verbrennen.

Einst sagte ein großer Musiker über eine vielversprechende, aber leidenschaftslose Sängerin: »Wäre ich unverheiratet, würde ich ihr den Hof machen; ich würde sie heiraten; ich würde sie schlecht behandeln; ich würde ihr das Herz brechen; und in sechs Monaten würde sie die größte Sängerin Europas sein.«

»Er hat das Zeug zu einem guten Musiker«, sagte Beethoven über Rossini, »wenn man ihn nur als Junge richtig verprügelt hätte; aber er ist von der Sorglosigkeit, mit der er komponiert, verdorben.«

Wir tun unser Bestes, während wir verzweifelt darum kämpfen, zu erreichen, was unser Herz begehrt. Martin Luther vollbrachte sein größtes Werk und entwickelte seine besten Eigenschaften, als er eine heftige Kontroverse mit dem Papst austrug. Jahre später fragte seine Frau: »Doktor, wie kommt es, dass wir, als wir dem Papsttum unterworfen waren, so oft und mit einer solchen Leidenschaft beteten, während wir es jetzt mit größter Kälte und nur sehr selten tun?«

»Schinderei, großes Unglück, Wut, Not sind Lehrer in Eloquenz und Weisheit«, schrieb Emerson. »Der wahre Gelehrte grollt über jede Möglichkeit zum Handeln, die übergangen wird, als ein Verlust von Kraft.«

Sobald junge Adler fliegen können, verstoßen die alten Vögel sie und reißen die Daunen und Federn aus dem Nest. Durch diese unsanfte und unangenehme Erfahrung wird das Adlerjunge befähigt, zum kühnen König
der Vögel zu werden, wild und geschickt bei der Verfolgung seiner Beute.
Diejenigen, die verstoßen, hinausgedrängt, hinausgeworfen werden,
»entwickeln sich gut« normalerweise, während es den anderen, die nicht
solche Nachteile haben, oft nicht gelingt, »etwas zu werden«.

Fast seit dem Beginn der Geschichte ist Unterdrückung das Los der
Hebräer gewesen, dennoch haben sie der Welt ihre weisesten Sprichwörter,
ihre edlen Beispiele des Glaubens, ihre größte Literatur geschenkt.

In einer der Schlachten während des Krimkrieges schlug eine Kanonen-
kugel ins Innere einer Festung ein und bahnte sich krachend einen Weg
durch einen wunderschönen Garten. Aus dem hässlichen Spalt jedoch
brach ein Wasserquell hervor, der fortan einen lebendigen Brunnen speist.

Aus den schlimmen Wunden, die Unglück und Leid unseren Herzen zu-
fügen, entstehen oft immerwährende Quellen reicher Erfahrung und neuer
Freuden.

Jammern und trauern Sie nicht um verlorenen Reichtum. Der Schöpfer
sieht vielleicht etwas Großartiges und Gewaltiges, was selbst Er nicht ans
Licht bringen kann, solange Ihr Reichtum im Weg steht. Gott erkennt vielleicht einen Rohdiamanten in Ihnen, den möglicherweise nur die harten
Schläge der Armut glätten können. Er weiß, wo die wohlklingendsten Me-
lodien Ihres Lebens verborgen sind und welche harte Schule und Disziplin
vonnöten sind, um sie an die Oberfläche zu bringen.

Viele haben erst zu sich selbst gefunden, nachdem sie ihr Hab und Gut
verloren haben. Das Unglück entblößte sie, nur damit sie ihrer gewahr werden. Hindernisse, Beschwernisse sind Meißel und Hammer, die das harte
Leben zu etwas Schönem formen. Die Statue hätte auf ewig im Marmor
geschlummert, wenn man diesen nicht gesprengt, mit dem Meißel bear-
beitet und poliert hätte. Der Engel unseres höheren und edleren Selbst
würde auf ewig unbekannt in den Marmorbrüchen unserer Leben verharren, wären da nicht die Sprengungen von Leid, das Meißeln von Hindernissen und das Abschmirgeln von Tausenden von Ärgernissen.

Wie viele Menschen im Geschäftsleben haben ihre größten Fortschritte in Richtung Wohlstand gemacht, haben ihre wertvollsten Tugenden entwickelt, nachdem sie aufgrund von Schicksalsschlägen alles, was sie auf Erden hatten, verloren hatten, wenn eine Krankheit ihnen alles raubte, was sie über alles liebten?

Für viele bedeutet der Ruin die Rettung.

Mit fünfzehn Jahren war der berühmte Schausteller P. T. Barnum gezwungen, sich die Schuhe, die er auf der Beerdigung seines Vaters trug, auf Kredit zu kaufen. Mit fünfzig Jahren war er erledigt – schlimmer als erledigt, denn er war außerdem noch hochverschuldet. Doch genau an dem Tag seines Untergangs begann er wieder aufzusteigen, rang dem Misserfolg durch seine unbeugsame Hartnäckigkeit den Sieg ab.

»Unter anderen Umständen«, sagt Castelar, »wäre Savonarola zweifellos ein guter Ehemann, ein liebevoller Vater, ein historisch bedeutungsloser Mann gewesen, ganz und gar außerstande, in die Zeit und die menschliche Seele die tiefe Spur einzudrücken, die er hinterließ; aber das Unglück stattete ihm einen Besuch ab, um ihm das Herz zu brechen und diese ausgeprägte Melancholie zu verleihen, die für eine Seele in Trauer so typisch ist, und die Trauer, die seine Brauen mit einer Dornenkrone umgab, war es auch, die sie mit dem hellen Glanz der Unsterblichkeit umkränzte. Seine Hoffnungen galten allein der Frau, die er liebte, er hatte sein Leben darauf ausgerichtet, sie zu besitzen, und als ihre Familie ihn schließlich ablehnte, teils aufgrund seines Berufes und teils aufgrund seiner Person, glaubte er, dass es der Tod war, der über ihn herfiel, während es in Wirklichkeit die Unsterblichkeit war.«

Not verärgert Narren, macht Feiglinge mutlos, bringt die Talente der Weisen und Arbeitsamen hervor, zwingt die Bescheidenen zu der Notwendigkeit, ihr Können auf die Probe zu stellen, flößt den Wohlhabenden Ehrfurcht ein und lässt die Müßiggänger fleißig werden. Ununterbrochener Erfolg und Wohlstand befähigen Menschen selten zu Nützlichkeit und Glück. Wie die Stürme des Meeres rufen die Stürme der Not die Begabungen wach und regen den Einfallsreichtum, die Vernunft, die Geschicklichkeit und die Seelenstärke des Reisenden an. Diejenigen, die ständig auf der Sonnenseite stehen, sind wie die Erde im August: Sie werden ausgedörrt, trocken, hart und feinkörnig.

Beethoven war fast vollkommen taub und mit Sorgen belastet, als er seine größten Werke schuf. Schiller schrieb seine besten Bücher in furchtbarer körperlicher Pein. Fünfzehn Jahre lang litt er unter Schmerzen. John Milton verfasste sein bedeutendstes Werk, als er blind, arm und krank war. »Am besten handelt«, schrieb er, »wer zu leiden weiß.«

»Wissen Sie, warum Gott uns krank werden lässt?«, fragte Dr. Payson lächelnd, als er selbst krank im Bett lag. »Nein«, antwortete der Besucher. »Damit wir das Gesicht nach oben richten können.« »Ich bin nicht gekommen, um mein Mitgefühl auszusprechen, sondern um mich mit Ihnen zu erfreuen«, erwiderte der Freund, »denn es scheint mir, es ist nicht die Zeit zum Trauern.« »Nun, ich bin erfreut, das zu hören«, meinte Dr. Payson. »Es kommt nicht oft vor, dass ich auf diese Weise angesprochen werde. Tatsache ist, dass ich niemals weniger Mitgefühl nötig hatte, und trotzdem besteht jeder darauf, mir sein Beileid auszusprechen; doch als ich wohlhabend und gesund und ein erfolgreicher Prediger war und wirklich Mitgefühl nötig hatte, da schmeichelten und gratulierten sie mir.«

Nicht Bequemlichkeit, sondern Anstrengung, nicht Erleichterung, sondern Schwierigkeiten führen zu Größe, Erfolg und Wohlstand. Mühselige Kultivierung ist der Preis von großem Erfolg, und die langsame Entwicklung eines großen Charakters ist eine ihrer besonderen Notwendigkeiten.

Dies ist die Zeit der Krücken. Überall wird Werbung für »Hilfen« und »Unterstützungen« gemacht. Das Denken wird uns abgenommen. Alle unsere Probleme werden in Büchern gelöst, deren einziger Zweck darin besteht, das Komplexe in einfachen Worten wiederzugeben. Weit und breit werden raffinierte Methoden angewendet, um das Studium ohne Paukerei zu bewältigen. Zeitungen übermitteln uns unsere Politik und Prediger unsere Religion. Selbsthilfe und Selbstvertrauen kommen aus der Mode.

Selbst die Natur, als ob sie sich unseres Strebens nach verspäteten Segnungen bewusst wäre, scheint mit ihren wunderbaren Kräften uns zu Hilfe geeilt zu sein – indem sie die Plackerei der Welt auf sich nimmt und uns von Edens Fluch befreit. Aber missverstehen Sie ihren Beschluss nicht. Sie befreit nur vom Niederen, um zum Höheren aufzurufen. Sie lädt die Welt nicht dazu ein, spielen zu gehen, während sie die ganze Arbeit verrichtet. Sie befreit nur die Muskeln, um den Kopf und das Herz in Anspruch zu nehmen.

So, wie der Bildhauer nur an den im Marmorblock gefangenen Engel denkt, kümmert sich die Natur nur um den Mann oder die Frau, die im menschlichen Sein eingeschlossen sind. Der Bildhauer interessiert sich überhaupt nicht für den Marmorblock als solchen, und die Natur hat vor dem atmenden Lehmklumpen allein wenig Achtung. Der Bildhauer wird jegliches unnötiges Material abschlagen, um den Engel freizusetzen. Die Natur wird unbarmherzig auf uns einschlagen, um unser Potenzial ans Licht zu bringen. Sie wird uns unseres Reichtums berauben, unseren Stolz brechen, unseren Ehrgeiz erniedrigen, uns von der Leiter des Ruhms herunterschubsen, uns auf tausenderlei Weisen bestrafen, wenn sie einen schwachen Charakter fördern kann. Es ist nicht die Bequemlichkeit, die Freude, das Glück, sondern der Charakter ist es, hinter dem die Natur her ist. Alles andere muss ihm weichen: In der Charakterstärke liegt der Weg zu Erfolg und Wohlstand.

Im Jahre 1813, als man mit einem Angriff auf New York durch britische Schiffe rechnete, schrieben alle Bootsführer außer dem jungen Cornelius Vanderbild Angebote aus, um die Militärposten um New York herum mit Lebensmittelvorräten zu versorgen. Dabei nannten sie alle extrem niedrige Preise, da der Vertragschließende vom Militärdienst befreit sein würde. »Warum reichst du kein Angebot ein?«, fragte sein Vater. »Zu welchem Zweck?«, erwiderte der junge Vanderbilt. »Sie bieten an, den Job zum halben Preis zu erledigen. Dies ist aber bei solchen Sätzen nicht möglich.« »Nun«, meinte sein Vater, »es kann nicht schaden, sich trotzdem zu bewerben.« Seinem Vater zuliebe, aber ohne Hoffnung auf Erfolg, gab Cornelius ein Angebot ab, das für beide Seiten recht und billig war. Er ließ sich aber nicht blicken, als bekannt gegeben wurde, wer den Zuschlag erhalten sollte. Als seine Gefährten alle mit langen Gesichtern zurückgekehrt waren, suchte er das Büro des Verpflegungsoffiziers auf und fragte, ob der Auftrag vergeben worden sei. »O ja«, war die Antwort. »Die Angelegenheit ist entschieden. Cornelius Vanderbilt ist unser Mann.« Beim Anblick des jungen Mannes, der wie vom Donner gerührt zu sein schien, fragte der Verpflegungsoffizier: »Was? Sind Sie das?« »Mein Name ist Cornelius Vanderbilt«, antwortete der Bootsführer. »Na«, meinte der Verpflegungsoffizier, »wissen Sie nicht, warum wir Ihnen den Auftrag erteilt haben?« »Nein.« »Nun gut, wir wollen, dass diese Aufgabe bewältigt wird, und wir wissen, dass Sie ihr gewachsen sind.«

Charakter führt zu Selbstvertrauen, Erfolg und Wohlstand.

»Sieh dir mal den Baum im Garten deines Nachbarn an«, sagt Zanoni zu Viola in einem Roman des britischen Schriftstellers Bulwer-Lytton. »Sieh, wie er wächst, krumm und verdreht. Der Wind verteilte den Keim, aus dem er entsprang, in einer Felsspalte. Zusammengepresst und eingemauert von Felsen und Gemäuern, von der Natur und vom Menschen, ist sein Leben ein einziger Kampf um das Licht. Du siehst, wie er sich gewunden und verbogen hat – wie er sich angestrengt und abgequält hat, Stamm und Ast, um sich schließlich an einer Stelle einen Weg zum klaren Himmel hin zu bahnen. Was hat ihn am Leben erhalten allen Nachteilen von Geburt und Umständen zum Trotz – warum sind seine Blätter grün und makellos wie jene von der Kletterpflanze hinter dir, die mit all ihren Ranken den Sonnenschein umarmen kann? Mein Kind, gerade wegen des Instinkts, der das Ringen vorantrieb – weil das Ringen um Licht schließlich zum Licht führte. Also gilt es mit einem tapferen Herzen durch jede leidvolle widrige Begebenheit und Laune des Schicksals hindurch sich der Sonne zuzuwenden, nach dem Himmel zu streben. Das ist es, was dem Starken Wissen beschert und dem Schwachen Glück.«

Diejenigen, die ihre zunichtegemachten Hoffnungen und Enttäuschungen überleben, die sie als das annehmen, was sie sind – nämlich Lektionen und vielleicht Segnungen im Nachhinein –, sind wahrhaftig die Reichen.

Nur der Muskel, der stark beansprucht wird, kann seine Schönheit entfalten.

24

Sparsamkeit und Charakter

Benjamin Franklin zählt zu den inspirierendsten Beispielen dafür, was Sparsamkeit ausrichten kann. Sohn eines armen Kerzengießers und Seifensieders, das fünfzehnte von siebzehn Kindern, begann er mit zehn Jahren, sich seinen Lebensunterhalt im Laden seines Vaters zu verdienen. Von diesen bescheidenen Anfängen gelang es ihm allein durch eigene Anstrengungen, zu einem der bedeutendsten Männer der Welt zu werden – einem hervorragenden Patrioten, Wissenschaftler, Staatsmann, Erfinder, Diplomat, Philosoph, Autor und nicht zuletzt einem berühmten Humoristen.

All dies gelang ihm mit der Praxis der Sparsamkeit. Damit ist nicht nur Wirtschaftlichkeit in finanzieller Hinsicht, die klügste Ausgabe seines Einkommens gemeint, sondern auch der weiseste Einsatz seiner Zeit und seiner Anstrengungen in allen Angelegenheiten des Lebens. Für ihn bedeutete Sparsamkeit nicht nur Maßhalten im Geschäftlichen und Geldausgeben, sondern auch das Erhalten von Gesundheit, Energie, Lebenskapital und das äußerste Erschließen all seiner natürlichen Ressourcen. Franklin war nicht nur der sparsamste, sondern auch der großzügigste aller Menschen und hätte seinen letzten Cent mit einem, der ihn dringend benötigte, geteilt.

Eine von Franklins Lieblingsdevisen – eine, nach der er buchstäblich lebte – war »Gott hilft denen, die sich selbst helfen«. Und die erste Lektion, die jene lernen sollten, die sich selbst helfen wollen, ist die, die er nicht müde war zu lehren: Sparsamkeit.

Sparsamkeit wird nicht am Pfund gemessen, sondern am Penny, nicht am Dollar, sondern am Cent. Somit steht es in der Macht eines jeden Menschen, der ein Einkommen oder Gehalt bezieht, wie klein es auch sein mag, sich die Gewohnheit der Sparsamkeit anzueignen und den Grundstein zu Wohlstand zu legen.

Das Wort »Sparsamkeit« bedeutet von seinem Ursprung her das Festhalten der Dinge, die wir besitzen. Es schließt Wirtschaftlichkeit und Besonnenheit im Gegensatz zu Verschwendung und Zügellosigkeit in sich ein. Es birgt in sich Entsagung und ein bescheidenes Leben für den Augenblick, bis der Wohlstand, der als Folge der Sparsamkeit entsteht, es erlaubt, seinen natürlichen Wünschen großzügiger nachzugeben.

Einer der wichtigsten Aspekte von Sparsamkeit ist, weniger auszugeben, als man verdient, etwas von seinem Gehalt, auch wenn es nur ein geringer Betrag ist, zu sparen, einen Teil des verdienten Geldes regelmäßig zurückzulegen, als Vorsorge für die Zukunft.

Und trotzdem, wie viele haben fünf oder zehn Jahre lang ein ausreichendes Gehalt bezogen und finden sich plötzlich ohne Anstellung und ohne irgendwelche Ersparnisse wieder. Höchstwahrscheinlich schreiben sie es ihrem Schicksal zu, statt die Angelegenheit mit kühlem Kopf zu betrachten und zu erkennen, dass die Erfahrung ihnen auf höchst überzeugende Weise eine Lektion präsentiert, die sie auswendig zu lernen haben.

Wenn wir, statt unser »Schicksal« zu beklagen, zuhören, wird die leise Stimme des Gewissens uns zuflüstern, wie wir törichterweise Nickels, Dimes und sogar Dollars verschwendet haben; Ausgaben von Nickels, Dimes und Dollars ohne jeden Vergnügungswert. Geld für berechtigte Vergnügungen auszugeben muss niemals ein Anlass zur Reue sein: Vergnügungen etwa, die herrliche Erinnerungen zuteilwerden lassen, derer man nicht beraubt werden kann, wie groß die Entbehrungen auch sein mögen.

Ich kenne einen Mann, dessen Gehalt plötzlich gesperrt wurde, worauf er nicht vorbereitet war. Jahrelang hatte er sich mit seinem Einkommen ein angenehmes Leben gemacht und keinen Gedanken an die Zukunft verschwendet. »Man stelle sich nur vor«, meinte er verzweifelt, »hätte ich in den vergangenen fünfzehn Jahren nur zehn Cent täglich gespart, und das hätte mir kein bisschen wehgetan, dann hätte ich jetzt fünfhundertundsiebenundfünfzig Dollar und fünfzig Cent, ganz zu schweigen von aufgelaufenen Zinsen! Und ich hätte leicht noch viel mehr sparen können, ohne auf irgendwelche echten Vergnügungen verzichten zu müssen. Es ist unerträglich, an so eine Torheit zu denken. Ich habe die schwere Zeit verdient, die ich jetzt durchmache.«

Aber vielleicht denken Sie, dass die Familie eines Arbeiters nicht zehn Cent am Tag sparen könnte, ohne große Entbehrungen auf sich zu nehmen. Mit Sicherheit ist es nicht übertrieben, zu behaupten, dass der durchschnittliche amerikanische Arbeiter fünf Cent täglich sparen könnte, ohne Mangel zu leiden. Der Betrag ist zu niedrig, als dass es sich lohnen würde? Wir werden sehen.

Angenommen, jemand würde geloben, fünf Cent täglich beiseitezulegen, und das Tag für Tag das ganze Jahr über, und es zehn Jahre lang nicht anzurühren. Ist Ihnen bewusst, dass nach dieser Zeit hundertzweiundachtzig Dollar und fünfzig Cent zusammenkommen würden – die Zinsen nicht dazugerechnet – als Folge dessen, einen Betrag zurückzulegen, der so niedrig ist, dass die Person ihn nie vermissen würde? Zugegeben, es ist kein Vermögen, aber viele große Reichtümer sind aus einem kleineren Kapital als diesem erwachsen.

Und bei diesem Beispiel ging es nur um fünf Cent täglich. Was, wenn es zehn Cent wären? Oder ein Vierteldollar? Gibt es wirklich jemand, der keinen Vierteldollar jeden Tag beiseitelegen kann?

Die Macht der kleinen Dinge ist eine der wichtigsten Tatsachen des Lebens, die nicht oft genug hervorgehoben werden kann. Es ist absurd und unlogisch, so wenig von Pennys, Dimes oder Quarters zu halten, wenn es doch ohne sie keine Zehner und Hunderter geben kann.

Dazu noch eine Analogie: Ein Mensch allein kann klein und unbedeutend sein, aber in großer Zahl vorhanden, stellt er die Macht dar, die die Erde beherrscht. Ebenso kommt Ihnen ein Penny vielleicht ganz unbedeutend vor. Aber der kleine Same ist der Ursprung, auf den alle Reichtümer zurückzuführen sind – so, wie sich aus der winzigen Eichel der große Eichenbaum herausbildet.

Der Penny ist der Same dieses wunderbaren Schösslings, den die Besten von uns nur bewundern können und nach dem wir uns alle sehnen: der Reichtumspflanze. Wenn Ihnen eine dieser herrlichen Pflanzen gehören würde, wenn Sie träumen, im Alter ruhig und entspannt unter ihren Ästen zu sitzen, dann nehmen Sie es auf vernünftige Weise in Angriff. Behandeln Sie von jetzt an diese kleine Kupferscheibe mit dem Respekt, den ein Reichtumssame verdient. Vergeuden und verschwenden Sie solch wertvolle Samen nicht, sondern pflanzen Sie sie in die Erde, die sie hegen und pflegen wird – zuerst eine Sparkasse, dann eine sichere Anlage.

Es gibt kaum jemanden, der nicht finanziell unabhängig werden könnte, wenn er sich nur sorgfältig vor den kleinen undichten Stellen unnötiger Ausgaben hüten würde. Aber leider fällt den meisten von uns gerade das am schwersten. Statt einen kleinen Betrag unserer Einnahmen zu horten, um Vorsorge zu treffen gegen Krankheit, Arbeitslosigkeit, magere Altersrente und dergleichen, brauchen wir das Geld, so, wie es hereinkommt, ganz auf. Und beim ersten finanziellen Zusammenbruch sind dann viele von uns nicht imstande, den Sturm zu überstehen. Indem sie nichts zurücklegen, indem sie das wenige, was sie vielleicht zusätzlich haben, für ein kurzlebiges Vergnügen ausgeben, leben viele von uns also »von der Hand in den Mund«, haben nie mehr als das Nötigste, um ihre Tagesration zu bestreiten – lassen es trotz all ihrer Bemühungen zu, dass sie nicht viel besser dran sind als Sklaven.

Wenn Sie Ihre Träume von einer wohlhabenden Zukunft verwirklichen wollen, müssen Sie mit sich selbst einen Pakt schließen, jede Woche einen bestimmten Betrag von Ihrem Einkommen zu sparen.

»Vorausgesetzt, jemand hat zunächst einmal irgendeine Begabung und gesunden Menschenverstand«, sagte Philip D. Armour, »dann gibt es keinen Grund, warum nicht jeder, der sparsam, ehrlich und genügsam ist, Geld anhäufen und sogenannten Erfolg im Leben haben sollte.«

Als er gefragt wurde, welche Eigenschaften er auf seinen eigenen Erfolg zurückführte, antwortete Armour: »Ich denke, dass Sparsamkeit und Wirtschaftlichkeit viel damit zu tun hatten. Ich verdanke viel der Erziehung meiner Mutter und einer guten Familie schottischer Herkunft, die immer sparsam und genügsam war.«

»Jeder sollte sich klarmachen, dass er anfangs nie Geld anhäufen kann, solange er sich nicht die Gewohnheit des Sparens aneignet«, sagte Russell Sage. »Selbst wenn Sie zunächst nur ein paar Cents sparen können, ist das besser als gar nichts. Und Sie werden im Laufe der Monate feststellen, dass es Ihnen leichter fällt, einen Teil Ihrer Einnahmen beiseitezulegen. Es ist überraschend, wie schnell man dafür sorgen kann, dass sich ein Guthaben auf einem Konto bei einer Sparkasse vermehrt, und diejenigen, die damit anfangen und es beibehalten, haben eine gute Chance, im Alter wohlhabend zu sein. Diejenigen, die jeden Cent ihres Einkommens für ihre Lebenshaltungskosten ausgeben, beklagen die Tatsache, niemals reich geworden zu sein. Sie picken sich solche heraus, die bekanntlich ein Vermögen gemacht haben, und sagen von ihnen, dass sie ›Glück‹ gehabt hätten. Aber im Geschäftsleben gibt es so etwas wie Glück praktisch nicht, und wer sich darauf verlässt, dass man ihm durchhilft, wird höchstwahrscheinlich überhaupt nicht durchkommen.«

»Das Erste, was man lernen sollte«, sagte Andrew Carnegie, »ist Geldsparen. Indem Sie Geld zurücklegen, fördern Sie Sparsamkeit – die wertvollste aller Gewohnheiten. Sparsamkeit ist der große Vermögensmacher. Sie zieht die Grenze zwischen dem Barbaren und dem zivilisierten Menschen. Sparsamkeit fördert nicht nur Reichtum, sondern auch den Charakter.«

»Man sollte die Gewohnheit, immer etwas zu sparen, kultivieren«, sagte Marshall Field, »wie klein auch sein Einkommen ist.« Indem er nach diesem Prinzip lebte, stieg Field zum reichsten und erfolgreichsten Händler der Welt auf. Als er von einem Interviewer, den ich einmal zu ihm geschickt hatte, gefragt wurde, was er als den Wendepunkt in seiner Laufbahn ansah, antwortete er: «Als ich meine ersten fünftausend Dollar gespart hatte, während ich genauso gut das bescheidene Gehalt, das ich verdiente, hätte ausgeben können. Durch den Besitz dieser Summe, sobald ich sie hatte, vermochte ich auf günstige Gelegenheiten zu treffen. Das war für mich der Wendepunkt.«

»Sie können viele Freunde haben«, sagte Sir Thomas Lipton, »aber Sie werden niemanden finden, der so treu, so beständig ist, so bereitwillig, auf Ihre Bedürfnisse zu reagieren, so geeignet, Sie voranzutreiben, wie ein kleines, ledergebundenes Buch mit dem Namen einer Bank auf dem Umschlag. Sparen ist das erste große Erfolgsprinzip. Es verschafft Unabhängigkeit, es verleiht Ihnen Ansehen, es erfüllt Sie mit Kraft, es stimuliert Sie mit rechter Energie. In der Tat, es lässt Ihnen den besten Teil von Erfolg zuteilwerden – Glück und Zufriedenheit.«

»Sparsamkeit bedeutet Reichtum.« Dieses Sprichwort haben die meisten von uns so oft gehört, bis sie es satthaben oder wenig darauf achten. Aber man tut recht daran, sich zu erinnern, dass ein Spruch aufgrund seiner Wahrheit und Bedeutsamkeit zu einem Sprichwort wird.

Professor Marshall, der berühmte englische Ökonom, schätzte, dass 500 000 000 Pfund jährlich von der britischen Arbeiterklasse für Dinge ausgegeben werden, die nicht dazu beitragen, ihr Leben prächtiger oder glücklicher zu machen.

Bei einem Treffen der British Association äußerte der Präsident in einer Ansprache an die Wirtschaftsgruppe seine Überzeugung, dass allein Lebensmittelabfälle die oben erwähnte Schätzung gut erklären könnten.

Schätzungen zufolge beträgt in den USA der Wert der Lebensmittel, seien es originale oder angebrochene, nicht verzehrte oder Zubereitungsreste, die auf dem Müll landen, über hundert Millionen Dollar im Jahr!

Fehlende Sparsamkeit ist einer der schlimmsten Flüche der modernen Zivilisation. Verschwendungssucht, prahlerische Zurschaustellung, der Wunsch, andere in den Schatten zu stellen – alles Laster unserer Zeit, vor allem in den Vereinigten Staaten. »Wenn Sie wissen, wie man weniger ausgibt, als man einnimmt«, sagte Benjamin Franklin, »dann haben Sie den Stein der Weisen gefunden.« Das große Problem bei vielen besteht jedoch darin, dass sie nicht lernen, weniger auszugeben, als sie bekommen. Sie eignen sich nicht die Gewohnheit des Sparens an und finden somit nie den »Stein der Weisen«.

John Jacob Astor meinte, es hätte ihn mehr gekostet, die ersten tausend Dollar zu bekommen, als danach hunderttausend Dollar – aber hätte er nicht die ersten tausend gespart, wäre er arm gestorben.

Die meisten Menschen versuchen nicht einmal, Selbstbeherrschung zu üben, sind nicht bereit, gegenwärtige Vergnügungen, Bequemlichkeiten für einen größeren Nutzen in der Zukunft zu opfern. Sie geben ihr Geld für einen vergänglichen Genuss aus, für das Vergnügen des Augenblicks, und denken dabei kaum an das Morgen, und dann beneiden sie andere, die erfolgreicher sind, und wundern sich, warum sie selbst nicht besser vorankommen. Sie sammeln für die Zukunft weder Geld noch Wissen an.

Eichhörnchen wissen, dass der Sommer nicht immer währen wird. Sie legen Vorräte für den Winter an, von dem ihr Instinkt ihnen sagt, dass er kommen wird. Aber unzählige Menschen lagern nichts, brauchen alles sofort auf, sodass im Falle von Krankheit oder Alter keine Reserven verfügbar sind, nichts, worauf sie zurückgreifen können. Sie haben ihre Zukunft für die Gegenwart geopfert.

Die Leichtigkeit, mit der einem das Kleingeld entgleitet, ist tückisch. Wie viele von uns haben sich nicht schon zu guter Letzt laut gefragt: »Wo ist eigentlich das Geld geblieben?« Wir führen selten Buch darüber und unterdrücken selten einen Wunsch. Wir erkennen nicht, dass, wenn wir einen Nickel hier ausgeben und einen Dime dort, einen Quarter für dieses bezahlen und einen Quarter für jenes, innerhalb einer Woche einiges zusammenkommt. Und in einem Jahr kann dies auf eine beträchtliche Summe hinauslaufen – eine Summe, nach der sich am Ende des Jahres, in der Urlaubszeit, die meisten von uns sehnen.

Sparsamkeit ist nicht nur einer der Grundsteine zu einem Vermögen, sondern auch zum Charakter. Die Gewohnheit des Sparens verbessert die Qualität des Charakters.

Im Gleichnis vom verlorenen Sohn aus dem Evangelium findet sich eine bemerkenswerte Beschreibung. Wir erfahren, dass der jüngere Sohn »wasted his *substance* in riotous living«, wie es in der englischen Ausgabe heißt (Lukas 15,13: »… vergeudete er sein *Vermögen*, indem er verschwenderisch lebte …«, A. d. Ü.). Das bedeutet mehr, als dass er seine Geldmittel vergeudete, es impliziert, dass er sich selbst verschwendete, »his substance«.

Der schwerwiegendste Aspekt jeglicher Verschwendung ist nicht die Verschwendung von Substanz oder Vermögen, sondern die Verschwendung seiner selbst – seiner Energie, seines Charakters, seiner Selbstachtung, die Sparsamkeit bestärkt und fördert.

Das Sparen von Geld ist gewöhnlich gleichbedeutend damit, den Charakter zu schützen, zu bewahren. Es bedeutet, auf übermäßige Genüsse zu verzichten oder verwerfliche Gewohnheiten, die zum Ruin führen, zu vermeiden. Es bedeutet oft Gesundheit statt Zügellosigkeit.

Darüber hinaus deutet die Gewohnheit des Sparens auf den Ehrgeiz hin, im Leben weiter und nach oben zu kommen. Sie fördert einen Geist der Unabhängigkeit, des Selbstvertrauens. Sparen bedeutet Hoffnung, es bedeutet Ambition – die Entschlossenheit, es zu etwas zu bringen.

Ein hübsches kleines Bankkonto wird Ihre Selbstachtung und Ihr Selbstvertrauen vergrößern. Sie werden imstande sein, der Welt mit Zuversicht ins Gesicht zu blicken, denn Sie wissen, dass zwischen Ihnen und Not ein wenig Bargeld oder irgendeine Art von sicherer Investition steht.

Gerade das Bewusstsein, dass Sie einen Rückhalt haben, der sich als Hindernis für den Wolf erweisen wird, der so viele Menschen heimsucht und für so viele ein Albtraum ist und ihre Leistungsfähigkeit ruiniert, wird Sie in jeder Hinsicht stärken und unterstützen. Es wird Sie von Sorge und Angst um die Zukunft befreien, es wird Ihre Begabungen zu erkennen geben und sie von der Einschränkung und Unterdrückung befreien, die Unsicherheit, Angst und Zweifel auferlegen, und Ihnen ermöglichen, nicht nur Ihr Bestes zu geben, sondern auch Schritte zu riskieren, um vorwärtszukommen.

Zu den Todfeinden von Sparsamkeit können gezählt werden: in Schulden geraten, Geld leihen, nicht spezifiziert Buch führen über tägliche Ausgaben und der Kauf per Ratenzahlung.

Die Versuchungen, in Schulden zu geraten, nehmen rapide zu. Überall wird uns Werbung präsentiert wie »Ihr guter Name genügt uns«, »Erst nach 90 Tagen zahlen« und dergleichen. Und mit solchen Anreizen gehen Angebote von Kleidung, Möbeln und allem möglichen Dingsbums »bei unkomplizierten Zahlungsbedingungen« einher – Zahlungsbedingungen, die einem jeglicher Ruhe und Freude im Leben berauben.

Hüten Sie sich auch vor Ratenkäufen. Es gibt Tausende, die sich alle möglichen Dinge anschaffen, ohne die sie auch auskommen würden, weil sie sie in kleinen Teilbeträgen abzahlen können – auf diese Weise sorgen sie dafür, dass sie arm bleiben, und besitzen Dinge, deren Reiz bald nachlässt.

Soweit es das Geldleihen betrifft, kristallisiert sich die bittere Erfahrung unzähliger Männer und Frauen in dem alten Sprichwort »Borgen bringt Sorgen«. Ein Mensch, der Shakespeares Rat, »Kein Borger sei und auch Verleiher nicht«, befolgt, ist auf der sicheren Seite.

Aber es soll daran erinnert werden, dass Sparsamkeit weder Kleinlichkeit noch Geiz ist. Denken Sie daran, Sparsamkeit ist vor allem ein tugendhafter Charakterzug, während es sich bei Kleinlichkeit und Geiz keineswegs um bewundernswürdige Eigenschaften handelt. Sparsamkeit als Charakterzug und ein Mittel zum Wohlstand ist ein immerwährender Protest dagegen, einer falschen Sache Nachdruck zu verleihen.

Niemand sollte den Fehler begehen, derart sparsam zu wirtschaften, dass er Samen sät und dann den daraus hervorgegangenen Pflanzen eine großzügige Pflege vorenthält, dass er ein Geschäft betreibt, ohne Werbung zu machen, oder eine kleine zusätzliche Ausgabe spart, indem er sich beim Essen oder der Kleidung einschränkt.

»Ein eingesparter Dollar ist ein verdienter Dollar«, aber ein gut und großzügig ausgegebener Dollar bedeutet oft, viele Dollars verdient zu haben. Und ein eingesparter Dollar ist oft gleichbedeutend mit dem Verlust sehr vieler Dollars.

Gehortetes Geld ist oft nicht nützlicher als Gold, das so unzugänglich in der Erde lagert, dass die Spitzhacke des Bergmanns es nie erreichen wird.

Stellen Sie sich vor, alle Menschen in der Welt wären geizig und würden nach dem Prinzip »Das haben wir nicht nötig« leben. Oder: »Unsere Großväter sind ohne diese Dinge zurechtgekommen, darum können wir das wohl auch.« Wir würden immer noch bei Kerzenlicht lesen, den Kontinent zu Fuß oder zu Pferde durchqueren, tage- und wochenlang warten, um uns schriftlich oder über einen Boten mit jemandem auszutauschen, statt zum Telefon zu greifen.

Sparsamkeit ist der Beginn von Wohlstand und die Bildung des Charakters. Die Lektion der Charakterbildung ist also die Lektion der Sparsamkeit: Seien Sie nicht verschwenderisch, aber auch nicht krämerisch. Für jeden von uns mag die Balance zwischen diesen beiden unterschiedliche Maßnahmen, verschiedene Äußerungen von Selbstdisziplin erfordern.

Sie werden es wissen, wenn Sie diese Balance erreicht haben, weil Sie in Ihrem Charakter und in Ihrem Leben Reichtum erfahren werden – das Freisein von Not, das Selbstvertrauen zu handeln.

Mit Benjamin Franklin als Titelbild und dem Motto »Ihr Geld zu verdienen bedeutet mehr« brachte der YMCA in New York einen Kalender heraus. Darauf folgten die »Zehn Gebote des finanziellen Lebens eines jungen Mannes«:

- Arbeite und verdiene.

- Stelle einen Haushaltsplan auf.

- Führe Buch über deine Ausgaben.

- Richte ein Bankkonto ein.

- Schließe eine Lebensversicherung ab.

- Erwirb ein eigenes Haus.

- Mache dein Testament.

- Begleiche unverzüglich deine Rechnungen.

- Investiere in sichere Wertpapiere.

- Teile mit anderen.

Wenn Sie »in Ihren Charakter diese Bindeglieder des Erfolgs einprägen«, wie es in dem Kalender empfohlen wird, werden Sie sich nicht nur zu einem selbstbewussten, vitalen Menschen entwickeln, sondern auch das Fundament zu dauerhaftem Wohlstand, Zufriedenheit und Glück legen.

ICH BIN ...

Ich bin angesammeltes Glück.

Ich führe den Weg zu Frieden, Kraft und Fülle. Ich bringe Ihnen Freiheit von Angst und Sorge wegen des Problems des Broterwerbs.

Ich bin ein Freund der Reichen ebenso wie der Armen.

Ich bin gesunder Menschenverstand, auf allerlei Weisen auf das Leben angewendet.

Ich bin eine Stütze in der Jugend und ein Stab im Alter.

Ich vermehre Hoffnung, Vertrauen, Zuversicht, Gewissheit bezüglich der Zukunft.

Ich bin die beste Art der Versicherung gegen Armut und Misserfolg. Ich beseitige den Schatten des Armenhauses.

Ich wirke mich günstig auf die Gesundheit, Tüchtigkeit, das höchstmögliche Wohl des Einzelnen aus.

Ich verhindere diese Angst vor schlechten Zeiten; tatsächlich schaffe ich die schlechten Zeiten ganz ab.

Ich lege Hoffnung in das Herz eines Menschen – Licht in menschliche Augen, das nie zuvor da gewesen ist.

Ich versetze Menschen in die Lage, sich alle möglichen Gelegenheiten zum Weiterkommen zunutze zu machen – Chancen zu ergreifen, die sie, wenn ich nicht da wäre, verpassen würden.

Ich ermögliche einen dringend benötigten Urlaub, eine Ruhepause, Erholung und eine Reise. Ich bedeute Muße, ein Leben, das sich in höherem Maße den Kunstwerken der Natur und den schönen Dingen in der Welt widmet.

Ich bedeute bessere Chancen für Ihre Kinder, bessere Schulen, bessere Kleidung, eine kultiviertere Umgebung, größere Sicherheit für ihre Zukunft.

Ich zeige Ihnen, wie Sie das Beste aus Ihrem Einkommen machen, wie Sie den Überschuss am vorteilhaftesten aufwenden, wie Sie Ihre Zeit, Ihre Kraft, Ihre Begabung und Ihr Geld am klügsten anlegen.

Ich sichere die Zukunft ab; ich befähige Sie, voller Zuversicht zu arbeiten, aufzuschauen und nicht nach unten, sich über Ihre Umgebung zu erheben.

Ich bewahre Tausende von Menschen vor dem Gefängnis, halte sie davon ab, Diebstahl oder andere Verbrechen zu begehen.

Ich bin ein Sinnbild für Charakter, Stabilität, Selbstbeherrschung; ein Beweis, dass ein Mensch nicht das Opfer seiner Begierden und Schwächen ist, sondern deren Herr.

Ich bin der Feind dieses großen Fluches der Menschheit – Schulden –, der das Heim Unzähliger zugrunde richtet, für Scheidung sorgt, Liebe auslöscht und jeglichen inneren Frieden verdirbt.

Ich bin das, was Menschen hilft, das Haupt über die Menge zu erheben, unabhängig, selbstbewusst zu sein und sich für etwas in der Welt einzusetzen.

Eine große Zahl von Familien steht ohne Heim, ohne Geld da und macht alle möglichen Arten von Not, Entbehrung und Demütigung durch, weil sie mit mir keine Partnerschaft eingegangen ist.

Ich bin der beste Freund der Frau. Ich mache aus ihr eine bessere Geschäftsfrau. Ich helfe ihr, sich unabhängig zu machen, selbstbewusst zu werden und sich selbst zu finanzieren.

Wie auch immer Sie Ihren Lebensunterhalt verdienen, ob Sie Handarbeiter sind oder Kopfarbeiter, in einem Gewerbe oder in einem freien akademischen Beruf tätig sind, ob Ihr Einkommen niedrig oder hoch ist, Sie werden immer im Nachteil sein, immer Risiken eingehen, was Ihre zukünftige Sicherheit und Ihr Glück anbelangt, wenn Sie mich nicht als Partner haben.

Ich bin der Beginn wahren Erfolges, das, was ein Fundament unter Ihre Luftschlösser legt, das, was Ihre Träume wahr werden lässt, was dieses »Eigenheim« errichtet, worauf sich jede ehrgeizige Person als Höhepunkt ihrer Hoffnungen freut.

ICH BIN SPARSAMKEIT.

25

Sich selbst finanzieren

Nichts bedeutet so viel, wie die Kunst des Umgangs mit Geld zu lernen und zu wissen, wie man sich auf vernünftige Weise selbst finanziert – denn davon hängt Ihr Vermögen ab, sich unabhängig zu machen und, als Folge dessen, Ihr Bestes zu leisten.

Jedes Kind sollte gelehrt werden, wie man mit Geld umgeht, wie man es spart, wie man es auf kluge Weise für die persönliche Erweiterung und die Bereicherung des Lebens ausgibt.

Jedes Kind sollte zu Spargewohnheiten erzogen werden, sollte den wahren Wert des Geldes kennenlernen und imstande sein, die Rückenschmerzen in jedem Dollar zu spüren. Wenn wir unseren Kindern die Bedeutung von Geld nicht beibringen, wie können wir dann von ihnen erwarten, dass sie als Erwachsene Weisheit im Umgang mit Geld zeigen?

Leider ist es jedoch so, dass, wenn es darum geht, Geld auszugeben oder zu investieren, die Durchschnittsperson im Erwachsenenalter überhaupt keinen Gebrauch macht von dem guten Urteilsvermögen, das sie beim Geldverdienen einsetzt. Viele Menschen leben, gehen in Rente und sterben, ohne jemals finanzielle Unabhängigkeit erlangt zu haben, ohne jemals imstande gewesen zu sein, wirklich für ihren Lebensunterhalt zu sorgen.

Ständig begegnen mir Leute mittleren Alters oder älter, die viele Jahre lang hart gearbeitet und versucht haben, vorwärtszukommen. Aber sie haben nichts zum Vorzeigen – sie haben nichts beiseitegelegt, sie besitzen keine guten, soliden Anlagen, sie verfügen über kein Bargeld, das sie in die

Lage versetzt, Gelegenheiten wahrzunehmen. Sie sind nicht vorangekommen, weil sie nie gelernt haben, wie man sich selbst finanziert. Sie sind wie der Frosch im Brunnen, der immer wieder hochspringt, nur um wieder auf den Boden zu fallen, wo er angehoben hat.

Geld ist die schlüpfrigste Sache in der Welt. Die meisten Leute können es genauso wenig festhalten wie einen Aal oder ein eingefettetes Schwein. Es gleitet ihnen durch die Finger und verschwindet durch alle möglichen Löcher im Geldbeutel. Sehr viele Menschen können zwar Geld *machen*, aber es kommt nur hin und wieder vor, dass jemand es festhalten kann.

Einer der ersten Schritte zur finanziellen Unabhängigkeit besteht darin, ein persönliches Kassenkonto zu führen. Dies ist einer der besten Erzieher und Lehrer für Sparsamkeit und Ordnung. Wenn die Gewohnheit im Kindesalter angenommen wurde, kann mit ihr nie gebrochen werden. Sie wird im späteren Leben ein Auskommen bedeuten, wo andernfalls nichts da wäre.

Die Welt verlangt, dass jeder von uns weiß, wie man für sich selbst sorgt – wie man unabhängig ist, selbstbewusst, sich vernünftig selbst finanziert, das meiste aus seinem Einkommen herausholt.

Doch wie Sie Ihren Lebensunterhalt bestreiten, ob als Handarbeiter oder als Kopfarbeiter, in einem Gewerbe oder in einem freien Beruf, zu Hause oder in einem Geschäft, ob Ihr Einkommen niedrig oder hoch ist, Sie werden immer im Nachteil sein, wenn Sie nicht wissen, wie man sich erfolgreich selbst finanziert. Das hat nichts mit Geiz zu tun, sondern es bedeutet, zu wissen, wie man sein Einkommen am besten ausschöpft, dass man den eingesparten Überschuss nicht für albernen Luxus oder törichte Investitionen hergeben sollte.

Die tragischen Folgen von Schulden oder davon, sich nicht selbst finanzieren zu können, sollten jedem von Kindheit an unauslöschlich eingeprägt werden. Manche der vielversprechendsten Karrieren wurden dadurch ruiniert.

Sofern Sie es noch nicht getan haben, fangen Sie jetzt damit an, sich einzutrainieren, dass Sie sich unter keinen Umständen verleiten lassen werden, Ihr Leben durch finanzielle Verpflichtungen zu komplizieren. Seien

Sie sich bewusst, dass Ihr Erfolg im Leben, die Verwirklichung Ihres Ziels, in sehr hohem Maße davon abhängt, Ihre Fähigkeiten von jeglicher Art der Verstrickung freizuhalten, und dass Sie diese Freiheit um jeden Preis bewahren müssen. Ihre uneingeschränkte Begeisterung und Hingabe sind kostbare Anlagen, und nichts zerstört sie wirksamer als das Bewusstsein, durch den Fluch von Schulden an Händen und Füßen gefesselt zu sein. Niemand, der sich ständig in den Klauen von Armut, von zermürbenden Schulden befindet, kann glücklich sein, wie optimistisch er auch sein mag.

Vergessen Sie nie, dass Hypotheken für Ihre Zukunftsaussichten unheilvoll sind.

Ich habe eine Menge vielversprechender Leute kennengelernt, die sich für ein Auto in Schulden gestürzt hat. Viele haben sogar ihr Haus mit einer Hypothek belastet, um an einen Wagen zu kommen, und versuchten sich zu rechtfertigen, indem sie anführten, dass es für die Gesundheit und die Freude ihrer Ehepartner und Kinder oder für ihr Ansehen in der Welt so viel bedeuten würde.

Und, ja, höchstwahrscheinlich bedeutet es ihnen viel. Aber andererseits behindert der Kauf eines Gegenstandes, den Sie sich eigentlich nicht leisten können, Sie – und Ihre Familie – jahrelang. Wie Marshall Field sagte: »Die Tendenz heutzutage, über seine Verhältnisse zu leben, bringt Unheil über Tausende.«

Viele Menschen leben über ihre Verhältnisse, weil sie es nicht ertragen können, dass andere denken, sie könnten sich dieses oder jenes nicht leisten, dass sie nicht den Schein, ihr Sozialprestige wahren können. Aber es ist besser, unbeliebt zu sein, als in der Klemme zu stecken.

ICH BIN ...

Ich bin Ihr bester Freund in Zeiten der Not.

Ich kann für Sie tun, was diejenigen, die Sie am meisten lieben, ohne meine Hilfe nicht in der Lage sind zu tun.

Ich bin das Öl, das die Wogen des Lebens glättet. Ich schaffe Probleme aus der Welt und beseitige Hindernisse, die nichts anderem weichen werden.

Ich bin ein Förderer von Vertrauen, ein Ansporn zum Ehrgeiz, ein Anreiz für die Aspiration, eine unschätzbare Hilfe für Menschen, die sich abmühen, ihre Träume zu verwirklichen.

Ich gebe Ihnen ein gutes Gespür für Unabhängigkeit, ein Gefühl der Sicherheit im Hinblick auf die Zukunft, das Ihre Kraft und Fähigkeit erhöht und Sie in die Lage versetzt, energiegeladener und spontaner zu arbeiten.

Ich bin ein Sprungbrett für bessere Dinge; ein Hoffnungsstrahl, ein Feind der Mutlosigkeit, weil ich eine der wichtigsten Ursachen für Sorge, Furcht und Angst entferne.

Ich vergrößere Selbstachtung und Selbstvertrauen und gebe ein Gefühl des Wohlbehagens und der Zuversicht, das sonst niemand geben kann. Ich verleihe ein Bewusstsein der Kraft und der Stärke, das unzählige Menschen, die andernfalls kriechen würden, dazu bringt, ihre Selbstachtung nicht zu verlieren und Würde zu zeigen.

Ich habe Zehntausende, die Opfer brachten, um mich zu bekommen, dazu befähigt, großartige Gelegenheiten zu nutzen – sowohl zur persönlichen Entfaltung als auch zur geschäftlichen Entwicklung –, die jene, die mich nicht besaßen, sich entgehen lassen mussten.

Ich vergrößere Ihre Bedeutung in der Welt und Ihre Kraft, Gutes zu tun. Ich bringe Menschen dazu, gut über Ihre Fähigkeiten zu denken, stärke ihr Vertrauen in Ihnen, gebe Ihnen Ansehen, Kapitel, eine sichere Stellung, Einfluss, Anerkennung und viele der guten Dinge des Lebens, die ohne mich unerreichbar wären.

Ich bin ein Stoßdämpfer gegen die Erschütterungen des Lebens, ein Puffer zwischen Ihnen und den harten Stößen und Schlägen der Welt.

Millionen von Familien machten alle möglichen Härten und Erniedrigungen durch, weil sie mich nicht besaßen, denn hätten sie mich gehabt, wäre ihnen so viel Leid und Elend erspart geblieben.

Unzählige Menschen haben ihren Lebensabend in Obdachlosigkeit und Elend verbracht oder sich mühsam durchgeschlagen in erniedrigender Abhängigkeit von den – manchmal widerwillig – gegebenen Almosen von Verwandten, während andere unzählige im Armenhaus gestorben sind, weil sie sich in ihren produktiven Jahren nicht mit mir angefreundet haben.

Ich bin einer der zuverlässigsten Helfer im Lebenskampf, dem Ringen um Unabhängigkeit, stets bereit, Sie in einem Notfall in Ihrer Familie oder einer geschäftlichen Krise zu unterstützen. Sie können sich immer auf mich verlassen, dass ich in die Bresche springe und meine Arbeit verrichte, still, wirkungsvoll, ohne große Töne.

ICH BIN … EIN WENIG BARGELD.

26

Selbstvertrauen und Wohlstand

»Euch geschehe nach eurem Glauben« (Matth. 9,29) ist genauso wissenschaftlich in der Welt des Alltags wie in der Welt der Religion. Ob es Ihr Ziel ist, ein großes Unternehmen aufzubauen, ein Vermögen anzuhäufen, politische Macht und Einfluss zu gewinnen, sich einen Namen auf dem Gebiet der Wissenschaft zu machen – wo auch immer Sie eine Neigung zeigen –, ein herausragender Glaube an sich selbst ist der zwingende Preis dafür.

Die meisten Menschen sind erfolglos, weil sie nicht an sich selbst glauben. Sie zweifeln an ihrer Fähigkeit, ihr Ziel zu erreichen. Sie glauben zwar nicht genug an sich selbst, aber dafür umso mehr an äußere Umstände und die Hilfe anderer Leute. Sie warten auf einen glücklichen Zufall, auf Fremdkapital, auf einen Aufschwung, auf Einfluss, auf Beziehungen, auf etwas oder jemanden außerhalb ihrer selbst, der ihnen Hilfe angedeihen lässt. Sie haben sich zu sehr auf alles andere verlassen, nur nicht auf sich selbst. Und jetzt bleiben sie hinter ihren Zielen zurück, weil sie nicht bereit sind, den Preis für das, was sie sich wünschen, zu zahlen, oder sie haben nicht den Mut, einen neuen Versuch zu unternehmen.

Selbstvertrauen war schon immer der beste Ersatz für Freunde, Herkunft, Einfluss und Geld. Es ist das beste Kapital in der Welt. Mit Selbstvertrauen wurden mehr Hindernisse überwunden, mehr Schwierigkeiten bewältigt und mehr Unternehmungen durchgeführt als mit jeder anderen menschlichen Eigenschaft. Es hat mehr Millionäre hervorgebracht als jede andere menschliche Kraft oder Eigenschaft.

Wenn Sie nicht lernen, unumstößliche und endgültige Entscheidungen zu treffen und dann danach zu handeln, wenn Sie schwanken und zaudern, zulassen, dass Sie durch entgegengesetzte Umstände mal die eine, mal die andere Richtung einschlagen, wird Ihr Lebensschiff immer ziellos umhertreiben, werden Sie niemals verankert sein. Sie werden immer Unwettern und Stürmen auf Gedeih und Verderb ausgeliefert sein und niemals in den Hafen des Wohlstands einlaufen.

Wenn mich jemand fragt, wie ich seine Erfolgsaussichten im Leben einschätze, versuche ich, etwas über die Entscheidungsfähigkeit des Betreffenden herauszufinden. Wenn jemand in der Lage ist, sich schnell, energisch und endgültig zu entscheiden, bin ich mir sehr sicher, dass er sich durchsetzen wird. Keine andere Fähigkeit spielt eine derart wichtige Rolle beim erfolgreichen Aufstieg im Beruf wie diejenige, weise, schnelle, unumstößliche und endgültige Entscheidungen zu treffen.

Diejenigen, die das Zeug zum Gewinnen haben, zögern, trödeln und schwanken nicht. Sie gehen mit Schwung ran und nehmen die schwierigsten Aufgaben als Erstes in Angriff – und führen sie zu Ende.

Wir fangen gerade erst an zu begreifen, dass wir nicht nur unsere Stimmungen und all unsere Gedanken kontrollieren können, sondern auch unsere unmittelbaren Verhältnisse, denn unsere unmittelbaren Verhältnisse sind hauptsächlich auf unsere Gedanken, Gefühle, Emotionen und Geisteshaltung zurückzuführen, die feste Gestalt angenommen haben. Wir erschaffen den größten Teil unserer eigenen Welt durch unsere Gedanken, unsere Triebkräfte.

Solange Sie von positiven und schöpferischen Gedanken erfüllt sind, so lange werden Sie über Mut, Initiative und Urteilskraft verfügen – Sie werden ein Schöpfer sein. Aber in dem Moment, in dem Sie mutlos und niedergeschlagen sind, sind Ihre Fähigkeiten eingeschränkt, sind Sie in Ihren Entscheidungen schwankend, ist Ihre Urteilskraft schwach und unsicher und Ihr ganzes Reich des Geistes erschüttert. Halten Sie Ihren Geist in einem positiven Zustand, indem Sie solchen Verrätern wie Zweifel, Mutlosigkeit, Angst oder Sorge den Zutritt zu ihm verweigern. Sie sind Ihre Todfeinde. Sie können niemals erfolgreich sein, solange Sie ihnen Raum geben. Vertreiben Sie sie. Lassen Sie die Tore Ihres Geistes für sie geschlossen. Fürchten Sie sich niemals vor Misserfolg; vergegenwärtigen Sie ihn sich nicht; machen Sie sich kein Bild von Armut und haben Sie keinen Horror davor, denn dies alles führt dazu, dass es Wirklichkeit wird, und hält gerade das, was Sie sich wünschen, von Ihnen fern.

Es ist sehr gut möglich, unsere Denkart derart positiv auszurichten, dass, gleichgültig welche widersprüchlichen Strömungen oder Schwingungen anderer negativer, unharmonischer Denkweisen uns treffen, sie bei uns nichts auszurichten vermögen. Dann sind wir unempfänglich für alles Negative; wir können alle möglichen widrigen Umstände, mit denen wir konfrontiert werden, durchstehen, ohne davon beeinflusst zu werden, weil wir angesichts des negativen Gedankens und des negativen Umstands nicht schwanken, wir bewahren uns unsere unverwüstliche positive Haltung.

Was zählt, das ist eine positive Einstellung gegenüber allen Menschen und Dingen, mit denen Sie im Leben in Berührung kommen. Das ist der Schlüssel zur Meisterschaft, zu Erfolg und Wohlstand.

Tatsächlich war es der Ehrgeiz, erfolgreich zu sein, getragen vom »Ich kann«- und »Ich werde«-Geist des Selbstvertrauens, der einen armen Jungen nach wiederholten und entmutigenden Misserfolgen dazu befähigte, der Stadt New York ihr schönstes Geschäftsgebäude zu schenken – das Woolworth Building. Ausländische Architekten bezeichneten es als das schönste Bauwerk der Welt, »einen Traum in Stein«.

Der Mann, der es erschuf, war Frank W. Woolworth. Auf einer kleinen Farm im Bundesstaat New York geboren, hatte er kein anderes Erbe als einen gesunden Körper und die natürliche Entschlossenheit und das Selbstvertrauen, die so viele zu ihrem Ziel gebracht haben. Seine Laufbahn begann er in einem kleinen Lebensmittelgeschäft in der Ecke eines Güterschuppens, der dem Bahnhofsvorsteher von Great Bend, N. Y., gehörte. Dort arbeitete er unentgeltlich als Verkäufer und stellvertretender Bahnhofsvorsteher. Sein erstes Gehalt in einem größeren Geschäft betrug 3,50 Dollar die Woche. Trotz jahrelanger unaufhörlicher schwerer Arbeit waren Enttäuschung und Misserfolg die einzigen sichtbaren Ergebnisse seiner Bemühungen. Aber ungeachtet schrecklicher Armut gab er nicht auf, bis Fortuna ihm lächelte: Er begann, die sogenannten »Fünf-und-Zehn-Cent«-Geschäfte, »Einheitspreisläden«, zu eröffnen, mit dem Erfolg, dass er vor seinem Tod das Woolworth Building, den damals größten Wolkenkratzer der Welt, errichten ließ und über Tausend Filialen mit einem Kapital von 65 000 000 Dollar besaß, die vielen tausend Menschen Arbeit verschaffte.

Henry Ford ist ein weiterer Amerikaner, der mit nichts als Intelligenz und dem Glauben an seine Fähigkeit, das zu tun, was er tun wollte, ins Leben startete. Nach vielen Höhen und Tiefen – als Jugendlicher hatte er zuerst auf der elterlichen Farm bei Detroit gearbeitet, später als Maschinist und dann als Chefingenieur bei der Edison Illuminating Company, während er in seiner Freizeit stets an seiner Erfindung weiterarbeitete, mit der er schon als kleiner Junge begonnen hatte, seinem Traktor – war er bereits über vierzig Jahre alt, als er mit dem Erfolg in Berührung kam. Tatsächlich hielten diejenigen, die seinen Charakter, seinen unbeugsamen Willen, sein Selbstvertrauen und seine Kraft, der Niederlage dem Sieg abzuringen, nicht beurteilen konnten, ihn mit vierzig für einen Versager. Aber in jener Zeit war er gerade damit beschäftigt, die Ford Motor Company aufzubauen, und auf dem besten Weg zu dem phänomenalen Erfolg, der seinen Namen und seine Automobile auf der ganzen Welt bekannt machte.

Es sind die Menschen mit hundertprozentigem Selbstvertrauen – die ihre Zweifel vernichten, ihre Ängste ersticken, jedes Mal, wenn sie hinfallen, wieder aufstehen und ungeachtet der Hindernisse nach vorn drängen –, die sich im Leben durchsetzen.

Solange Sie in einer von Misserfolgsdenken durchdrungenen Atmosphäre leben, können Sie nicht Ihre Höchstleistung bringen, weil Sie kein hundertprozentiges Selbstvertrauen haben können – und, vergessen Sie nicht, dass Ihre Errungenschaften, Ihr Erfolg von dem Anteil Ihres Glaubens an sich selbst und Ihr Vorhaben abhängen wird.

Sehr viele, die im Leben scheitern oder nur mittelmäßige Positionen erlangen, behindern sich dadurch, dass sie sich selbst herabsetzen, nicht an ihre Fähigkeiten glauben, sich Minderwertigkeit einreden. Nichts schadet dem Erfolg mehr als diese Art Geisteshaltung. Einem Napoleon würde es die Ausdauer austreiben. In dem Augenblick, in dem Sie sich bestätigen, unfähig zu sein, Ihr Vorhaben durchzuführen, oder dass etwas dauerhaft den Weg zum Ziel Ihres Ehrgeizes blockieren kann, errichten Sie ein Hindernis für Ihren Erfolg, das durch nichts zu entfernen ist, wie hart Sie auch daran arbeiten mögen.

Dass diejenigen es können, die glauben, dass sie es können, trifft auf jede Lebenssituation zu.

Als Admiral Farragut gefragt wurde, ob er auf eine Niederlage eingestellt sei, antwortete er: »Das bin ich gewiss nicht. Jeder Mann, der mit einer Niederlage rechnet, ist schon halb besiegt, bevor er überhaupt angefangen hat.«

Dr. William F. Warren, ehemaliger Präsident der Boston University, sagte in einer Ansprache an die Studenten: »Kein Befehl, keine Bitte taucht in der Bibel so oft auf wie dieses eindringliche ›Fürchte dich nicht!‹. Ich dachte einmal daran, eine Predigt darüber vorzubereiten, aber dieses Thema erwies sich als zu fruchtbar für mich. Von der Genesis bis zur Apokalypse schien ›Fürchte dich nicht!‹ ein nicht enden wollender Refrain zu sein. Ich begann die Stellen, an denen diese Worte vorkommen, zu zählen; bald hatte ich zwanzig, dann dreißig, dann vierzig, dann fünfzig Stellen gefunden. Beim Überfliegen vom fünfzigsten bis zum siebzigsten Vorkommen fiel mir auf, dass andere Worte, wie solche von unserem Herrn, ›Euer Herz erschrecke nicht und fürchte sich nicht‹, genau das Gleiche bedeuteten, sodass meine Zählung, auch wenn sie vollständig war, niemals die richtige Gesamtsumme darstellte.«

Trotzdem gibt es Millionen Menschen in Amerika, in allen Teilen der Welt, die ständig von Angst vor irgendetwas erfüllt sind. Von der Wiege bis zum Grab wirft die Angst ihren Schatten über viele, ruiniert und beeinträchtigt unzählige Leben, macht Menschen unglücklich, hält sie in Armut und Minderwertigkeit gefangen – treibt viele sogar in den Wahnsinn und in den Tod.

Vor nicht langer Zeit glitt eine junge Frau in New York auf einem vereisten Bürgersteig aus und stürzte auf die Straße. In diesem Augenblick kam ein mit Pferden bespanntes Fuhrwerk so dicht an ihr vorbei, dass die Räder sie beinahe streiften. Starr vor Schreck bei dem Gedanken an die Gefahr, die für sie bestand, stellte sie sich vor, von diesem Fuhrwerk tatsächlich überfahren worden zu sein. Als sie von der Straße aufgehoben und mit einer Ambulanz in ein nahe gelegenes Krankenhaus gebracht wurde, redete sie irre über die Pferde und das sie überrollende Fuhrwerk, und schließlich wurde sie geisteskrank.

Diese Tragödie war ausschließlich das Resultat der Einbildungskraft, denn am Körper der jungen Frau war nicht der geringste Kratzer zu finden, auch ihre Kleidung war unversehrt geblieben. Wie die Ängste und Sorgen, die dazu führen, dass so viele Menschen im Leben erbärmlich scheitern, entbehrte das, was ihr den Verstand raubte, jeder Tatsache.

Denken Sie nur an die Angst vor Armut. Denken Sie an das Elend, das sie verursacht. Wer vermag einzuschätzen, welches Maß an Zerstörung allein diese Angst in der Menschheitsgeschichte angerichtet hat – die Angst davor, in Not zu geraten, die peinigende Vorstellung von dem Wolf, der sich der Tür nähert, die Qual angesichts des möglichen Leidens unserer Lieben, wenn wir ihre Bedürfnisse nicht befriedigen können! Oh, diese schreckliche Angst vor Not! Wir lesen sie unzähligen Menschen von den Gesichtern ab, die nie gelernt haben, Fülle darzutun, die nichts vom Gesetz des Wohlstands wissen und nie daran dachten, dass das Hegen dieser Angst vor Not, dieses Grauens vor Armut, dieser Überzeugung, dass sie zu einem Leben in Armut verurteilt sind, sie von der Versorgung, dem Überfluss, nach dem sie sich doch so sehr sehnen, entfernt. Sie wissen nicht, dass sie allein dadurch, dass sie Gedanken an Wohlstand, an Reichtum hegen, dass sie sich ihre Verbindung mit grenzenloser Versorgung vorstellen, dass sie sich ausmalen, was sie wollen, und nicht, was sie nicht wollen, von der verhassten Armut wegkommen und sich mit dem Urquell der Versorgung vereinen.

Wie viele Männer und Frauen erschöpfen ihre Kraft und vermindern ihre Erwerbsfähigkeit, indem sie nachts wach liegen und sich über ihre beruflichen Schwierigkeiten, ihre häuslichen Probleme, die zunehmenden

Bedürfnisse ihre größer werdenden Familien Sorgen machen und sich fragen, wovon sie sie unterhalten sollen! Hat diese Angst, diese Sorge jemals zu ihrem Einkommen beigetragen, zu ihrer Gesundheit, zu ihrem Wohl oder ihrem Glück?

Das große Geheimnis von Wohlstand und auch von Glück liegt darin, zu glauben und zu vertrauen, dem Leben mit Mut und Selbstvertrauen gegenüberzutreten und nicht mit Schwierigkeiten zu rechnen. Trotzdem stellen sich die meisten von uns dem Leben nicht auf die richtige Weise, wir fürchten und sorgen uns. Angesichts dieser Erkenntnis und des Wissens um die negativen Einflüsse einer solchen Geisteshaltung bei der Entstehung von Nervenkrankheiten und anderen lebensbeeinträchtigenden Problemen gab der Public Health Service mit Sitz in Washington einst ein Bulletin heraus, in dem es heißt:

Soweit bekannt ist, hat kein Vogel jemals versucht, mehr Nester zu bauen als sein Nachbar. Kein Fuchs hat sich jemals darüber geärgert, nur einen Bau als Unterschlupf zu haben. Kein Eichhörnchen ist jemals an Angst gestorben, nicht genug Vorräte an Nüssen für zwei Winter statt für einen zurückgelegt zu haben, und kein Hund hat jemals eine schlaflose Nacht verbracht wegen der Tatsache, nicht genug Knochen für seinen Lebensabend beiseitegelegt zu haben.

Sollten wir uns nicht ein Beispiel nehmen an denen, die wir als die »niederen Tiere« bezeichnen, indem wir uns keine Sorgen über unsere zukünftige Versorgung machen, die eine der Hauptursachen für unsere Angst sind?

»Aber«, erwidern wir darauf, »sie können doch nicht logisch denken.«

Aber das ist nicht die Botschaft. Die Botschaft ist, dass sich die Tiere, auch wenn sie unter dem schrecklichsten Durst und Hunger leiden, weiterhin voller Hoffnung vorwagen, bis wirklich jede Hilfsquelle erschöpft ist, während wir so schnell die Hoffnung, den Glauben verlieren, den Jesus so beharrlich in seine Jünger einzuprägen versuchte:

»Darum sollt ihr nicht sorgen und sagen: Was werden wir essen? Was werden wir trinken? Womit werden wir uns kleiden? ... Denn euer himm-

lischer Vater weiß, dass ihr des alles bedürfet. ... Darum sorget nicht für
den andern Morgen, denn der morgende Tag wird für das Seine sorgen. Es
ist genug, dass ein jeglicher Tag seine eigene Plage habe« (Matth. 6,31).

Dem Menschen also, der unentwegt Angst vor einem nahe bevorstehenden
Unheil hat, sich immer fürchtet, immer mit etwas rechnet, was zu seinem
Schaden führen wird, oder ständig grübelt über etwas, was bereits eingetre-
ten ist, fehlen die wesentlichsten Charaktereigenschaften und Erfolgsmerk-
male – Mut, Selbstvertrauen und Glaube an sein großartiges Inneres –, die
ihn größer und bedeutsamer werden lassen als alles andere, was ihm passieren kann.

Beunruhigung, Sorge, fehlender Glaube, Selbstherabsetzung, Zaghaftig-
keit, mangelndes Selbstvertrauen: Sie sind allesamt Ausdrucksformen von
Angst und können in Ihrem Geist nicht einen Augenblick lang neben Gedanken der Beherztheit, der Suggestion von Furchtlosigkeit, Selbstvertrau-
en, Selbstsicherheit existieren. Statt sich bevorstehende Schwierigkeiten
und Pech auszumalen, über die Probleme, denen Sie gegenüberstehen, zu
grübeln und zu befürchten, dass Sie sie niemals meistern werden können,
überfluten Sie Ihren Geist mit Gedanken des Triumphes, mit Gedanken
an die Kraft, die in Ihrem großartigen Inneren ruht, immer darauf wartend,
benutzt zu werden, immer der Riesenangst überlegen, die versucht, Sie mit
Schreckgespenstern einzuschüchtern, mit Unwirklichkeiten, die in den
meisten Fällen außerhalb Ihrer von Sorgen gequälten Vorstellungskraft
nicht bestehen.

Wenn Sie Angst und Sorgen vertreiben, werden Sie es als äußerst hilfreich empfinden, resolute, beherzte Gedanken laut auszusprechen. Das
nächste Mal, wenn etwas, von dem Sie glauben, dass es Sie zurückhält,
Ihnen zuflüstert: »Tu das nicht; du wirst dich lächerlich machen. Viele stärkere, fähigere Männer, als du es bist, sind genau bei dem gleichen Versuch
gescheitert. Viele mit mehr Talent, unter günstigeren Umständen, mit mehr
Einfluss und mithilfe von außen haben bei dem ehrgeizigen Vorhaben
versagt, das du jetzt in Angriff nehmen willst, arm und schlecht ausgerüs-
tet wie du bist. Du solltest dich besser in Acht nehmen; stell sicher, dass

du erfolgreich sein wirst, bevor du dich darauf einlässt" – hören Sie nicht auf diese böse Stimme, denn es ist Angst, die zu Ihnen flüstert. Und sie lügt, so, wie sie Millionen andere, die vor Ihnen kamen, angelogen hat, so, wie sie Millionen andere, die nach Ihnen kommen, anlügen wird. Diejenigen, die auf sie hören, werden niemals ihr Geburtsrecht auf Frieden, Stärke, Harmonie, Erfolg und Fülle geltend machen.

Es ist ein großer Unterschied, ob Sie sich mit zusammengebissenen Zähnen und Willensstärke auf eine Sache einlassen, um zu gewinnen, ob Sie gleich zu Beginn bereit sind, Ihr Glück zu machen, in Ihrem Geschäft oder Beruf erfolgreich zu sein, die Sache durchzuführen, an die Ihr Herz hängt – oder ob Sie Ihr Vorhaben mit der Vorstellung in Angriff nehmen, dass Sie erst einmal anfangen und sich allmählich hindurcharbeiten und weitermachen, falls Sie nicht auf zu viele Hindernisse stoßen, aber dass es immer eine Möglichkeit gibt, auszusteigen, falls die Dinge nicht gut laufen sollten. Sich auf eine Sache einzulassen mit der festen Entschlossenheit, ans Ziel zu gelangen, diese Selbstsicherheit, dieses innere Gefühl der Stärke zu empfinden, das einen zum Herrn der Lage macht, ist schon die halbe Miete.

Wenn man sich dagegen auf eine Niederlage gefasst macht, mit ihr rechnet, dann ist man, genau wie es Admiral Farragut zum Ausdruck brachte, bereits halb besiegt, bevor man überhaupt angefangen hat. Sie müssen alle Brücken hinter sich abreißen, Sie müssen dafür sorgen, dass Sie nicht in Versuchung kommen, den Rückzug anzutreten, wenn die Aussichten ungewiss zu sein scheinen.

Alle Menschen, die große Taten in der Welt vollbracht haben oder vollbringen, besitzen nicht nur den Glauben, der Berge versetzt, sondern sie legen strenge Maßstäbe an sich selbst an. Sie fassen sich nicht mit Samthandschuhen an. Sie halten sich mit eiserner Disziplin aufrecht. Sie gestatten es sich nicht, zu trödeln, zu faulenzen; sie verbieten sich Trägheit, Gleichgültigkeit, Unschlüssigkeit; sie richten ihren Blick fest auf das Ziel und verzichten auf alles, was ihren Plan durchkreuzt, was dem größeren Erfolg im Weg steht. Sie wissen, dass die Person, die zu sehr angetan ist vom Polstersessel, die zu viel an Bequemlichkeit und Behaglichkeit denkt, an amüsante Abende mit Gefährten, an die Sinnesfreuden, niemals irgendwo ankommen wird.

Es ist unmöglich, einem Menschen, der auf Sieg ausgerichtet ist, eine Niederlage zu bereiten. Wenn er den Glauben besitzt, der Berge versetzen kann, das Zeug zum Gewinnen hat, wird er auch gewinnen, gleichgültig, was sich ihm in den Weg stellt. Solche Menschen sind nicht niederzuhalten, nicht nur wegen ihres unerschütterlichen Glaubens an sich selbst, sondern auch, weil sie bereit sind, den letzten Cent des Preises zu zahlen, den selbst der Begabteste für den Erfolg zahlen muss.

Nichts kann Ihnen verwehrt werden, wenn Sie bereit sind, den Preis dafür zu zahlen. Nur Ihre eigene Trägheit, Ihr fehlendes Selbstvertrauen, Ihr eigener Mangel an Tatkraft und Entschlossenheit können Ihr Vorhaben durchkreuzen. Ihre Sehnsüchte sind die Beweise, die Sie mit Tatsachen unterstützen können.

Glaube bagatellisiert Hindernisse, weil er Fähigkeiten verstärkt und die Kraft vergrößert. Die Jungfrau von Orléans erhöhte sich selbst tausendmal durch ihren Glauben, vergrößerte ihre Fähigkeiten um eine Million Mal durch ihre Überzeugung, dass Gott ihr befohlen habe, den französischen Thron wiederherzustellen und den Feind von ihrem Heimatboden zu vertreiben. Sie war bereit, jedes Opfer zu bringen, um ihr Land zu retten – und jedes Opfer, das sie brachte, jedes Hindernis, das sie überwand, machte sie noch stärker, um die große Tat zu vollbringen, die sie sich vorgenommen hatte.

»Willst du aber erkennen, ..., dass der Glaube ohne Werke tot ist?« (Jakobus 2,20).

Wir wissen, dass ohne Taten der Glaube nichts nützt. Alles hängt von der »Geschäftigkeit« ab, mit der wir ihn stärken. Die einzig wahre Kraft, die man jemals erlangen kann, wird im Kampf, um Hindernisse zu überwinden, gewonnen. Es ist die Anstrengung von Kopf und Muskelkraft, die beim konkreten Tun aufgeboten wird, das ausgesprochen harte Arbeiten, das energische Denken und Planen, was das starke Individuum formt – denjenigen, der das Ziel seines Ehrgeizes erreicht.

Es war ständige Geschäftigkeit, ergänzt durch sein unerschütterliches Selbstvertrauen, die Alfred Harmsworth, nach seiner Erhebung in den Adelsstand Lord Northcliffe, zu einem der reichsten Männer Großbritanniens und einem der erfolgreichsten Zeitungsverleger der Welt machte. In einem Interview sagte er: »Ich glaube, dass, gleichgültig welche Position ich erreicht habe, sie darauf zurückzuführen ist, dass ich meine Energien und Zeit bündelte. Als ich Journalist wurde, beschloss ich, das Verlagsgeschäft in den Griff zu bekommen. Das ist ein riesiges Spezialgebiet, aber damals war ich sehr jung und hatte eine ganze Menge Selbstvertrauen.«

Dieses Selbstvertrauen war schon in seiner Kindheit eines seiner ausgeprägtesten charakteristischen Merkmale. Bereits mit fünfzehn Jahren, als er ein britisches Gymnasium besuchte, gründete er eine kleine Schülerzeitung, in der er schrieb: »Ich weiß aus verlässlichster Quelle, dass diese Zeitung ein beachtlicher Erfolg sein wird.« Und sie erwies sich als ein beachtlicher Erfolg. Mit dreiundzwanzig Jahren stieg er mit einer kleinen Wochenzeitung namens *Answers to Correspondents* ins Verlagsgeschäft ein, die binnen fünf Jahren eine Auflage von über eine Million erreichte. Noch vor seinem dreißigsten Geburtstag war er Millionär und mit vierunddreißig Chef des größten Verlagshauses der Welt – eines Verlagshauses, dessen Zeitungskampagnen einen beträchtlichen Einfluss auf Großbritanniens Aktivitäten im Ersten Weltkrieg ausübten.

Wir bekommen in diesem Leben das, worauf wir uns mit aller Kraft konzentrieren. Unser Erfolg oder Misserfolg liegt in unseren Händen. Viele Menschen, die sich beklagen, dass die Tür zum Erfolg vor ihnen verriegelt und verschlossen ist, weil sie zu arm sind, um in den Genuss einer Ausbildung zu kommen, oder weil sie niemanden haben, der ihnen zu der ersehnten Position verhilft, sind in Wirklichkeit nicht erfolgreich, bekommen nicht das Gewünschte, weil sie nicht bereit sind, die notwendigen Anstrengungen zu unternehmen, die zum Erfolg führen.

Sie sind nicht bereit, die harte Arbeit zu verrichten. Vielleicht glauben sie an ihre Fähigkeiten, aber sie setzen nicht die unerschütterliche Energie ein, um die Fähigkeiten arbeiten zu lassen und sie dazu zu bewegen, Dinge für sie zu erledigen. Sie wollen jemand anderen, der die Anstrengungen auf sich nimmt, der etwas für sie bewirkt – aber noch nie hat es jemand geschafft, auf dem Rücken eines anderen die Leiter zum Erfolg emporzusteigen. Jeder von uns muss unter Hochdruck arbeiten, muss selbst Dinge geschehen lassen oder eben scheitern.

Als Joseph Pulitzer, ein junger Mann aus Deutschland, nach Amerika kam, war er so arm, dass er auf den Bänken im City Hall Park, New York, schlafen musste, vor dem Gelände, wo später das von ihm errichtete New York World Building stehen sollte. Dieser arme Junge besaß so viel Glauben und so viel Energie, dass er Millionen mit einer Zeitung machte, die in den Händen der Leute, denen er sie abkaufte, ein ziemlicher Reinfall war.

Gleichgültig, wie einfach Ihre Stellung ist, ob Sie nur Streckenarbeiter sind, Straßenkehrer, Tagelöhner oder Botenjunge, wenn Sie an sich selbst glauben, an Ihre Vision, und Ihren Glauben mit harter Arbeit stärken, kann Sie nichts aufhalten, Ihre Vision zu verwirklichen. Ein Vermögen wird auf die gleiche Weise angehäuft, die einen zu einem erfolgreichen Musiker, Politiker oder Erfinder macht: Glaube und unermüdliche Arbeit.

Glaube und Arbeit wohnt Magie inne. Es ist der Glaube, der bei allen Unternehmungen den Weg führt. Es ist die göttliche Kraft, die eine Person mit der großen Quelle aller Vorräte, der Quelle aller Intelligenz, der Quelle aller Kraft, aller Möglichkeiten, verbindet. Wenn Sie glauben – hundertprozentig an sich selbst glauben, an Ihr Lebenswerk, an alles, was Sie unternehmen – und wenn Sie Ihren Glauben mit ebenbürtiger Hartnäckigkeit in Ihrer Arbeit stärken, können Sie nicht scheitern. Sie müssen einfach wohlhabend werden.

ICH BIN ...

Ich bin das, was im Wandel der Zeiten hinter allen Errungenschaften steht, was den Weg zum Erfolg, zum Glück führt.

Ich überquerte einen unbekannten Ozean mit Kolumbus, der ohne mich niemals Amerika entdeckt hätte.

Ich war mit Washington in Valley Forge, und ohne mich wäre es ihm nicht gelungen, die amerikanischen Kolonien zu befreien und sie zu einer Nation zu vereinen.

Ich erlebte mit Lincoln den Bürgerkrieg und führte seine Feder, als er die Proklamation zur Sklavenemanzipation verfasste, durch die Millionen Menschen von der Sklaverei befreit wurden.

Ich war bei den britischen Patrioten, die König Johann zwangen, diese großartige Urkunde der Menschenrechte zu unterzeichnen – die Magna Charta.

Ich stand hinter denen, die die amerikanische Unabhängigkeitserklärung unterschrieben.

Ich überquerte mit Cyrus W. Field fünfzigmal den Ozean, bevor seine große Aufgabe, die Verlegung des Transatlantikkabels, vollbracht war. Ich war mit ihm auf dem Schiff, als das Kabel mitten im Meer brach, nachdem die erste Nachricht darüber übertragen worden war, und flößte ihm Mut ein, nicht aufzugeben, als die ganze Arbeit wiederholt werden musste.

Ich bin der Schlosser, der alle Türen aufschließen kann, den kein Hindernis aufhalten kann, den keine Schwierigkeit oder Katastrophe entmutigen kann, den kein Pech oder Unglück von seinem Vorhaben abbringen kann.

Ich bin ein Freund der Heruntergekommenen, der Unglücklichen, derer, deren Leben eine Enttäuschung ist. Wenn sie mich ergreifen würden, würde ich sie umdrehen, sodass sie sich ihrem Ziel zuwenden und darauf zugehen würden, statt ihm den Rücken zu kehren und in die andere Richtung zu gehen; sie würden die Sonne anblicken und den Schatten hinter sich und nicht vor sich fallen lassen.

Ich bin ein Förderer, ein Optimist, jemand, der immer so etwas wie Hoffnung in jedem Menschen sieht, denn ich weiß, dass es in jedem einen Gott gibt; dass Männer und Frauen Götter und Göttinnen im Werden sind; dass sie alle fähig sind, unendlich mehr zu tun, unendlich bessere Dinge, als sie bisher getan haben.

Gleichgültig, wie schlecht die Bedingungen sind, denen ich gegenüberstehe, ich lächele, denn ich weiß, dass die Sonne sich immer hinter den Wolken verbirgt und dass der Sturm sich nach einer Zeit verziehen und die Sonne wieder scheinen wird.

Ich sehe über eine gelegentliche Niederlage hinaus den Sieg. Ich sehe über Hindernisse hinaus, die die meisten Menschen entmutigen, denn ich weiß, dass Hindernisse kleiner werden, je näher man ihnen kommt; und die Erfahrung hat mich gelehrt, dass nur ein Bruchteil der Dinge, die Menschen fürchten, vor denen sie Angst haben, über die sie sich sorgen, jemals wirklich geschieht.

Wenn Sie mich kennen, wenn Sie an mich glauben, mit mir arbeiten, an mir festhalten, gleichgültig wie viele Misserfolge und Enttäuschungen Sie in Ihrer Vergangenheit erlebt haben, werde ich Ihnen helfen, widrige Umstände zu meistern, und ich werde Sie mit Erfolg krönen, denn ich überwinde alle Schwierigkeiten.

ICH BIN GLAUBE.

27

Zeit ist Geld ... und noch viel mehr

Ich habe noch nie jemanden kennengelernt, der das Leben in welcher Hinsicht auch immer lohnenswert gemacht hat, bis er oder sie zu der Erkenntnis vom enormen Wert der Zeit gelangt ist. Zeit ist unser kostbarster Aktivposten, unser größter Reichtum, denn in ihr ruht unser Erfolg, unser Glück, unser Schicksal.

Trotzdem sind unzählige Menschen damit zugange, die Zeit totzuschlagen. Ihr Hauptziel im Leben besteht darin, sie so schnell wie möglich zu vertun. Ihnen ist nicht klar, dass dies unendlich verschwenderischer ist, als es für einen Reichen wäre, der Hundert-Dollar-Scheine oder wertvolle Diamanten ins Meer wirft.

Der Erfolg einer Person kann recht genau nach dem Wert beurteilt werden, dem sie der Zeit, insbesondere der Freizeit, beimisst.

»In meinem Leben habe ich viele Berühmtheiten im Krieg, in der Politik, in der Wissenschaft, in den freien akademischen Berufen und im Geschäftsleben kennengelernt«, sagte der verstorbene US-Senator Hoar aus Massachusetts. »Wenn man mich bitten würde, das Geheimnis ihres Erfolges zu erklären, würde ich es im Allgemeinen nicht auf irgendeine besondere Begabung zurückführen, sondern auf den Gebrauch der Stunden, den sie machten, nachdem das normale Tageswerk verrichtet war, Stunden, die andere verschwendeten oder dem Nichtstun, der Erholung oder der Geselligkeit widmeten. Die großen Dinge in dieser Welt wurden von Menschen mit gewöhnlicher natürlicher Begabung vollbracht, die ihr Bestes gaben. Sie haben ihr Bestes gegeben, indem sie nie ihre Zeit vergeudet haben.«

Der einzige Grund, warum viele Menschen einfache, gewöhnliche Angestellte bleiben, Routinearbeiten verrichten und ein geringes Gehalt beziehen, ist nicht, weil sie nicht die Fähigkeit besitzen, aufzusteigen, sondern
weil sie sich der Möglichkeiten in ihrer Freizeit nicht bewusst sind.

»Man ist nach einem Arbeitstag so müde, dass einem nicht nach Lernen
ist«, wird von vielen oft als Entschuldigung vorgebracht, wenn man sie daran erinnert, dass sie nichts tun, um sich zu verbessern. Es ist nur die Recht-
fertigung derer, die nicht den Ehrgeiz haben, sich emporzuarbeiten – und
dann darauf hinweisen, dass andere, die ihre Zeit gut genutzt haben, mehr
»Glück« gehabt haben.

Tatsächlich ist es wohl bekannt, dass eine andere Beschäftigung, eine Ab-
wechslung am Abend – wenn andere Muskelgruppen, Bereiche des Hirn-
gewebes, Ideen und Gedanken ins Spiel gebracht werden –, im Allgemeinen
erholsam und nicht ermüdend ist. Natürlich sollte jeder ein angemessenes
Maß an Zeit für notwendige Erholung, körperliche Bewegung und Ruhe
vorsehen. Aber sehr oft verschwenden diejenigen, die behaupten, sie seien
zu müde, um abends zu lernen, mehr Energie für törichte Zerstreuungen
oder für zielloses Herumtrödeln und Nichtstun, als wenn sie sie fürs Lesen
oder Lernen verwenden würden.

Erst neulich las ich über eine junge Schullehrerin, die in ihrer Freizeit
sechs oder sieben Sprachen lernte und der es gelang, indem sie sich abends
mit dem Privatunterricht von Schülern etwas dazuverdiente, genug Geld zu
sparen, um nach Europa zu reisen und sich in diesen Sprachen zu vervollkommnen. Die kulturelle Fülle, die sie bei ihren Reisen in den verschiedenen europäischen Ländern vorfand, und die Freude, die es ihr bereitete,
wären zweifellos eine große Belohnung gewesen für die Opfer, die sie
brachte; aber sie bekam viel mehr als das, denn sie verbesserte sich rapide
in ihrem Beruf und ist inzwischen Lehrerin für Französisch, Deutsch und
Italienisch an einer Highschool für Mädchen.

Es existiert kein Zaubermittel, das eine Person, die es zulässt, dass verschwendete Stunden in die Tagesstruktur Eingang finden, mit einer golde-
nen Zukunft ausstatten kann. Das unbeirrte und unaufhörliche Streben
nach Selbstverbesserung in Ihrer Freizeit ist die erforderliche Vorausset-

zung, um Ihre Zukunft golden zu machen – um Ihnen Reichtum, Wissen, Weisheit, Stärke, Ruhm zu bringen –, woran auch immer Ihr Herz hängt.

Wenn Sie auf adäquate Weise erfolgreich sein wollen, auf eine Weise, die im Einklang mit Ihren Möglichkeiten steht, müssen Sie nicht nur alle Zeitlöcher schließen, sondern auch alle undichten Stellen in Ihrem geistigen und körperlichen System instand setzen und jeden Ausfluss von Energie stoppen, der nicht dazu beiträgt, Sie tauglicher zu machen, um in Ihrem Leben den großen Erfolg zu haben, der für Sie möglich ist.

Wie oft werden wir an den Wert der Zeit durch das Sprichwort »Zeit ist Geld« erinnert. Aber Zeit ist mehr als Geld, es ist das Leben selbst – denn in jedem einzelnen Moment verrinnt sie, sie nimmt einen Teil unserer Lebensspanne mit sich.

Zeit ist Gelegenheit. Zeit stellt Ihr Erfolgskapital dar, Ihre Leistungsmöglichkeiten. Alles, was Sie sich erhoffen, alles, von dem Sie träumen es zu erreichen, hängt von ihr ab.

»So kurz das Leben auch ist«, sagte Victor Hugo, »wir machen es noch kürzer durch die unbedachte Verschwendung von Zeit.«

Bringen Sie diesen Spruch an der Wand über Ihrem Schreibtisch oder Ihrer Arbeitsbank an, wo er Sie ständig an die enormen Möglichkeiten erinnert, die den Minuten und Stunden jeden einzelnen Tages innewohnen. Entscheiden Sie sich, jede Minute eines jeden Tages erfolgreich zu sein, und leben Sie nach Ihrer Entscheidung – und nichts wird Sie davon abhalten können, nicht nur ein erfolgreicher Mann oder eine erfolgreiche Frau zu werden, sondern auch ein hervorragender Mensch.

Sie sind der Architekt Ihres Schicksals, der Herr Ihres Geschicks, und genau in diesem Augenblick formen Sie Ihre Zukunft. Jeder Tag ist ein Schritt näher zu oder ein Schritt weiter weg von dem Ziel Ihres Traums. Die kostbaren Stunden Ihrer Tage sind von unschätzbarem Wert. Die Verwirklichung all Ihrer Träume ist in ihnen enthalten.

Gleichgültig, wie begrenzt Ihre Zeit ist, wie anstrengend Ihre tägliche Arbeit ist, Sie können sich fortbilden, indem Sie in Ihrer Freizeit lesen und studieren, und Ihre Einkommensverhältnisse ungeheuer verbessern.

Je bedeutender die Person, umso größer der Wert, der der Zeit zugeteilt wird. Solche Menschen betrachten sie als einen wichtigen Faktor, als das kostbarste Kapital, das das Leben bereichern kann. Ob ihr Ziel der Erwerb eines Vermögens ist oder ob sie in irgendeiner anderen Hinsicht erfolgreich sein wollen, sie wissen, dass alles davon abhängt, was sie mit ihrer freien Zeit anfangen.

Andere dagegen betrachten Zeit nie als einen kostbaren Faktor, bis es zu spät ist. Sie können nicht der Verlockung der Vergnügung widerstehen und schieben dann die Verfolgung ihres Ziels auf. Sie gehen mit ihrer Zeit nicht sparsamer um, als sie es in Bezug auf ihr Geld tun. Sie schlagen viel Zeit tot, ohne sich darüber im Klaren zu sein, dass sie auf diese Weise ihre Aussichten ruinieren, ihre Zukunft ruinieren, sich selbst ruinieren.

Sagen Sie sich, wenn Sie morgens aufwachen, wenn Sie anfangen zu arbeiten und dann noch viele Male im Laufe des Tages: »Ich werde diesen Tag sinnvoll nutzen.« Tagtäglich angewendet, werden Sie über die wunderbare Wirkung überrascht sein, die diese Praxis auf Ihr ganzes Leben ausüben wird. Durch sie werden Sie den höchsten Punkt Ihrer Leistungsfähigkeit und Effektivität erreichen. Sie wird für Sie alles bedeuten sowohl in charakterlicher als auch in finanzieller Hinsicht.

Jeder von uns hat die gleiche Anzahl Stunden am Tag zur Verfügung, die gleiche Anzahl Tage im Jahr. Der Hauptunterschied zwischen Erfolg und Misserfolg liegt darin, wie die Stunden an diesen Tagen genutzt werden.

Das, was wir in den vorübergehenden Augenblick einbringen, nur das und sonst nichts, macht das ganze Leben, den ganzen Charakter, den ganzen Erfolg aus. Die Ernte unseres Morgen wird dem Samen entsprechen, den wir heute säen. Wenn wir diese Eigenschaft nicht in den gegenwärtigen Augenblick einbringen, die wir in unserem Erfolg, in unserem Charakter, in unserem Leben als Ganzes erwarten, wird sie nicht da sein. Wenn Energie, Initiative und Fleiß in Ihrem Heute fehlen, können die Resultate davon nicht in Ihrer Zukunft auftauchen. Es ist das tägliche Ziel, die Stunden nicht unter seinen Händen zerrinnen zu lassen, bis man aus ihnen ihr größtes Potenzial herausgeholt hat, das den Tag erfolgreich werden lässt. Und es ist die Anhäufung solcher täglicher Erfolge, die uns zur Verwirklichung unserer Ziele befähigt.

28

Machen Sie Ihre Träume wahr

In einem Brief, den Washington mit gerade zwölf Jahren schrieb, heißt es: »Ich werde eine schöne Frau heiraten; ich werde einer der reichsten Männer des Landes werden; ich werde die Armee meiner Kolonie anführen; ich werde den Staat regieren, den zu gründen ich mithelfe.«

General Grant erzählt in seinen *Memoirs*, dass er als junger Mann in West Point General Scott sah, der auf seinem Pferd sitzend die Kadetten musterte, und etwas in seinem Inneren sagte: »Ulysses, eines Tages wirst du an seiner Stelle reiten und General der Armee sein.«

Jeder weiß, wie diese Männer, als sie erwachsen waren, ihre jugendlichen Visionen verwirklichten.

J. Pierpont Morgan vermehrte sein Vermögen hauptsächlich durch die dynamische und eindringliche Art seines Denkens, seines mentalen Visualisierens, das Nähren seiner jugendlichen Visionen. Er hatte vielfältige und schöngeistige Neigungen, konzentrierte sich jedoch auf Geldgeschäfte und wurde Weltmeister in seinem Fach.

Das alte Griechenland konzentrierte sich auf Schönheit und Kunst und wurde das große Schönheitsmodell und Kunstlehrer der Welt. Das Römische Reich konzentrierte sich auf Macht – und wurde Herrin der Welt. England konzentrierte sich auf die Kontrolle der Meere und des Handels und wurde Herrscher der Meere und die größte Handelsmacht der Welt.

Worauf Sie Ihre Aufmerksamkeit richten mögen, Sie werden dazu neigen, es auch zu bekommen, weil Konzentration ebenso eine Kraft ist wie Elektrizität. Der Mensch, der sich auf Rechtswissenschaft konzentriert, sich

derart darin versenkt, dass sie ihm in Fleisch und Blut übergeht, sogar wenn
er schläft, alles über dieses Gebiet liest, was aufzutreiben ist, sich bei jeder
möglichen Gelegenheit in Gerichtssäle stiehlt und sich Verhandlungen an-
hört, wird mit aller Sicherheit Jurist werden.

Nicht anders verhält es sich mit jedem anderen Beruf und jeder Kunst –
Medizin, Maschinenbau, Literatur, Musik, egal mit welcher der Künste und
Wissenschaften. Diejenigen, die sich auf eine Idee konzentrieren, die nicht
aufhören, ihre Träume zu visualisieren und zu nähren, die ihr Ziel niemals
aus den Augen verlieren, gleichgültig, wie dunkel oder Furcht einflößend
der Weg ist, erreichen das, worauf sie ihre Gedanken ausrichten. Sie machen aus ihrem Geist starke Magneten, um das anzuziehen, worauf sie ihre
Aufmerksamkeit richten. Früher oder später werden sie ihre Träume verwirklichen.

Wenn Sie Ihre Gedanken bündeln, sie beharrlich hegen und sie in Ihre
Bemühungen in Richtung Ihres größten Ziels integrieren können, vermag
nichts Sie aufzuhalten, um dieses zu erreichen. Aber sporadische Konzentration, sporadische Begeisterung, wie groß auch immer, wird versanden.
Sie verschwenden lediglich Ihre Kraft, wenn Sie einfach nur träumen, ohne
sich anzustrengen. Es ist das Festhalten an Ihrer Vision, gepaart mit beharrlicher, konzentrierter Anstrengung auf der materiellen Ebene, das Sie ans
Ziel gelangen lässt.

Im Washingtoner Patentamt werden Tausende Erfindungen aufbewahrt,
die für die Welt völlig nutzlos sind, weil ihre Schöpfer nicht lang genug an
ihrer Vision festgehalten haben, um sie zur Vollendung zu bringen. Sie
wurden entmutigt und brachen ihre Arbeit ab. Sie ließen ihre Visionen verblassen und wurden auf diese Weise entmagnetisiert und verloren die Kraft,
um sie zu verwirklichen. Andere Erfinder haben viele solcher »Beinahe-
erfolge« aufgegriffen, sie um die fehlenden Bindeglieder ergänzt und somit
vollendet und zu ihrem echten Gelingen beigetragen.

Die Welt ist voller enttäuschter Männer und Frauen, die ihre Lebenslust
verloren haben, weil sie nicht bekommen konnten, wonach sie sich sehn-
ten – Musik- oder Kunstunterricht, die erforderliche Ausbildung zum Anwalt, Arzt, Ingenieur, Schriftsteller oder einer anderen Tätigkeit, zu der sie

sich berufen fühlten. Sie quälen sich ab in einer Umgebung, die ihnen nicht zusagt, und hadern mit dem Schicksal, das ihnen alles genommen hat. Sie fühlen sich vom Leben betrogen, während doch in Wahrheit sie sich selbst betrogen haben. Sie haben niemals die Spindel und den Spinnrocken bereitgelegt, damit die Flachsfasern zum Spinnen eines glücklichen und vollendeten Lebensgewebes hätten aufgewickelt werden können. Sie schickten ihre Wünsche und Sehnsüchte nicht eindringlich und hartnäckig hinaus; sie nährten sie nicht und weigerten sich entschieden, nichts davon zu erwarten; vor allem aber boten sie nicht all ihre Kräfte auf, um sie zu verwirklichen.

Drei Dinge müssen wir tun, um unsere Träume wahr zu machen:

- uns unseren Wunsch vergegenwärtigen,

- uns auf unsere Vision konzentrieren,

- daran arbeiten, sie zu verwirklichen.

Die dafür notwendigen Hilfsmittel sind in uns, nicht außerhalb von uns. Gleichgültig welcher Herkunft wir sind oder ob wir mit Vermögen gesegnet sind, es gibt nur eine Kraft, durch die wir unser Lebensmaterial formen können: den Geist.

Von zwei Jungen oder zwei Mädchen in der gleichen armseligen Umgebung eignet sich einer Bildung an, schult sich selbst für eine einflussreiche Stelle, während der andere zu einem Niemand heranwächst. In dem Jungen oder dem Mädchen steckt das ganze Potenzial. Jedem steht ähnliches Material zur Verfügung, das er einarbeiten kann. Einer verwandelt es in Gold, der andere in Blei.

Zwei Seeleute zwingen ein und dieselbe Brise dazu, ihre Schiffe in entgegengesetzte Richtungen fahren zu lassen. Es ist nicht der Wind, der bestimmt, welcher Hafen angelaufen wird, sondern ausschlaggebend ist vielmehr, wie die Segel gesetzt wurden.

Die Kraft, die unseren Wunsch, unsere Vision, Wirklichkeit werden lässt, ist nicht in unserer Umgebung oder in irgendeiner Bedingung außerhalb von uns zu suchen, sondern in uns selbst.

Es gibt eine unsichtbare, unbekannte magnetische Kraft, die aus der lang anhaltenden Konzentration des Geistes auf einen gehegten Wunsch hervorgeht und die diesem Wunsch entsprechende Wirklichkeit anzieht. Wir können nur nicht sagen, was für eine Kraft das ist, die das von uns Ersehnte aus dem kosmischen Äther herausholt und vergegenständlicht, es so formt, dass es mit unserem Wunsch übereinstimmt. Wir wissen lediglich, dass sie existiert. Der uns überall umgebende kosmische Äther ist voller ungeahnter Potenziale, und der starke, konzentrierte Geist reicht hinaus in diesen Äther, dieses Meer der Intelligenz, zieht sein eigenes an und vergegenständlicht den Wunsch.

Alle menschlichen Errungenschaften wurden durch das Gehirn aus dem Unsichtbaren herausgezogen, durch den Geist, der hinausreicht und die ihm zur Verfügung stehende Fülle von Material zu den Formen gestaltet, die den Wünschen, den Sehnsüchten, dieser Erfolgsmenschen entsprechen.

All die großen Entdeckungen, Erfindungen, Taten, die uns aus unserer animalischen Existenz emporgehoben haben, wurden im Grunde dadurch zuwege gebracht, dass ihre Urheber unaufhörlich an diese Dinge dachten und sie visualisierten. Diese großartigen Menschen hielten an ihrer Vision fest, nährten sie so lange, bis sie zu starken Magneten wurden, die aus der universellen Intelligenz heraus die Verwirklichung ihrer Träume anzogen.

Die meisten revolutionären Erfindungen entwickeln sich aus einem Gedankenblitz heraus. Die Nähmaschine zum Beispiel entstand aus einer einfachen Idee, die den Erfinder nicht losließ, bis sie durch seine Anstrengungen konkrete Formen annahm. Elias Howe pflegte seiner Frau zuzusehen, wenn sie Kleidungsstücke anfertigte, und sie nähte bis tief in die Nacht. Es veranlasste ihn zum Nachdenken, und er fragte sich, ob diese stumpfsinnige Schinderei wirklich notwendig sei. Als er wieder einmal zusah, wie ihre Nadel sich hin und her bewegte, fragte er sich weiter, ob diese Arbeit, die seine Frau so lange beanspruchte, nicht auch mit weniger Mühe und in der halben Zeit mithilfe eines mechanischen Apparats erledigt werden könnte. Er nährte seine Idee weiter und stellte sich vor, wie herrlich es doch wäre, wenn jemand Millionen von Frauen von dieser Plackerei, die häufig abends nach einem arbeitsreichen Tag noch anstand, erlösen könnte.

Zunächst experimentierte er mit primitiven Vorrichtungen. Er blieb seiner Vision treu trotz Armut und der Anprangerung von Freunden, die glaubten, der Mann müsse verrückt sein, seine Zeit auf »eine solche törichte Idee« zu verwenden. Aber schließlich materialisierte sich seine Vision zu einer wunderbaren Wirklichkeit, einer perfektionierten Maschine, die die Welt von enormer Schinderei befreite.

Die Idee vom Telefon blitzte in Professor Alexander Bell angesichts einer Schnur auf, die durch ein Loch im Boden einer Blechkanne gezogen worden war, worüber er herausfand, dass das gesprochene Wort übertragen werden konnte. Diese Idee ergriff derart Besitz von dem Erfinder, dass sie ihm den Schlaf raubte und ihn eine Zeit lang arm machte. Aber nichts konnte ihm seine Vision nehmen oder ihn davon abhalten, sich so lange abzumühen, bis sie Wirklichkeit geworden war.

Ich lebte in der Nähe von Professor Bell, in der Tat im Zimmer daneben, während er an seiner Erfindung arbeitete. Ich erlebte einen Großteil seines Kampfes gegen die Armut mit, hörte die Vorwürfe und Anprangerungen seiner Freunde, da er seine visionäre Arbeit unbeirrt fortsetzte, bis das Telefon Wirklichkeit wurde – eine Wirklichkeit, ohne die das moderne Leben undenkbar wäre.

Alle Erfindungen Edisons, diejenigen eines jeden Erfinders, wurden nach dem gleichen Grundsatz entwickelt, der uns die Nähmaschine und das Telefon brachte. Sie alle begannen als einfache Ideen, als Traumvisionen, die genährt und wahr gemacht wurden.

Die Gehirnzellen entwickeln sich als Reaktion auf Wünsche. Wo es keine Wünsche gibt, kommt es auch nicht zum Wachstum. Das Gehirn entwickelt sich am meisten in Richtung des Hauptziels, wo die geistigen Aktivitäten am intensivsten sind. Infolge des Wunsches nach einer musikalischen Laufbahn beispielsweise entfalten sich die musikalischen Gehirnzellen. Unternehmerische Ambitionen fördern jenen Teil des Gehirns, der mit Geschäften zu tun hat, die Zellen, die in Gang gesetzt werden, wenn es um Unternehmensleitung, Verwaltungsaufgaben, Geldverdienen geht. Ganz gleich, wo wir durch einen Wunsch Anforderungen an das Gehirn stellen, reagiert der entsprechende Teil darauf mit Wachstum.

Jahrelang baut ein armer Bauernjunge Luftschlösser hinsichtlich seiner Zukunft. Er stellt sich das große Handelsunternehmen vor, das er leiten wird. Der Spott seiner Familie und junger Kameraden kann ihn nicht entmutigen oder das strahlende Bild, das er in weiter Ferne sieht, trüben. Er nährt seine Vision weiter, und siehe da, aus dem Unbekannten treten unerwartete Ressourcen hervor, und schon bald findet er sich als Bürogehilfe in einem großen Handelshaus in der Stadt seiner Träume wieder. Er beobachtet alles mit Adleraugen; er nimmt Informationen und Ideen in sich auf; er ist aufgeweckt, aktiv, energetisch, findig, und binnen weniger Monate wird er befördert und dann wieder befördert. Er lenkt die Aufmerksamkeit des Firmenchefs auf sich, der ihn in sein Privatbüro ruft, ihm sagt, dass er seit vielen Monaten ein Auge auf ihn hat und dass er glaubt, er sei der junge Mann, nach dem er für die Geschäftsleitung sucht. Er vertraut ihm ein kleines Lager an; das Geschäft floriert noch mehr unter seiner Leitung, und ein paar Jahre später wird der neue Manager zum voll haftenden Teilhaber in dem Unternehmen, in dem er einst als Bürogehilfe angefangen hat. Das ist die volle Entfaltung seines Traums, die Vergegenständlichung seiner Vision, die Anpassung der Wirklichkeit an seine jugendlichen Sehnsüchte. Sein Gehirn hat sich in Richtung seiner Vision kontinuierlich entwickelt und das Material angezogen, um sie wahr zu machen.

Ein armes Mädchen, die Tochter einfacher Leute in Maine, die glaubten, es sei eine unverzeihliche Sünde, eine berühmte Sängerin zu werden, konnte am Anfang keinen möglichen Weg erkennen, um die Träume, die sie im Geheimen hegte, zu verwirklichen, aber sie stellte sich weiterhin ihren Traum vor, nährte ihren Wunsch und tat für seine Verwirklichung das Einzige, was seine Eltern erlauben würden – nämlich in einem kleinen Kirchenchor zu singen. Allmählich tat sich ein Weg auf, und ein Schritt führte zum nächsten, bis aus dem kleinen Mädchen aus Maine die berühmte Madame Nordica (Lillian Nordica) wurde, eine der größten Sängerinnen der Welt.

Egal ob Sie ein armes Mädchen vom Lande sind und keine Möglichkeit sehen, Ihre armen alten Eltern zu verlassen, um die eigene Karriere in Angriff zu nehmen, lassen Sie Ihren Wunsch nicht los. Ob es sich dabei um

Musik handelt, um Kunst, Literatur, Handel oder einen akademischen Beruf, halten Sie daran fest. Wie düster die Aussichten auch sein mögen, vergegenwärtigen Sie sich weiterhin Ihren Wunsch, und Licht und Gelegenheiten werden sich einstellen, um Sie in die Lage zu versetzen, ihn wahr zu machen. Wofür der Schöpfer Sie auch befähigt hat, Er wird Ihnen eine Chance dazu geben, wenn Sie Ihrer Vision treu bleiben und Ihr Bestes geben, um sie zu verwirklichen.

Denken Sie an die Lillian Nordicas, die Lucy Stones, die Louisa Alcotts, die Mary Lyons, die Dr. Anna Howard Shaws, die Tausende von Frauen, die genauso wie Sie durch Armut oder irgendwelche düstere Umstände eingeschränkt waren und denen es trotz allem gelang, das zu tun, was sie tun wollten, das zu sein, was sie sein wollten. Fassen Sie sich ein Herz und glauben Sie fest daran, dass Gott auch Ihnen »alle göttlichen Hilfsmittel, um sich den Weg« zu Ihrem Herzenswunsch »zu schaffen«, mitgegeben hat.

Wenn Sie ein Bauernjunge sind und sich für den geborenen Ingenieur halten, aber keine Möglichkeit erkennen, um eine technische Ausbildung zu erhalten, dann verlieren Sie nicht den Mut oder die Hoffnung. Besorgen Sie sich alle möglichen Bücher über Ihr Spezialgebiet. Halten Sie an Ihrer Vision fest. Stoßen Sie in jede Ihnen mögliche Richtung vor. Vielleicht dauert es Jahre, aber wenn Sie sich treu bleiben, wird sich dadurch, dass Sie sich auf Ihren Wunsch konzentrieren, dass Sie sich zu ihm vorarbeiten, Ihnen eine Tür ins Licht öffnen, und bevor Sie wissen, wie Ihnen geschieht, werden Sie sich auf dem Weg zu Ihrem Ziel befinden.

Washington, Lincoln, Faraday, Edison – die Männer, die so viel vollbracht haben – mussten sich genauso viel Mühe geben wie Sie jetzt, um ihre innigsten Wünsche zu erfüllen. Und heute stehen die Chancen zehn zu eins im Vergleich zu denen vor hundert oder fünfzig oder gar fünfundzwanzig Jahren. Die große Gefahr in unserer Zeit ist nicht der Mangel an Chancen oder Gelegenheiten, sondern besteht darin, dass wir unsere Vision verlieren, dass wir unseren Ehrgeiz erkalten lassen.

Statt unsere Wünsche ernst zu nehmen, spielen die meisten von uns mit ihnen, als ob sie nur zu diesem Zweck da wären, als ob sie niemals Wirklichkeit werden könnten. Wir glauben nicht an ihre Göttlichkeit. Wir betrachten die Wünsche unserer Herzen, die Sehnsüchte unserer Seelen, als kuriose Launen, romantische Ideen der Einbildungskraft. Trotzdem wissen wir, dass jede Erfindung, jede Entdeckung oder Errungenschaft, die die Welt gesegnet hat, ihren Ursprung hatte in einem Wunsch, in einer Sehnsucht danach, etwas Bestimmtes zu schaffen oder zu tun, und dass die anhaltende Sehnsucht mit Anstrengungen einherging, um das geistige Bild Realität werden zu lassen.

Es fällt uns schwer, die Tatsache zu begreifen, dass eine von Anstrengungen begleitete Ambition eine schöpferische Kraft ist, die danach strebt, sich zu verwirklichen. Unser Denken ähnelt dem des zweifelnden Jüngers, der nicht glauben konnte, dass sein Herr auferstanden war, bis er sogar seinen Finger in die Seite stieß, die von einem unbarmherzigen Speer durchbohrt worden war. Nur die Dinge, die wir sehen, scheinen für uns real zu sein, während es doch definitiv so ist, dass die realsten Dinge in der Welt unsichtbar sind.

Wir zweifeln nicht an die Existenz der Kraft, die die Knospe aus dem Samen entstehen lässt, das Blätterwerk und die Blume aus der Knospe, die Früchte und Gemüse aus der Pflanze. Sie ist unsichtbar. Wir können sie nicht spüren, aber wir wissen, dass sie mächtiger ist als alles, was wir sehen. Niemand kann die Schwerkraft sehen oder hören oder fühlen, oder die Kräfte, die die Erde im Gleichgewicht halten und sie mit Lichtgeschwindigkeit durch den Raum wirbeln und dabei um ihre Umlaufbahn bewegen ohne eine Abweichung von einem Zehntel einer Sekunde in einem Jahrhundert, doch wer kann ihr Vorhandensein bezweifeln? Stellt irgendjemand die ungeheure Kraft der Elektrizität infrage, weil man sie weder sehen, hören noch riechen kann?

Die Kraft unserer Wünsche, der Sehnsüchte unserer Seele, ist, wenn sie durch die Anstrengung unterstützt wird, sie Wirklichkeit werden zu lassen, genauso real wie alle anderen unsichtbaren Kräfte im großen Laboratorium der Natur. Der großartige kosmische Äther ist voller unsichtbarer Entwicklungsmöglichkeiten. Was immer aus ihm zu Ihnen gelangt, kommt als Antwort auf Ihren Ruf. Alles, was Sie im Leben zustande bringen, ist das

Ergebnis eines psychischen Gesetzes, das Sie bewusst oder unbewusst befolgen.

Erliegen Sie nicht dem Irrtum, zu glauben, dass der Weg sich nicht öffnen wird, weil Sie im Augenblick überhaupt keine Möglichkeit sehen, das zu erreichen, wonach Sie sich sehnen. Allein die Stärke Ihres Wunsches nach einer bestimmten Karriere, danach, etwas Bestimmtes zu tun, ist der beste Beweis dafür, dass Sie die Fähigkeit besitzen, dem zu entsprechen, und dass diese Fähigkeit Ihnen zu einem Zweck mitgegeben wurde, nämlich eine göttliche, eine herausragende Rolle in dem großen universellen Plan zu spielen.

Die Sehnsucht ist bloß der Vorbote der Errungenschaft. Sie ist der Same, der keimen wird, wenn er durch Anstrengung genährt wird.

Schrecken Sie jedoch davor zurück, den Samen zu säen, werden Sie etwa so viel ernten wie ein Bauer, der zwar sein Saatgut in die Erde bringt, aber ohne den Boden vorzubereiten, ohne ihn zu düngen oder zu bearbeiten oder das Unkraut zu jäten. Es ist das Verbinden des Praktischen mit dem Ideal, das zum Ernteertrag aus dem Samen-Gedanken führt. Sie müssen sich weiterhin zu Ihrem Ideal hin durchkämpfen. Gleichgültig wie düster und unwirtlich der Weg vor Ihnen ist, stellen Sie sich einfach vor, dass Sie eine Laterne tragen, die Ihnen genügend Licht für den nächsten Schritt spenden wird. Es ist nicht erforderlich, das Ende des Weges zu sehen.

Sie benötigen lediglich Licht, um den nächsten Schritt tun zu können. Der Glaube an Ihre Vision und unermüdliche Anstrengungen werden alles Übrige erledigen. Wenn Sie Ihren Part spielen, wird die Überzeugung, einen bestimmten Platz im Plan des Universums einzunehmen, Dinge ans Licht bringen, die besser sind, als Sie sich vornehmen oder sich gar vorstellen können.

Senden Sie Ihre Wünsche aus, hegen Sie Ihre Träume, entreißen Sie sich Ihre Sehnsüchte, Ihre Herzenswünsche mit der ganzen Kraft und Hartnäckigkeit, die Sie aufbringen können, und Sie werden überrascht sein zu sehen, wie schnell sie anfangen werden, ihresgleichen anzuziehen, wie sie sich entwickeln und konkrete Form annehmen und schließlich Wirklichkeit werden. Werfen Sie Ihre Wünsche kühn und mit dem größten Vertrauen hinaus in den kosmischen Äther. Darin sammeln Sie das Material, das das Schloss Ihrer Träume Wirklichkeit werden lassen wird.

Das Problem mit uns ist, dass wir Angst davor haben, es zu tun. Wir befürchten, dass das Schicksal sich über uns lustig machen und unsere geistigen Bilder zu uns zurückwerfen wird, ohne dass sie wahr geworden sind. Wir verstehen die Gesetze, die unsere Gedankenkräfte regieren, genauso wenig wie die Gesetze, die das Universum regieren. Wenn wir Vertrauen in ihre Kraft hätten, würden unsere aufrichtigsten Gedanken und Anstrengungen genauso keimen und knospen und blühen wie der winzige Same, den wir in die Erde bringen.

Denken Sie daran, dass der Same gehegt und genährt werden muss, bevor er neues Leben hervorbringen kann, dass die zarte Knospe viele Wochen oder Monate lang von der Sonne und der Luft umschmeichelt werden muss, bevor sie ihre Spitze durch den harten Boden zum Licht hin durchstößt. Angenommen, sie hätte Angst davor, den Versuch zu unternehmen, und würde sagen: »Es ist mir unmöglich, aus dieser dunklen Erde hervorzukommen. Hier gibt es kein Licht. Ich bin so zart, dass der leichteste Druck mich zerbrechen und mein Wachstum für immer aufhalten wird. Die einzige Möglichkeit, mein Gefängnis zu verlassen, besteht darin, mich durch diesen harten Erdboden hinaufzuschieben, und dazu wäre eine enorme Kraft vonnöten. Ich würde zerquetscht, erstickt sein, noch bevor ich die Hälfte des Wegs hinter mich gelassen hätte.«

Aber die Sonne lockt sie, schmeichelt ihr, feuert sie an. Die Knospe wird dazu gebracht, das »Unmögliche« zu versuchen, und siehe da, bald hebt sie ihre zarte Spitze über das, was man andernfalls als den größten Feind ihres Weiterkommens betrachten könnte. Und dann wird die dunkle Erde, genau das, was ihre Zukunft unmöglich zu machen schien, zu ihrem Halt und ihrer Kraftquelle. Eben dieser Kampf, sich durch die Erde hindurch aufzurichten, hat ihre Fasern gestärkt und befähigt sie, es mit den Elementen über der Erde, mit den Stürmen, auf die sie treffen muss, aufnehmen zu können.

Vielleicht sind Sie wie diese zarte Pflanze eingeengt durch scheinbar unüberwindliche Hindernisse; vielleicht sehen Sie kein Licht am Ende des

Tunnels einer schwierigen, düsteren Situation. Bleiben Sie Ihrer Vision treu und legen Sie sich weiterhin tüchtig ins Zeug. Und während Sie sich weiterbemühen, werden Sie Kraft entwickeln, Sie werden Sonnenschein und Luft, Wachstum und Leben finden. Vielleicht fühlen Sie sich eingesperrt wegen einer Tätigkeit, die Ihnen nicht zusagt, und sind versucht, den Mut zu verlieren und Ihre Träume aufzugeben, weil Sie keine Möglichkeit erkennen, Ihre Lage zu verbessern. Das ist der richtige Moment, um an ihnen festzuhalten und beharrlich darauf zu bestehen, dass sie wahr werden. Ohne es zu wissen, sind Sie vielleicht schon in der Mitte des Tunnels angelangt. Wenn Sie dort, wo Sie sich gerade befinden, nicht aufgeben, sich unbeirrt immer wieder vorwärtsschieben, werden Sie an das Sonnenlicht und die Luft, in die Freiheit gelangen.

Es gibt keinen Menschen, der nicht irgendeine Chance erhält. Wenn Ihre gegenwärtige Lage Sie einschränkt, wenn sie Ihnen nicht den Raum gibt, um sich auszudrücken, können Sie sich Raum schaffen, indem Sie ihn bis zum Platzen füllen, indem Sie Ihre Arbeit so gut wie nur möglich verrichten, indem Sie Ihren Geist unerschütterlich auf die Leiter Ihres Aufstiegs gerichtet halten. In Ihrem Geist erschaffen Sie die Stufen, über die Sie auf- oder absteigen. Das kann Ihnen niemand abnehmen. Der Schlüssel, der diese unbarmherzige Tür, die Sie zurückhält, aufschließen wird, liegt nicht in der Hand des Schicksals. Sie fertigen ihn mit Ihren Gedanken an.

Ihren nächsten Schritt tun Sie genau dort, wo Sie gerade stehen, und er bezieht sich auf die Sache, mit der Sie aktuell beschäftigt sind. Die Tür zu etwas Besserem ist immer über die augenblickliche Arbeit zu erreichen. Die Einstellung, mit der Sie Ihre Aufgaben erledigen, die Energie, die Sie darin hineinstecken, die Entschlossenheit, mit der Sie Ihren Ehrgeiz bestärken – das sind, egal was sich Ihnen entgegenstellt, die Kräfte, die die Tür zu etwas Besserem aufschließen. Wenn Sie an Ihrer Vision festhalten und ehrlich, aufrichtig und loyal sind, vermag nichts deren Verwirklichung zu vereiteln.

Ich bin noch nie einem Menschen begegnet, der es mit seinen Bemühungen, seinen Herzenswunsch zu erfüllen, bitterernst meinte und dieses Ziel schließlich nicht erreicht hat. Eine starke, drängende, hartnäckige, aufrichtige Sehnsucht, unterstützt von regelrecht harter und gewissenhafter Arbeit, findet immer ihre Erfüllung.

Jede Errungenschaft entspringt einem Wunsch. Wir sind das Produkt unserer Wünsche. Wonach wir uns sehnen, wonach wir streben, die Vision, die wir nähren, ist unser großer Lebensgestalter, unser Charakterbildner.

Nur sehr wenige können das enge Zusammenspiel zwischen ihren Visionen, ihren geistigen Bildern, und ihren tatsächlichen beruflichen Leistungen erkennen. Wenn man mich auffordern würde, den Hauptgrund für die meisten Misserfolge im Leben zu nennen, würde ich antworten, dass es das Versäumnis ist, dies zu verstehen, die Beziehung zwischen Denken und Leistung zu begreifen. Das allmähliche Verblassen der eigenen Träume, der Verlust der eigenen Vision kann auf diese Ursache zurückgeführt werden.

Wenn wir am Anfang unseres Lebens stehen, sind wir voller Begeisterung. Unsere Vision ist vielversprechend und faszinierend, und wir sind davon überzeugt, dass wir uns durchsetzen werden, dass wir etwas Unverwechselbares, etwas Individuelles, etwas Ungewöhnliches leisten werden. Aber nach einigen Rückschlägen und Misserfolgen verlieren wir den Mut und glauben nicht mehr an unsere Vision. Dann wird uns allmählich die Tatsache bewusst, dass unser Ehrgeiz nachzulassen beginnt. Er ist nicht mehr so stark ausgeprägt wie am Anfang. Unsere Ideale sind ein bisschen undeutlich, unsere Sehnsüchte ein bisschen weniger eindringlich geworden. Wir versuchen, Gründe und Entschuldigungen für unsere zurückbleibenden Bemühungen und unseren schwindenden Enthusiasmus zu finden. Wir glauben, dass es an Überarbeitung liegen könnte – weil wir müde sind und eine Pause brauchen oder weil unsere Gesundheit nicht ganz den Anforderungen genügt – und dass unser alter Wunsch, unsere Träume zu verwirklichen, nach und nach in seiner ganzen Stärke zurückkehren wird. Aber der ganze Prozess ist so heimtückisch, dass, bevor wir uns darüber klar werden, unser Feuer aus Mangel an Brennstoff ganz erloschen ist. Wir haben nicht eisern genug an unserer Vision festgehalten. Wir haben ihre große Macht, die, wenn wir sie fest und unbeirrt vor Augen haben, uns zu unserem Ziel verhilft, nur halb verstanden.

Was wir aus dem Leben herausholen, hängt zum größten Teil davon ab, ob wir unseren Visionen treu bleiben. Wenn wir an sie glauben, werden wir sie nicht aus Vernachlässigung verblassen lassen. Wenn wir wirklich die Fähigkeit haben, ihnen zu entsprechen, und uns nicht täuschen lassen von Egoismus, kleinkarierter Eitelkeit und Dünkelhaftigkeit, dann kann uns kein Misserfolg, kein Scheitern von Plänen, keine Entmutigung, kein Hindernis – nichts in der Welt – uns von ihnen trennen. Wir werden an ihnen festhalten bis an unser Lebensende.

Die Welt tritt zur Seite für eine Person, die an ihre Vision glaubt, die sich vorbehaltlos deren Erfüllung widmet. Menschen wissen, dass irgendetwas hinter den Träumern ist, die so fest an ihre Lebensträume glauben, dass sie alles opfern würden, um sie wahr zu machen.

Wie stark hat Ihre Vision Sie im Griff? Umklammert sie Sie mit einer Kraft, die nur der Tod lösen kann, oder hält sie Sie so leicht, dass Sie ohne Weiteres von ihr getrennt werden können, entmutigt von dem Versuch, sie zu verwirklichen?

Ständige Entmutigungen stellen eine große Versuchung dar, seine Lebensträume aufzugeben, seine Maßstäbe fallen zu lassen. Die Vision eines Menschen wird leicht unscharf, wenn er große Krisen durchmacht, in Zeiten allgemeiner Depression, in Zeiten finanzieller Belastung. Aber im Grunde wird dadurch ein starker Charakter auf die Probe gestellt – dass es Hindernissen nicht gestattet wird, sich von seinem Ziel ablenken zu lassen. Diejenigen, die das Zeug zum Gewinnen besitzen, bleiben ihrer Vision treu, selbst wenn sie kurz vor dem Verhungern sind, weil sie wissen, dass es nur eine Möglichkeit gibt, sie wahr zu machen, und zwar indem sie an ihr festhalten, durch Sturm und Drang hindurch, trotz aller möglicher Hindernisse und Entmutigung.

Auf welche Entmutigungen, Missgeschicke oder Misserfolge Sie auch treffen mögen, erlauben Sie niemandem, keiner Kombination von unglücklichen Umständen, Ihren Glauben an Ihren Traum von etwas, zu dem Sie Ihrer Überzeugung nach geschaffen sind, zu zerstören. Kümmern Sie sich nicht darum, wie sehr die Tatsachen den Resultaten, auf die Sie aus sind, zu widersprechen scheinen. Gleichgültig wer Sie vielleicht bekämpft oder wie sehr andere Sie beleidigen und verurteilen, bleiben Sie Ihrer Vision treu, denn sie ist heilig. Sie ist der Ruf Gottes in Ihnen. Sie haben kein Recht, zuzulassen, dass sie verblasst oder schwach wird. Ihr endgültiger Erfolg wird an Ihrer Fähigkeit, in Zeiten der Mutlosigkeit an Ihrer Vision festzuhalten, gemessen werden. Er wird größtenteils von Ihrer Zähigkeit, Ihrer Hartnäckigkeit abhängen. Wenn Sie vor Kritik und Opposition zurückschrecken, werden Sie Ihren Geist entmagnetisieren und den ganzen Schwung verlieren, den Sie in Ihren vorhergehenden Anstrengungen gewonnen haben. Arbeiten Sie weiter an Ihrem Lebenstraum, vergegenwärtigen Sie ihn sich nach wie vor, und irgendeine unerwartete Möglichkeit wird sich mit Sicherheit auftun, um ihn zu erfüllen.

Verabschieden Sie sich für immer von jeglichen Gedanken daran, dass Sie das Ziel Ihrer Sehnsucht vielleicht nicht erreichen werden. Wenden Sie Ihrem Ziel das Gesicht zu, blicken Sie fest in seine Richtung, was auch immer es sein mag.

Beschließen Sie, niemals eine Niederlage anzuerkennen, und Sie werden aufgrund Ihrer Geisteshaltung, Ihrer Entschlossenheit, eine enorme Kraft erzeugen, um das Ihre zu Ihnen zu ziehen. Wenn Sie den Mut und die Ausdauer haben, um an dem Ziel festzuhalten, darauf zu beharren, wenn Sie die Siegeshaltung im Hinblick auf Ihre Vision unbeirrt beibehalten, wird der Sieg schließlich Ihre Anstrengungen krönen.

29

Sich so verhalten, als wäre man bereits erfolgreich

Als Frank A. Vanderlip, ehemaliger Präsident der National City Bank, New York, Reporter beim *Chicago Tribune* war, fragte er seinen Chef, was seiner Meinung nach die größte Hilfe für einen Mann sei, der sich um Erfolg bemüht. »Verhalten Sie sich so, als wären Sie bereits erfolgreich«, kam prompt die Antwort.

Dies beeindruckte den jungen Vanderlip stark und änderte einige seiner Ansichten zu diesem Thema von Grund auf, besonders im Hinblick auf die Kleidung. Von dieser Zeit an begann er sich in Schale zu werfen und mehr Wert auf seine Gesamterscheinung zu legen. Sein Chef hatte ihm die Augen dafür geöffnet, welchen großen Wert Äußerlichkeiten haben, vor allem der erste Eindruck, den man hinterlässt. Er gelangte zu der Überzeugung, dass die Leute von einem Mann, der nicht wohlhabend aussah, denken würden, er hätte nicht den richtigen Ehrgeiz oder die Fähigkeit zum Erfolg, dass mit ihm etwas nicht in Ordnung wäre, weil er sich sonst besser kleiden und mehr auf sein Äußeres achten würde.

Charles W. Eliot, ein emeritierter Harvard-Professor, meinte, dass der Erfolg, den jemand hat, größtenteils von den Meinungen derer abhinge, mit denen man nie ein Wort gesprochen habe, die man noch nicht einmal gesehen habe. Der Ruf, den man genießt, breitet sich über verschiedene Kanäle in alle Richtungen aus und wird entsprechend seiner Art die Karriere des Betreffenden stark beeinflussen.

Es ist sehr viel wert, sich anzugewöhnen, während man durchs Leben geht, überall den Eindruck zu erwecken, dass man ein Siegertyp ist, dass man zwangsläufig eine bedeutende Persönlichkeit ist – etwas Lohnenswertes vertritt, während man auf Erden weilt. Lassen Sie diese Idee bei allem, was Sie tun, in Ihren Gesprächen, in Ihrem Auftreten deutlich hervortreten. Geben Sie der Welt mit jeder Faser Ihres Seins zu verstehen: »Er (oder sie) ist ein Siegertyp, behaltet ihn (oder sie) im Auge.«

Wenn Ihnen sehr daran gelegen ist, sich in großem Rahmen durchzusetzen, kultivieren Sie eine Erfolgshaltung, das Auftreten einer erfolgreichen Person. Wenn Sie dagegen mit einer von Niederlage und Armenhaus geprägten Stimmung herumlaufen, wenn Ihre Erscheinung nachlässig und ungepflegt ist und auf mangelnde Ordnungsliebe, auf das Fehlen von Energie, Schwung, Unternehmungsgeist schließen lässt, dann können Sie nicht erwarten, dass andere Sie für einen tüchtigen und fähigen Menschen halten, der sich an die Spitze schiebt.

Natürlich ist jedem Arbeitgeber klar, dass in einem schäbig gekleideten Bewerber trotzdem sehr viel stecken kann – aber sie gehen nicht davon aus. Die Chance, einen überaus wertvollen Mitarbeiter zu finden, der mit einer solchen Reklame für sich daherkommt, ist so gering, dass die meisten Arbeitgeber nicht das Risiko auf sich nehmen werden.

Ihre Kleidung, Ihr Verhalten, Ihre Art zu reden, Ihre Haltung, dies alles sollte in Einklang mit Ihrem Vorhaben stehen. Alle diese Dinge sind Hilfsmittel für Ihren Erfolg, und Sie können es sich nicht leisten, eines davon zu ignorieren. Die Welt beurteilt Sie so, wie Sie sich selbst beurteilen. Wenn Sie ihr mit einer siegreichen Haltung gegenübertreten, wird sie Ihnen die Vorfahrt lassen.

Ein Grund, warum es für viele so schwierig ist, entweder den richtigen Anfang zu finden oder voranzukommen, rührt von der Tatsache her, dass sie nicht erkennen, wie viel ihr Ruf mit ihrem Vorwärtskommen im Leben zu tun hat. Ihnen ist nicht bewusst, dass das Vertrauen anderer Leute eine enorme Kraft darstellt. Gleich von Anfang an erwecken sie bei anderen nicht den Eindruck von Befähigung, von der Kraft, die leistet, die handelt.

Ein Arzt oder ein Anwalt erwirbt sich seinen Ruf größtenteils durch den Eindruck, den er auf andere macht, und dabei spielt nicht nur eine Rolle, wie er seine beruflichen Aufgaben erfüllt, sondern auch seine allgemeine Haltung.

Gehen, reden und handeln Sie, als wären Sie bereits die Person, die Sie gern sein möchten, und Sie setzen unbewusst unsichtbare Kräfte in Bewegung, die die Umstände gemäß Ihren Wünschen lenken.

Treten Sie wie ein Siegertyp auf, wie jemand, der entschlossen ist, seinen Weg im Leben zu machen – sich für etwas einzusetzen. Verleihen Sie Ihrem Gang Energie und Leben, erfüllen Sie jede Bewegung Ihres Körpers mit Begeisterung, Kraft, Lebendigkeit, Schwung. Blicken Sie nach vorne, schrecken Sie nie zurück. Entschuldigen Sie sich nicht dafür, dass Sie Raum auf der Erde beanspruchen, den ein anderer vielleicht vorteilhafter belegen würde. Sie haben hier einfach genauso viel Anrecht wie jeder andere Mensch, wenn Sie erfolgreich sind. Und wenn Sie nicht erfolgreich sind, dann sollten Sie es sein.

Gleichgültig, welche Niederlage Sie erleben, verlieren Sie nie Ihr Siegesbewusstsein. Lassen Sie andere diese Erklärung an Ihrem Verhalten ablesen, an Ihrem Leben im Allgemeinen: »Ich bin ein Sieger; ich zeige nicht die weiße Fahne!«

Je unangenehmer Ihre Situation ist, je härter der Weg Ihnen erscheint, je düsterer die Aussicht, umso notwendiger ist ein solches Siegesbewusstsein. Wenn Sie einen erledigten Ausdruck an den Tag legen, wenn Sie schon durch Ihre Miene zu erkennen geben, dass Sie geschlagen sind – oder damit rechnen –, machen Sie es nicht mehr lange. Die erfolgsorientierte Idee vom Leben, nicht der Gedanke an Misserfolg, an den Triumph, nicht an Scheitern, das ist es, was im Auftreten immer an oberster Stelle stehen sollte – denn genau diese Haltung wird Sie zu dem Ziel führen, das Sie zu erreichen trachten.

Die Überzeugung, dass Sie zum Siegen geboren sind, ist eine enorme schöpferische Kraft in Ihrem Leben, genauso wie die Überzeugung, ein Verlierer zu sein, Sie niederhalten wird.

Das große Problem mit allen Versagern ist, dass sie keinen guten Start hatten. In der Jugend wurde es ihnen nicht bis in jede Faser ihres Seins eingetrichtert, dass alles, was sie aus dem Leben herauszuholen wünschen, zuerst im Geiste erschaffen werden muss, und dass die großen schöpferischen Vorgänge all dessen, was wir in unseren beruflichen Laufbahnen verwirklichen, im Innern des Mannes, im Innern der Frau ablaufen. Die meisten von uns verlassen sich zu sehr auf die Dinge außerhalb von uns, auf andere Menschen, wenn doch die Haupttriebfeder, die Kraft, die die Welt der Menschen und Dinge antreibt, in uns zu finden ist.

Stellen Sie sich einmal vor, was es für die heutige Welt bedeuten würde, wenn alle Menschen, die sich als unwichtig und Versager betrachten, als Niemand in Anbetracht dessen, was sie sein könnten und sein sollten, diese erfolgsorientierte Idee vom Leben verinnerlichen würden, wenn sie einen flüchtigen Eindruck von ihren Möglichkeiten erhaschen und an ihnen festhalten und die siegesgewisse, die erfolgsorientierte Haltung annehmen würden, wenn jeder kleine Rückschlag, jede kleine Schwierigkeit nicht dazu führen würde, dass sie sagten: »Was hat das überhaupt für einen Zweck?«, und glaubten, dass ihre Arbeit fruchtlos sei und dass sie die Dinge, die sie sich wünschen, nicht anziehen würden, *nicht anziehen könnten*. Welch fortschrittliche radikale Veränderung würde Einzug in die Welt halten.

Richten Sie Ihren Charakter und Ihr ganzes Leben auf Triumph, auf Sieg aus. Halten Sie den siegesgewissen Gedanken in Bezug auf sich selbst, auf Ihre Zukunft, auf Ihre Laufbahn aufrecht; er wird dazu beitragen, die Bedingungen festzulegen, die für die Durchführung Ihres Plans, die Erfüllung Ihrer Wünsche günstig sind.

»Gehe beherzt, gehe gelassen, gehe würdevoll;
Wer kann dir dann widerstehen!«

Eine der hartnäckigsten Gewohnheiten, die es zu überwinden gilt, und eine, die verhängnisvoll für die Tüchtigkeit und den Wohlstand ist, ist die, sich geschlagen zu geben und zu fühlen. Gestatten Sie sich niemals, in sie zu verfallen. Sie können Niederlagen erleben – das werden Sie wohl mit größter Wahrscheinlichkeit auch –, aber suchen Sie in jeder Niederlage eine Lektion, die zu einem Sprungbrett für Ihr Ziel wird. Stellen Sie sich das Ringen mit Schwierigkeiten so vor, als würden Sie in einer Turnhalle trainieren, wo jeder Sieg über Ihre Muskeln Sie so viel stärker macht und dazu führt, dass Ihnen der nächste Versuch so viel leichter fällt.

Erfolg ist der Normalzustand eines jeden Menschen; er wurde dazu geschaffen; er ist eine Erfolgsmaschine, und ein Versager zu sein bedeutet, die Absicht seines Schöpfers zu verfälschen. Jeder Jugendliche sollte gelehrt werden, eine Siegeshaltung zum Leben einzunehmen, wie ein Sieger aufzutreten, weil er zum Siegen bestimmt ist.

Niemand hat seine Ausbildung wirklich beendet, solange er nicht gelernt hat, ein siegreiches, erfolgreiches Leben zu führen.

Halten Sie am erfolgsorientierten Gedanken in Bezug auf Ihre Zukunft, Ihr Ideal, Ihren Traum fest. Verbreiten Sie die Atmosphäre des Siegers. Strahlen Sie Kraft aus. Lassen Sie jede Faser Ihres Seins von Vertrauen, Stärke, meisterhaftem Können, Sieg zeugen. Geben Sie jedem, der mit Ihnen etwas zu tun hat, zu erkennen, dass Sie zum Siegen geboren sind.

Lassen Sie die Welt sehen, während Sie Ihren Weg gehen, dass Sie eine gute Meinung von sich haben, dass Sie glauben, mit einer Botschaft auf die Erde gekommen zu sein, und dass Sie sie einem Abgesandten gleich übermitteln werden. Geben Sie anderen zu verstehen, dass Sie sich bewusst sind, sich auf einer einzigartigen Mission zu befinden und dabei eine einzigartige Rolle im großen Spiel des Lebens zu spielen. Und schon bald werden Sie anfangen zu sehen, was Sie sich erhoffen, und nicht, was Sie fürchten, und feststellen, dass Ihre Träume wahr werden.

30

Selbsthilfe und Ausdauer

Diejenigen, die sich das meiste selbst verdanken, sind am stärksten. Nicht die Menschen, die das meiste geerbt haben, es sei denn, Seelengröße und Entschlusskraft, steigen am höchsten auf; vielmehr sind es solche ohne »Starthilfe«, die sich ein Vermögen erworben und den steilen Berg erklommen haben, wo »des Ruhms stolzer Tempel von ferne leuchtet«.

Sie können Ihren Kindern Millionen von Dollars hinterlassen, aber haben Sie ihnen wirklich etwas gegeben? Die Disziplin, die Erfahrung, die Kraft, die Ihnen durch den Erwerb zuteilwurden, können Sie nicht übertragen. Sie können die Wonne des Zustandebringens nicht übertragen, die Freude, die sich nur beim Wachstum einstellt, den Stolz der Errungenschaft, den Charakter, den antrainierte Gewohnheiten der Sorgfalt, der Planmäßigkeit, der Promptheit, der Geduld, der raschen Erledigung, des anständigen Geschäftsgebarens, der höflichen Umgangsformen gebildet haben. Sie können die Geschicklichkeit, den Scharfsinn, die Besonnenheit, die Voraussicht, die verborgen in Ihrem Reichtum liegen, nicht weitergeben. Ihnen hat es sehr viel bedeutet, aber Ihren Erben bedeutet es nichts. Beim Emporarbeiten zu Ihrem Vermögen haben Sie die Stärke, die Ausdauer und Kraft entwickelt, die Sie befähigten, Ihre hohe Position beizubehalten, Ihre Millionen unangetastet zu lassen. Sie besaßen die Kraft, die nur von Erfahrung herrührt und die allein Sie befähigt, auf dieser Schwindel erregenden Höhe einen festen Stand zu behalten. Ihr Vermögen war für Sie gleichbedeutend mit Erfahrung, Freude, Wachstum, Disziplin und Charakter; für Ihre Erben wird es eine Versuchung darstellen, eine Sorge, die sie wahrscheinlich klein erscheinen lassen wird. Für Sie war es eine Chance, für Ihre Erben wird es eine schwere Bürde sein. Für Sie war es Erziehung und die Förderung Ihrer besten Fähigkeiten; für Ihre Erben kann es Untätigkeit, Lethargie, Bequemlichkeit, Schwäche, Ignoranz bedeuten. Sie haben Ihren Erben den unbezahlbaren Ansporn – Notwendigkeit – entzogen, den Ansporn, der für fast all die großen Errungenschaften in der Menschheitsgeschichte verantwortlich ist.

Sie hielten es für eine Gefälligkeit, sich selbst Ihres Vermögens zu entledigen, damit Ihre Kinder da anfangen können, wo Sie stehen geblieben sind. Sie beabsichtigten, ihnen die Plackerei, die Härten, die Entbehrungen, den Mangel an Chancen zu ersparen. Aber Sie haben ihnen eine Krücke in die Hand gedrückt statt eines Stabes. Sie haben ihnen den Anreiz zu Selbstentfaltung, Selbsterhöhung, Selbstdisziplin und Selbsthilfe weggenommen, ohne den kein echter Erfolg, kein echtes Glück, kein großer Charakter möglich ist. Ihr Enthusiasmus wird verfliegen, ihre Energie wird verbraucht sein. Ihr Ehrgeiz, der nicht durch den Kampf um Selbsterhebung gefördert wird, wird nach und nach schwächer werden. Wenn Sie alles für Ihre Kinder tun und ihre Kämpfe für sie austragen, werden Sie höchstwahrscheinlich, wenn sie einundzwanzig Jahre alt sind, Schwächlinge am Hals haben.

»Wäre ich nur meinen Jungen gegenüber bestimmter aufgetreten, um sie zu zwingen, sich ihren Lebensunterhalt zu verdienen«, sagte Cyrus Field auf dem Sterbebett, »dann hätten sie die Bedeutung des Geldes kennengelernt.«

Als Beethoven das Werk von Moscheles durchsah, fand er ganz unten den Eintrag »Finis, mit Gottes Hilfe«. Er schrieb darunter: »Mensch, hilf dir selbst.«

Ein junger Mann stand teilnahmslos da und sah einigen Anglern auf einer Brücke zu. Er war arm und niedergeschlagen. Schließlich näherte er sich einem Korb voller Fische und seufzte: »Wenn mir diese Fische gehören würden, dann wäre ich glücklich. Ich könnte sie verkaufen und mir etwas zu essen und eine Unterkunft besorgen.« »Ich werde dir ebenso viele und gute überlassen«, sagte der Besitzer, der zufällig seine Worte gehört hatte, »wenn du mir einen kleinen Gefallen tust.« »Und welchen?«, fragte der andere. »Gib auf die Leine Acht. Ich muss eine Besorgung machen.« Der Vorschlag wurde freudig angenommen. Der alte Mann blieb so lange weg, dass der junge Mann schon unruhig wurde. Inzwischen schnappten die Fische gierig nach dem Haken und in der Aufregung, sie einzuholen, löste sich seine Niedergeschlagenheit auf. Als der Besitzer schließlich zurückkehrte, hatte er eine Menge gefangen. Er zählte so viele von ihnen ab, wie in dem Korb lagen, und gab sie dem jungen Mann, und dann sagte er: »Ich erfülle mein Versprechen und überlasse dir die Fische, die du gefangen hast, um dich zu lehren, dass du, wann immer du andere siehst, die verdienen, was du brauchst, keine Zeit mit törichten Wünschen verschwendest, sondern selbst eine Angel auswirfst.«

Eine starke Gewitterböe überraschte eine Gruppe von Touristen auf einem See in Schottland und drohte das Boot zu kentern. Als die Lage immer kritischer wurde, rief der größte und stärkste Mann aus der Gruppe in einem Zustand voller Panik: »Lasst uns beten.« »Nein, nein, guter Mann«, entgegnete der raubeinige alte Bootsführer, »*lass den kleinen Mann beten. Du übernimmst ein Ruder.*«

Von Krösus bis hin zu Rockefeller ist es immer die alte Geschichte, nicht nur, wenn es darum geht, Reichtum zu erwerben, sondern auch hohes Ansehen: Diejenigen, die sich am meisten auf sich selbst verlassen haben, haben das meiste erreicht.

»Die männlichen Bewohner des Bezirks Faulenzerheim in der Grafschaft Hasse-Arbeit«, so heißt es in einer Satire, »ertappten sich dabei, wie sie sich in Ermangelung einer leicht begehbaren Straße zwischen Armut und Unabhängigkeit unter großen Unannehmlichkeiten abschufteten. Daher ersuchten sie die zuständigen Regierungsstellen, dass in der ganzen Grafschaft eine Vermögenssteuer erhoben werden solle, um eine Schotterstraße anzulegen, breit und eben und durchgehend bergab führend zum letzteren Ort.«

Goethe zufolge existiert der Mensch für die Kultur, nicht für das, was er vollbringen kann, sondern für das, was in ihm vollbracht werden kann.

Arbeit ist das einzige legale Zahlungsmittel in der Welt zu wahrem Erfolg und Wohlstand. Die Götter verkaufen alles dafür, nichts ohne es. Sie werden nie erleben, dass der Preis für Erfolg »herabgesetzt« wird.

Umstände haben selten Größe begünstigt. Sie findet ihren eigenen Weg, schafft sich eigene Umstände durch alle möglichen Widerstände.

Der Begründer der Boston University brach als Junge von Cape Cod nach Boston auf, um mit einem Kapital von nur vier Dollar seinen Weg zu machen. Wie Horace Greeley konnte er keine Stelle finden; aber was machte das schon? Er schuf sich selbst eine Stelle. Er fand ein Brett und richtete damit einen Austernstand an einer Straßenecke her. Dann borgte er sich eine Schubkarre und marschierte zu einer drei Meilen entfernten Austernbude, kaufte drei Bushel Austern und transportierte sie auf seiner Schubkarre zu seinem Stand. Schon bald beliefen sich seine Ersparnisse auf 130 Dollar. Später schaffte er sich ein Pferdefuhrwerk an. Dieser arme Junge, der überhaupt keine Chance hatte, machte auf diese Weise weiter, bis er Millionär wurde – er hieß Isaac Rich.

Dank Selbsthilfe wurden nahezu alle großen Dinge der Welt vollbracht. Doch wie viele zaudern, verzagen, trödeln bei ihrem angestrebten Ziel herum, weil sie kein Anfangskapital haben, und warten auf irgendeinen glücklichen Zufall, der ihnen Auftrieb geben soll. Wohlstand ist das Kind von Plackerei und Ausdauer. Er kann nicht erschmeichelt oder bestochen werden. Zahlen Sie den Preis, und er gehört Ihnen.

»Erfolg, Ehre, Ruhm – magische Worte dies sind, die das feurige Blut des Ehrgeizes zu Ihrem Kopf wallen lassen«, sagte Kuhn. »Aber vergessen Sie nicht, dies sind Wirkungen, keine Ursachen – die Belohnung für Initiative, Geduld und Fleiß. Es ist das unerbittliche Gesetz des Ausgleichs; wer den Preis zahlt, erhält die Belohnung.«

Zahlen Sie den Preis für die Belohnung, die Sie anstreben?

Ein Wille findet einen Weg.

Wer ist die Person heute, die weniger Chancen hatte, es zu etwas zu bringen, als Elihu Burritt, der bei einem Schmied in die Lehre ging, wo er den ganzen Tag und oft bei Kerzenlicht an der Esse arbeiten musste? Trotzdem gelang es ihm – er lernte während der Mahlzeiten in einem Buch, das er

immer in seiner Tasche mit sich trug, um jeden freien Augenblick dafür zu
nutzen, und studierte nachts und an freien Tagen –, sich eine hervorragende Ausbildung anzueignen in der wenigen freien Zeit, die die meisten
Jungen verschwenden. Stellen Sie sich einen Jungen vor, der fast den ganzen Tag in einer Schmiede schuftet und trotzdem Zeit findet, um in einem
einzigen Jahr sieben Sprachen zu lernen! Mit dreißig beherrschte er alle
wichtigen Sprachen Europas und wandte sich dann den asiatischen zu.

Neunzig Prozent von dem sogenannten Wohlstand sind lediglich das
Resultat eines beharrlichen, beherzten Fleißes – in den meisten Fällen von
ausgesprochen harter Arbeit. Es ist die Besessenheit von einer einzigen
Idee, die so manche durchschnittliche Fähigkeit in den Ruf gebracht hat,
zum Erfolg zu führen.

Interessanterweise gefällt den Menschen, die am meisten über Erfolg und
Wohlstand reden, das Arbeiten am wenigsten. Je weniger Selbstantrieb die
Person besitzt, je weniger Entschlossenheit und Energie sie aufbringt, um
einen brennenden Ehrgeiz zu befriedigen, umso mehr wird sie wehmütig
über große Dinge reden müssen, die andere vollbracht haben.

Die Menschen mit den größten Erfolgen sind auch immer die größten
Arbeiter.

Richard Sheridan galt als Genie, aber dann stellte sich heraus, dass seine
»Stegreifreden«, mit denen er das Unterhaus zu verblüffen pflegte, sorgfältig durchdacht, ausgefeilt und mehrfach überarbeitet waren – er hatte sie
in seinem Notizbuch niedergeschrieben, um für jeden Notfall gerüstet zu
sein.

Was wir als »Genie« bezeichnen, wurde treffend definiert als die unbegrenz-
te Fähigkeit, große Sorgfalt aufzuwenden. Wenn Männer und Frauen, die
Großes vollbracht haben, nur offenbaren könnten, in welchem Maß ihr
Ruf auf durch und durch aufreibendes Schuften und Abplacken zurückzu-
führen ist, welch Hebung von Inspiration und Ermutigung würden sie be-
wirken. Wie oft habe ich mir gewünscht, dass die Verzagten und die ums
Überleben Kämpfenden erfahren könnten von den Herzschmerzen, den
Kopfschmerzen, der Nervenanspannung, den zermürbenden Versuchen,

den Stunden der Mutlosigkeit, den Ängsten und der Verzweiflung, die mit Errungenschaften einhergehen, Errungenschaften, die die Bewunderung der Welt gewonnen, aber zugleich die äußersten Kräfte ihrer Urheber strapaziert haben. Sie können zum Beispiel in ein paar Minuten oder in ein paar Stunden voller Vergnügen und Begeisterung ein Gedicht beziehungsweise ein Buch lesen – aber wenn man bedenkt, dass seiner Veröffentlichung in den meisten Fällen Tage und Monate des ermüdenden Abplagens mit Einzelheiten und der eintönigen Schinderei vorausgehen, ist dies eigentlich kaum zu fassen.

Die größten literarischen Werke wurden immer wieder überarbeitet, Zeile für Zeile, Absatz für Absatz, oft ein Dutzend Mal umgeschrieben. Die Mühsal, die erfolgreiche Schriftsteller für ihre Werke aufbrachten, Werke, die die Zeit überdauert haben, ist fast unglaublich. Lucretius arbeitete fast ein Leben lang an einem Gedicht. Es nahm ihn voll und ganz in Anspruch. Es heißt, dass Bryant »Thanatopsis« hundert Mal umschrieb, aber selbst dann war er noch immer nicht zufrieden. John Foster hielt sich manchmal eine Woche lang bei einem einzigen Satz auf. Alles, was er schrieb, zerstückelte er, nahm es auseinander, strich es zusammen und sezierte es oder ging auf andere unerbittliche Weise vor, bis es seine Zustimmung fand. Chalmers wurde einmal gefragt, was Foster in London vorhabe. »Er arbeitet schwer«, antwortete er, »mit der Geschwindigkeit von einer Zeile die Woche.« Dickens, einer der größten Schriftsteller moderner Literatur, war von harter Arbeit so erschöpft, dass er »abgezehrt wie ein Mörder« aussah. Hume quälte sich dreizehn Stunden täglich mit seiner *Geschichte von England* ab. Lord Eldon verblüffte die Welt mit seiner großen Rechtsgelehrsamkeit, aber als Student war er zu arm, um sich Bücher zu kaufen, und darum lieh er sich dicke juristische Werke wie *Coke upon Littleton* aus und schrieb Hunderte von Seiten daraus ab und sättigte so mit Rechtsprinzipien seinen Geist, der später zu dem heranreifte, was die Welt als außergewöhnliche Begabung bezeichnete. Matthew Hale studierte jahrelang sechzehn Stunden täglich Jura. Rousseau sagte über seinen flüssigen und lebendigen Schreibstil: »Meine Manuskripte, bekleckst, durchgestrichen, unterstrichen und kaum lesbar, zeugen von der Qual, die sie mich kosten.

Es gibt nicht eines von ihnen, das ich nicht vier oder fünf Mal abschreiben musste, bevor es in den Druck ging ... Manche Absätze habe ich fünf oder sechs Nächte lang im Kopf geformt und wieder umgeformt, bevor sie sich dazu eigneten, zu Papier gebracht zu werden.«

Beethoven übertraf wahrscheinlich alle anderen Komponisten in seiner Akribie und seinem unbeirrbaren Eifer. Kaum ein Taktstrich in seiner Musik wurde nicht wenigstens ein Dutzend Mal umgeschrieben. Sein Lieblingsmotto war »Die Grenzen wurden noch nicht errichtet, die einem ehrgeizigen Talent und Arbeitseifer sagen können: ›Bis hierhin und nicht weiter‹«.

Diejenigen, die ihre Abende verschwenden, staunen über das Genie, das *Untergang und Verfall des Römischen Reiches* hervorbringen konnte, ein Werk, an dem Gibbon zwanzig Jahre lang arbeitete. Selbst Plato, einer der größten Schriftsteller, die jemals gelebt haben, schrieb von dem ersten Satz seiner *Republik* neun verschiedene Versionen, bis er damit zufrieden war.

Burkes berühmter »Brief an einen Edlen Lord«, eines der großartigsten Texte in englischer Sprache, war derart mit Änderungen übersät, als der Korrekturbogen zur Druckerei zurückgeschickt wurde, dass die Setzer sich weigerten, ihn so, wie er war, weiterzubearbeiten, und ihn ganz neu setzten. Er schrieb die Schlussausführungen seines Plädoyers im Prozess gegen Hastings sechzehn Mal neu.

Es nahm Virgil sieben Jahre in Anspruch, seine *Georgica* zu schreiben, und zwölf Jahre benötigte er für die *Aeneis*. Er war so unzufrieden mit Letzterem, dass er versuchte, sich von seinem Sterbebett zu erheben, um es den Flammen zu übergeben.

Wenn ein Mann wie Lord Cavanagh, der weder Arme noch Beine besitzt, es schafft, ins Parlament zu gelangen, wenn ein Mann wie Francis Joseph Campbell, ein Blinder, ein berühmter Mathematiker, Musiker und großer Philanthrop wird, erhalten wir einen Hinweis darauf, was es bedeutet, das Möglichste aus uns selbst und aus Gelegenheiten zu machen. Vielleicht neunundneunzig von hundert wären unter solchen unglücklichen Umständen zufrieden, bis an ihr Lebensende hilflose Objekte der Mildtätigkeit zu bleiben.

Ein französischer Doktor verspottete einmal den Bischof von Nismes, der in seiner Jugend Kerzengießer gewesen war, wegen seiner niedrigen Herkunft. Der Bischof erwiderte darauf: »Wenn Sie unter den gleichen Umständen wie ich geboren wären, dann wären Sie immer noch Kerzenhersteller.«

Als der Herzog von Argyle in seinem Garten wandelte, sah er ein lateinisches Exemplar von Newtons *Principia* im Gras liegen. In der Vermutung, dass es aus seiner Bibliothek stammte, rief er nach jemandem, damit er es zurückbringe. Doch Edmund Stone, der Sohn des herzoglichen Gärtners, forderte das Buch als sein Eigentum zurück. »Deins?«, fragte der überraschte Edelmann. »Verstehst du denn Geometrie, Latein und Newton?« »Ich weiß ein wenig darüber«, antwortete Edmund. »Aber wie«, fragte der Herzog weiter, »hast du dir das Wissen über all diese Dinge erworben?« »Vor zehn Jahren brachte mir ein Diener das Lesen bei«, erklärte Edmund. »Muss man denn mehr wissen als die vierundzwanzig Buchstaben, um alles andere, was man sich wünscht, zu lernen?«

Der Herzog war vor Staunen sprachlos. »Zuerst lernte ich lesen«, fuhr der Junge fort. »Zu der Zeit arbeiteten die Maurer an Ihrem Haus. Eines Tages habe ich mich ihnen genähert und beobachtet, dass der Architekt einen Zollstock und Zirkel verwendete und Berechnungen anstellte. Ich erkundigte mich nach dem Sinn und Zweck dieser Geräte und erfuhr von einer Wissenschaft namens Arithmetik. Ich kaufte mir ein Buch über Arithmetik und beschäftigte mich damit. Dann sagte man mir, dass es noch eine Wissenschaft gebe, die sogenannte Geometrie. Ich kaufte die erforderlichen Bücher und lernte Geometrie. Beim Lesen stellte ich fest, dass es über diese Wissenschaften gute Bücher auf Latein gibt. Also kaufte ich ein Wörterbuch und lernte Latein. Ich erfuhr außerdem, dass es gute Bücher dieser Art auf Französisch gibt. Ich kaufte ein Wörterbuch und lernte Französisch. Dies, mein Herr, ist, was ich getan habe; es scheint mir, dass wir alles lernen können, wenn wir die vierundzwanzig Buchstaben des Alphabets kennen.«

Ein Naturwissenschaftler schenkte einem Freund, der sich für seine Schmetterlingssammlung interessierte, eine Chrysalis und sagte ihm, dass sie sich zu einem seltenen und wunderschönen Schmetterling entwickeln würde, aber dass er sie ungestört lassen, sie sorgfältig beobachten und auf die vielen Stadien ihrer Entwicklung achten solle.

Der Freund beobachtete die Chrysalis, und nach einer Weile fiel ihm auf, dass die Schale des Kokons allmählich dünner und durchsichtiger wurde – bis er die kleine Raupe im Innern erkennen konnte. Kurz darauf bemerkte er, dass die Raupe sich zu rühren begann. Jeden Tag bewegte sie sich ein klein wenig weiter, bis er glaubte, dass sie aus dem Kokon herauszukommen versuchte. Eine Zeit lang widerstand er der Versuchung, die Schale aufzubrechen, aber schließlich gewann die Neugier die Oberhand über ihn und er stach mit einer Nadel winzige Löcher hinein. Bald darauf kam der prächtige Schmetterling, den ihm sein Freund beschrieben hatte, zum Vorschein, flatterte kurz in der Luft und fiel herab, um nie wieder fliegen zu können. Mehrere Male versuchte er noch, sich mit den Flügeln zu erheben, aber er vermochte nur auf der Erde herumzukrabbeln.

Der Wissenschaftler erklärte seinem Freund, dass er durch seine Hilfe, den Schmetterling aus dem Kokon zu befreien, ihn gerade der Anstrengungen beraubt hatte, die notwendig waren, um Kraft in seinen Flügeln zu erlangen, die Kraft, die ihm das Fliegen überhaupt erst ermöglichen würde. Die Hilfe, die er dem wunderschönen Geschöpf hatte angedeihen lassen, bedeutete dessen Untergang.

Die Alten sagten: «Erkenne dich selbst.« Das heutige Jahrhundert sagt: »Hilf dir selbst.«

Selbstkultur bringt die Seele ein zweites Mal zur Welt.

Wenn Sie nicht an Ihre Kraft glauben, das zu bekommen, was Sie sich wünschen, werden Sie es auch nicht bekommen. Solange Sie nicht Ihre Sehnsüchte fördern und von Ihrer Fähigkeit überzeugt sind, sie zu verwirklichen, werden sie nie erfüllt werden. Sie können nicht aus Ihrer gegenwärtigen Situation hinauskommen, wenn Sie nicht glauben, dass Sie es schaffen. Die Grenzen Ihres Denkens werden auch die Grenzen Ihrer Möglichkeiten sein. Ihr eingeschränktes Selbstbild wird Ihr Handeln einschränken.

Wenn Sie andererseits den Glauben haben, der erschafft, den Glauben, der überzeugt ist, dass Ihnen das Beste zuteilwird, können Sie mental in den großen Strom der universellen Versorgung hineingreifen und materielle Hilfe erhalten, um das aufzubauen, was Sie sich wünschen. Die Versorgung ist da. Es liegt an Ihnen, die Verbindung herzustellen, durch die sie in Ihr Leben gezogen wird.

Selbsthilfe, die genauso notwendig für die Entwicklung eines jeden von uns ist wie für die eines Schmetterlings, ist eine der größten Segnungen der Menschheit. Sie ist der große Offenleger von Begabung, Charakter, das Einzige, was fortwährend unsere besten Eigenschaften ins Spiel bringt – jene Eigenschaften, die uns zu menschlichen Giganten machen.

In unserem Kampf, um das zu bekommen, wonach wir aus sind, um an das Ziel unseres Ehrgeizes zu gelangen, arbeiten wir am effektivsten. Wir geben uns die größte Mühe, unternehmen die gewaltigsten Anstrengungen, während wir uns emporarbeiten, und nicht, nachdem wir an unserem Ziel angekommen sind.

Mir liegt der Brief eines Angestellten in einem großen Unternehmen vor, der sich darüber beklagt, dass er seit mehreren Jahren denselben Posten ohne Gehaltserhöhung oder Aufstiegsmöglichkeiten innehat. »Ich mache meine Sache genauso ordentlich wie die anderen Kollegen in meiner Abteilung«, schreibt er, »aber alle anderen kommen voran, während ich überhaupt nicht berücksichtigt werde. Das Problem ist, dass sie interne ›Beziehungen‹ haben und ich nicht. Was kann ich tun, um voranzukommen?« Nun, ich bin überzeugt, dass das Problem bei dem jungen Mann, die Sache, die ihn zurückhält, in ihm und nicht außerhalb von ihm zu suchen ist, wie ich in fast allen Fällen wie diesem festgestellt habe.

Viele vertrödeln ihr Leben, warten darauf, dass etwas passiert, darauf, dass jemand sie fördert, während andere, die viel weniger Chancen haben, sich selbst bilden und emporheben. Das große Problem bei den meisten Menschen ist ihr Glaube, dass die Tür zu ihrem Ziel, die Tür direkt vor ihnen, durch irgendein mysteriöses Schicksal oder Geschick geschlossen ist und dass sie sie, sofern sie keinen Einfluss besitzen, keine Beziehungen, niemanden, der ihnen zu einem guten Start ins Leben verhilft, nie öffnen können. Ihnen ist nicht klar, dass niemand außer ihnen selbst diese Tür schließt oder sie verschlossen hält.

Indem Sie genau da anfangen, wo Sie jetzt stehen, ohne die kleinste Hilfe von außen, mit den Werkzeugen, die Ihnen zur Verfügung stehen, mit dem Gesetz der Fülle, der göttlichen Versorgung, arbeiten, könnten Sie Ihre Situation binnen eines Jahres von Grund auf umgestalten. Sie könnten auf der anderen Seite der Tür stehen, von der Sie denken, dass sie Ihnen verschlossen ist. Sie wird sich weit öffnen, wenn Sie bereit sind einzutreten – das heißt, wenn Sie den Eintrittspreis bezahlt haben. Niemand kann Ihnen eine Freikarte geben, und Eintrittskarten sind nicht übertragbar. Sie allein müssen den Preis zahlen oder draußen bleiben. Der Preis ist Eigenanstrengung.

Gleichgültig was Sie zu erreichen versuchen, Sie werden immer genügend Pessimisten finden, die Ihr Scheitern vorhersagen. Man wird Ihnen erzählen, dass Sie in diesen Zeiten unbarmherziger Konkurrenz nie ein Geschäft ohne viel Kapitel und ohne Hilfe gründen können; dass Sie nie sein können, was auch immer Sie zu sein sich erträumen und ersehnen. Sie werden genügend Hindernisse zu überwinden haben; Sie werden womöglich auf viel Widerstand stoßen; und es wird viel Rückgrat erfordern, viel Mumm und Entschlossenheit, damit Sie allen Widrigkeiten zum Trotz weiterhin auf Ihr Ziel zu vorwärtsstreben.

Aber Ihr wahrer Konkurrent ist Ihr höheres, potenzielles Selbst – die Person, an die Sie heranzureichen imstande sind.

Wenn Sie nicht auf das Drängen dieses unsichtbaren Konkurrenten reagieren, werden alle Ihre Erfolgseigenschaften nutzlos sein. Sie werden unter das Niveau Ihrer Fähigkeiten abfallen. Es ist sehr viel wert, wenn Sie Ihre höchsten Möglichkeiten – das Äußerste, was Sie zu erreichen vermögen – im Auge behalten.

Sie können nicht höher kommen als Ihre Fähigkeiten, als zum Berggipfel Ihrer möglichen Leistungen – aber wenn Sie unten im Tal bleiben, werden Sie nie die Aussicht vom Berggipfel kennenlernen.

Sie sind dazu bestimmt, den Gipfel zu erklimmen, ein erfolgreiches Leben zu führen. Um dies zu erreichen, wird Ihnen nichts eine größere

Hilfe sein, als eine Vision Ihres imaginären Konkurrenten, Ihres höheren Selbst, das die ganze Zeit über in Ihrem Schatten steht, zu hegen.

Die göttliche, unbezwingbare Kraft in Ihnen fließt durch Ihr höheres Selbst. Wenn Sie den Willen zum Erfolg haben und in Harmonie mit dieser Kraft wirken, werden Sie jedes Hindernis, das zwischen Ihnen und der Tür zu Ihrem Wunsch steht, niederreißen.

Das Mikroskop bringt nichts Neues hervor, aber es enthüllt Wunder. Trainieren Sie die Vergrößerungsfähigkeit des Auges, bis es Schönheit sieht, wo es vorher vielleicht nichts – keine Chance – gesehen hat.

Aber hüten Sie sich vor dieser überintellektuellen Kultur, die auf Kosten der Anstrengung erkauft wird. Ein aufmerksamer Professor von einem unserer Colleges bemerkte, dass zu viele »dazu neigen, das große Ziel des Lebens zu vergessen, nämlich zu sein und zu tun, und stattdessen lesen und darüber brüten, was andere Menschen gewesen sind und getan haben«.

Alles Lernen ist letzten Endes Selbstunterricht, Selbsthilfe.

Davon, dass Sie sich aufrichtig auf das Sich-selbst-Helfen festlegen, hängen Ihre Fortschritte ab.

$\mathcal{D}$er geheime $\mathcal{S}$chlüssel zum $\mathcal{W}$ohlstand

$\mathcal{E}$ntschlossenheit ist der Schlüssel zur Lösung aller Probleme. Was hat sie nicht alles bewirkt?

Sie hat in unzähligen Fällen die Hypothek auf die Farm bezahlt. Sie hat zerbrechlich wirkende Frauen befähigt, das Heim für die Familie zu retten. Sie hat in der Schusslinie gestanden und Tausende von Männern in verheerenden und großen Notlagen, in schweren Zeiten und in Wirtschaftskrisen vor der Vernichtung bewahrt. Sie hat arme Jungen und Mädchen befähigt, während des Studiums für sich selbst aufzukommen und sich einen Platz im Leben zu schaffen. Sie hat Behinderten Kraft eingeflößt, um betagte und gebrechliche Eltern zu unterstützen. Sie hat Tunnel durch Berge getrieben, Brücken über Flüsse geschlagen, Festländer über Kabel miteinander verbunden und sie mit Bahnlinien überspannt. Sie hat Kontinente entdeckt und die größten Schlachten in der Geschichte gewonnen.

Einen Ersatz für Zielstrebigkeit hat man bisher nicht gefunden. Nichts kann den Platz von klarer Entschlossenheit einnehmen. Bildung kann es nicht, reiche Eltern können es nicht, einflussreiche »Beziehungen« können es nicht und auch nicht die mit Herkunft oder Vermögen verbundenen Vorteile.

Zielstrebigkeit ist charakteristisch für all diejenigen, die Großes vollbracht haben. Ihnen fehlen vielleicht andere wünschenswerte Charakterzüge, vielleicht haben sie alle möglichen Eigenheiten, Schwächen, aber die Eigenschaft der Hartnäckigkeit, der klaren Entschlossenheit, fehlt niemals bei ihnen. Schufterei kann sie nicht abstoßen, Anstrengung kann sie nicht ermüden, Härten können sie nicht entmutigen. Sie werden unbeirrt fortfahren, gleichgültig, was kommt oder geht, weil Hartnäckigkeit ein Teil ihres Wesens ist.

Mit Entschlossenheit haben mehr Menschen Erfolg im Leben erzielt als mit Geld als Startkapital. Die ganze Geschichte der Errungenschaften zeigt, dass Entschlossenheit die schrecklichste Armut überwindet; sie ist lebenslanger Invalidität überlegen.

Die verstorbene Mrs Craigie (Pseudonym von John Oliver Hobbes) meinte, dass eines der Erfolgsgeheimnisse der Amerikaner darin bestünde, dass sie sich nicht vor Misserfolg fürchten, dass sie sich mit aller Kraft und Begeisterung in das Vorhaben stürzen, an das ihr Herz hängt, ohne einen Gedanken an die Möglichkeit des Scheiterns zu verlieren, und dass sie im Falle eines Misserfolgs mit mehr Entschlossenheit als zuvor auf die Beine kommen und so lange weiterkämpfen, bis sie den Sieg davontragen.

Für manche ist jede Niederlage ein Waterloo, aber für die Entschlossenen, diejenigen, die unbeirrt weitermachen, die sich nie geschlagen geben, gibt es kein Waterloo. Für die Menschen, die entschlossen sind zu gewinnen, ist eine Niederlage niemals etwas Endgültiges. Sie erheben sich nach jedem Misserfolg mit neuer Entschiedenheit, mit mehr Beherztheit als je zuvor, um so lange weiterzumachen, bis sie den gewünschten Erfolg haben.

Haben Sie schon einmal solche Menschen gesehen, die nichts von Resignation an sich haben, die, was auch geschehen mag, niemals aufgeben würden, die sich jedes Mal nach einem Misserfolg mit einem Lächeln und noch größerer Beherztheit als je zuvor aufrichten, um ihr Vorhaben energisch weiterzuverfolgen?

Haben Sie schon einmal Menschen gesehen, die mit dem Begriff Misserfolg überhaupt nichts anzufangen wissen, die, wie Grant, sich niemals geschlagen geben, die solche Wörter wie »kann nicht« und »unmöglich« aus ihrem Vokabular gestrichen haben – die kein Hindernis zu Fall bringen konnte, keine Problemphase, die sich nicht von irgendeinem Unglück, einer Katastrophe entmutigen ließen?

Wenn ja, dann haben Sie einen Eroberer gesehen – einen Menschen, dem sich der Wohlstand nicht entziehen kann.

Unverwüstlichkeit war schon immer eine Charaktereigenschaft der Menschen, die es zu etwas Großem bringen. Diejenigen, die vor Härten zurückweichen, die auf ihre Bequemlichkeit nicht verzichten oder ihre Wünsche nicht aufschieben können, müssen sich dagegen mit kleinen Erfolgen zufriedengeben. *Nehmen Sie sich in Acht* vor dem Zeitpunkt in Ihrem Leben, zu dem Sie versucht sind aufzugeben! Das kann sehr wohl der entscheidende Zeitpunkt sein.

Alle großen Errungenschaften der Geschichte wurden vollbracht, nachdem die große Mehrheit dem Vorhaben den Rücken gekehrt hatte.

So viele Aufgaben werden nur halb erledigt, Vorhaben, die mit Begeisterung begonnen, aber später fallen gelassen wurden, weil außer der Begeisterung nicht genug Entschlossenheit vorhanden war, um sie zum Abschluss zu bringen.

Wie leicht es doch ist, eine Sache anzufangen, wenn der Geist vor Begeisterung strahlt, bevor die Enttäuschung den Ehrgeiz trübt!

Die Prüfung Ihres Charakters, Ihre Chance zum Wohlstand, ist Ihre Fähigkeit, an Ihrem Vorhaben unbeirrt bis zum letzten Handstrich dranzubleiben. Wir können Erfolg nicht anhand des Tempos zu Beginn eines Wettrennens beurteilen; es ist die Zielgerade, auf die es ankommt. Sie müssen genügend Beharrlichkeit und Entschlossenheit aufbringen, um es in einer letzten Kraftanstrengung über die Linie zu schaffen.

Aber Durchhaltevermögen zählt zu den seltensten der menschlichen Tugenden. Es gibt genügend, die mit der Masse gehen und hart arbeiten, solange sie die Musik hören können, aber wenn die Mehrheit ausgestiegen ist, wenn andere aufgegeben haben und man sich allein dabei fühlt, ums Prinzip zu kämpfen, dann ist eine ganz andere Art von Fähigkeit vonnöten, um weiterzumachen. Es erfordert Entschlossenheit und Ausdauer.

Ein Freund eines New Yorker Kaufmanns empfahl diesem einen Jungen für eine Stellung und nachdem er eine Reihe positiver Eigenschaften aufgezählt hatte, fragte der Kaufmann: »Wird er dranbleiben? Das ist das Wichtigste. Hat er Stehvermögen?«

Ja, das ist die Befragung zu Ihrem Leben. »Bleiben Sie dran?« »Haben Sie Stehvermögen?« »Können Sie an Ihrer Absicht festhalten?« »Können Sie trotz eines Misserfolgs unbeirrt Ihr Vorhaben fortsetzen?« »Besitzen Sie Entschlossenheit – genügend Entschlossenheit, um weiterzumachen, um dranzubleiben, um durchzuhalten, auch wenn die Hürden noch so entmutigend hoch sind?«

Wenn ja, und wenn Sie etwas anstreben, was Sie sich aufrichtig wünschen, und jedem Schritt auf dem Weg dahin Beachtung schenken, dann wird der Wohlstand Ihnen gehören.

32

Packen Sie die Gelegenheit beim Schopf

»Es gibt niemand«, sagte ein römischer Kardinal, »den Fortuna nicht einmal in seinem Leben besucht hätte; aber wenn sie feststellt, dass die Person nicht bereit ist, sie zu empfangen, kommt sie durch die Tür herein und geht durch das Fenster hinaus.«

Die Gelegenheit ist von Natur aus scheu. Der Unbekümmerte, der Langsame, der Unaufmerksame, der Faule sieht sie nicht oder will sie erst ergreifen, wenn sie schon längst vorbei ist. Der Aufmerksame entdeckt sie sofort, erwischt sie im Flug.

Zion's Herald schrieb darüber, wie Isaac Rich, der für die Gründung der Boston University der Bischöflichen Methodistenkirche eindreiviertel Millionen Dollar spendete, Geschäftsmann wurde: Mit achtzehn Jahren zog er mit drei oder vier Dollar in der Tasche von Cape Cod nach Boston. Er sah sich nach einer Tätigkeit um, stand früh auf, legte weite Strecken zurück, beobachtete genau und dachte viel nach. Bald hatte er eine Idee: Er kaufte drei Bushel Austern, mietete eine Schubkarre, fand ein Brett, erstand sechs kleine Teller, sechs Gabeln aus Eisen, einen Pfefferstreuer für drei Cent und noch ein oder zwei andere Dinge. Morgens um drei Uhr machte er sich auf zu den Austernbooten, kaufte seine Austern, transportierte sie mit der Schubkarre den drei Meilen langen Weg, stellte sein Brett in der Nähe eines Marktes auf und begann mit dem Verkauf. Er verkaufte seine Austern mit Gewinn genauso schnell, wie er sie bekommen konnte. Vierzig Jahre lang handelte er auf diesem Markt mit Austern und Fischen –

und wurde Großunternehmer und gründete eine Universität. Sein Erfolg ist auf Fleiß und Ehrlichkeit zurückzuführen.

Viele von uns, die glauben, dass wir arm sind, sind reich an Gelegenheiten, wenn wir sie nur erkennen können – reich an Möglichkeiten überall um uns herum, reich an Begabungen, die wertvoller sind als Diamantarmbänder, an Kraft, Gutes zu tun.

In den Großstädten im Osten Amerikas wurde festgestellt, dass mindestens vierundneunzig von hundert ihr erstes Vermögen zu Hause oder ganz in der Nähe und bei der Erfüllung normaler, alltäglicher Bedürfnisse machten. Aber viele können dort, wo sie sind, keine Gelegenheiten erkennen, und glauben stattdessen, an einem anderen Ort mehr Glück zu haben.

Einige brasilianische Schäfer schlossen sich zusammen und machten sich zum Goldschürfen auf den Weg nach Kalifornien. Um unterwegs Dame spielen zu können, nahmen sie eine Handvoll durchsichtige Steine mit. Nach ihrer Ankunft in Sacramento, inzwischen hatten sie die meisten Steine weggeworfen, fanden sie heraus, dass es sich bei ihnen um Diamanten handelte. Sie kehrten nach Brasilien zurück, nur um festzustellen, dass sich andere bereits die Minen angeeignet und an die Regierung verkauft hatten.

Die reichste Gold- und Silbermine in Nevada wurde von dem Besitzer für zweiundvierzig Dollar verkauft, der das Geld brauchte, um seine Reise zu anderen Minen zu finanzieren, wo er glaubte, reich werden zu können.

Professor Agassiz erzählte den Harvard-Studenten von einem Farmer, der Hunderte Acre Land mit unrentablem Wald und steinigem Boden besaß und beschloss, alles zu verkaufen und es mit einem einträglicheren Geschäft zu versuchen. Er studierte Kohlevorkommen und Petroleumlagerstätten und experimentierte lange Zeit. Schließlich verkaufte er seine Farm für zweihundert Dollar und stieg zweihundert Meilen entfernt ins Ölgeschäft ein. Nur kurze Zeit später entdeckte der Käufer dieser Farm eine reiche Petroleumquelle, die der Farmer unwissentlich versucht hatte trockenzulegen.

In Boston saß einmal ein Mann auf einem unbequemen Stuhl und unterhielt sich mit einem Freund darüber, was er zum Wohle der Menschheit unternehmen könne. »Ich halte es für eine gute Idee«, meinte der Freund,

»mit der Konstruktion eines bequemeren und billigeren Stuhls anzufangen.« »Das werde ich tun«, rief er aus, sprang auf und sah sich das Sitzmö-
bel genauer an. Er fand jede Menge Rattan, weggeworfen von den Handels-
schiffen der Ostindischen Kompanie, wo es zum Verpacken des Frachtguts
verwendet wurde. Er begann Stühle und andere Möbel aus Rattan herzustellen – und verblüffte die Welt darüber, was er mit dem, was andere als
Abfall weggeworfen hatten, ins Werk setzte.

Wenn Sie reich werden wollen, studieren Sie sich und Ihre Bedürfnisse. Sie
werden feststellen, dass Millionen andere die gleichen Bedürfnisse, die gleichen Wünsche haben. Das sicherste Geschäft ist immer mit den menschlichen Grundbedürfnissen verknüpft. Wir benötigen Kleidung, eine Unterkunft und müssen essen. Wir möchten Komfort haben, alle möglichen
Annehmlichkeiten im Alltag und zum Vergnügen, Luxus, Bildung, Kultur.
    Diejenigen, die eines der großen Bedürfnisse der Menschen erfüllen, be-
reits eingesetzte Methoden verbessern, einem Mangel abhelfen oder auf
irgendeine Weise zu unserem Wohlbefinden beitragen können, können
ein Vermögen verdienen.
    Aber es schadet dem größten Erfolg, irgendetwas zu unternehmen, bloß
weil es profitabel ist. Wenn die Tätigkeit kein menschliches Bedürfnis erfüllt, wenn sie nicht gesund ist, wenn sie erniedrigend ist, wenn sie einschränkend ist, dann lassen Sie die Finger davon.
    Ein selbstbezogener, nur auf den eigenen Vorteil bedachter Broterwerb
zahlt sich niemals aus. Wenn er die Individualität herabsetzt, die Gefühle
zerstört, das geistig-seelische Leben verkümmern lässt, Güte und Nächsten-
liebe schwächt und die Seele welken lässt, dann lassen Sie die Finger davon.
    Wählen Sie wenn möglich die Beschäftigung, die für die größte Anzahl
am hilfreichsten sein wird.
    Schätzungsweise haben fünf von jedem siebten der millionenschweren
Fabrikanten am Anfang ihrer Laufbahn die Gegenstände, mit denen sie ihr
Vermögen machten, mit eigenen Händen angefertigt.
    Eine scharfe, subtile Beobachtung wird ein Vermögen erkennen, wo an-
dere nur Armut sehen.

Ein aufmerksamer Mann, bei dem die Ösen seiner Schuhe herausgerissen waren, der sich aber kein anderes Paar leisten konnte, sagte sich: »Ich werde einen Metallhaken zum Schnüren anfertigen, der an das Leder angenietet werden kann.« Er hatte damit Erfolg und wurde ein sehr reicher Mann.

Ein aufmerksamer Herrenfriseur in Newark, N. J., überlegte sich, wie er Haarscheren verbessern könnte. Er erfand die »Haarschneidemaschine« und wurde sehr reich.

Ein Mann aus Maine wurde von der Heuwiese gerufen, um die Wäsche für seine kranke Frau zu waschen. Er hatte sich nie zuvor klargemacht, was es bedeutete, zu waschen. Er erfand die Waschmaschine und machte damit ein Vermögen.

Ein Mann, der an furchtbaren Zahnschmerzen litt, sagte sich: »Es muss eine Möglichkeit geben, die Zähne zu füllen, damit sie nicht mehr schmerzen.« Er erfand die Goldfüllung für Zähne.

Die großartigen Dinge der Welt wurden nicht von Menschen mit üppigen Mitteln vollbracht. Bedarf ist der große Lehrer der Menschheit; Bedürfnis ist die Mutter aller bedeutenden Erfindungen.

Ericsson begann im Badezimmer mit dem Bau einer Schiffsschraube.

John Harrison, der große Erfinder des Schiffschronometers, startete seine Karriere auf dem Dachboden einer alten Scheune.

Teile des allerersten Dampfbootes, das in Amerika in Betrieb genommen wurde, montierte John Fitch in der Sakristei einer Kirche in Philadelphia.

McCormick begann mit dem Bau seiner berühmten Erntemaschine in einer alten Mühle.

Das erste Modell eines Trockendocks entstand in einer Dachstube.

Clark, der Begründer der Clark University in Worcester, Mass., begann sein großes Vermögen anzuhäufen, indem er Spielzeugwagen in einem Pferdestall anfertigte.

Gelegenheiten? Sie drängen sich um uns. Überall schlummert eine Kraft, die darauf wartet, von einem aufmerksamen Auge entdeckt zu werden.

Finden Sie als Erstes heraus, was die Menschen brauchen, und dann helfen Sie diesem Bedürfnis ab. Eine Erfindung, die den Rauch in einem

Kamin sich in die falsche Richtung bewegen lässt, wäre zwar eine sehr originelle Sache, aber für die Menschheit unnütz. Das Patentamt in Washington ist voller erstaunlicher Geräte, raffinierter Vorrichtungen – aber nicht eine von Hunderten ist für den Erfinder oder die Welt von Nutzen. Doch wie viele Familien verarmten und quälten sich jahrelang inmitten Not und Leid ab, während jemand an einer dieser nutzlosen Erfindungen arbeitete.

Glauben Sie nicht, dass Sie keine Chance im Leben haben, weil Ihnen das Anfangskapital fehlt. Die meisten von denen, die reich geworden sind, haben arm angefangen.

Sie sind so reich, wie Sie sein müssen, wenn Sie bei guter Gesundheit sind. Sie sind so reich, wie Sie sein müssen, wenn Sie eine Begabung haben, eine gute Veranlagung und ein gutes Herz. Sie sind so reich, wie Sie sein müssen, wenn Sie nicht nur ein gutes Blatt haben, sondern zwei, mit jeweils fünf Chancen.

Ausgestattet?

Wir sind alle vom Leben ausgestattet.

Es ist nicht die Ausstattung, sondern was der Einzelne damit anfängt – die individuelle Anstrengung –, die alles verwirklicht, was in dieser Welt wert ist, verwirklicht zu werden.

Startkapital ist nur eine Krücke, die, wenn sie Ihnen durch irgendein Unglück weggezogen wird, Ihren Sturz nur umso wahrscheinlicher macht.

Wenn Sie entschlossen sind, Ihre Augen so gut wie möglich zu nutzen und sie nichts entgehen zu lassen, was für Ihr Vorankommen förderlich sein könnte, wenn Sie Ihre Ohren offen halten für jeden Klang, der Ihnen auf Ihrem Weg hilfreich sein kann, wenn Sie Ihre Hände frei halten, damit Sie jede Gelegenheit ergreifen können, wenn Ihre Sinne immer wach sind in Bezug auf alles, was Ihnen helfen kann, weiterzukommen, wenn Sie jede Erfahrung, die Sie machen, aufgreifen und sie zu Farbe zermahlen für das große Bild Ihres Lebens, wenn Sie aufgeschlossen sind für jeden edlen Impuls und alles, was Sie inspirieren könnte, dann werden Sie mit Sicherheit ein erfolgreiches und wohlhabendes Leben führen.

Ohne Wenn und Aber.

$\mathcal{W}$ie $\mathcal{S}$ie $\mathcal{I}$hre $\mathcal{F}$ähigkeiten stärken

Ein führender Unternehmer sagte mir einmal, dass sein bester Auftrag in seinem ganzen Leben ausgerechnet derjenige gewesen sei, den er verloren habe. Warum? Weil es ihn dazu veranlasste, sich mit der Ursache der Ablehnung zu befassen, sich selbst zu analysieren, seine eigenen Schwachpunkte und die in seinen Geschäftsmethoden herauszufinden. Es war der verlorene Auftrag, der ihn zu der Feststellung führte, dass er seine tatsächlichen Fähigkeiten nicht einmal zur Hälfte nutzte.

Viele von uns bringen sich selbst um Erfolg und Vermögen, weil sie falsche Vorstellungen von den eigenen Fähigkeiten hegen. Wir sind wie die junge Rechtsanwaltssekretärin, die mir erzählte, wenn sie das Vermögen hätte, Fachfrau auf ihrem Gebiet zu werden, dann würde sie zur Abendschule gehen, nachts studieren und alles Erdenkliche unternehmen, um ihre Ausbildung zu erweitern und sich zu qualifizieren. Aber in dem Glauben, dass ihre Fähigkeiten nur im beschränkten Maße vorhanden seien, hielt sie einen solchen Versuch für sinnlos und überflüssig und meinte, sich mit einer anspruchslosen Position zufriedengeben zu müssen. Sie war überzeugt, dass ihre Fähigkeiten eine konstante Größe seien, etwas, was nicht vergrößert oder verringert werden kann, etwas, was sie in keiner Weise beeinflussen könnte, ebenso wenig, wie sie Einfluss auf die Farbe ihrer Haare oder ihrer Augen nehmen könnte.

Die Vorstellung, dass unsere Fähigkeiten eine konstante Größe sind, die durch Vererbung oder irgendein unveränderliches Gesetz festgelegt wird und die wir weder verstehen noch kontrollieren können, ist eine der unseligsten, die je von Menschen Besitz ergreifen konnten. Und nichts könnte weiter entfernt von der Wahrheit sein, denn in Wirklichkeit ist das menschliche Vermögen durchaus eine in hohem Maße veränderliche und elastische Größe. Es kann auf vielfältige Weise fast unendlich erweitert oder verkleinert werden. Es ist einem Akkordeon gleich, das der Spieler manchmal vollkommen auseinanderzieht und dann wieder ganz zusammendrückt. Sie können Ihr Ehrgeiz-Akkordeon durch falsches Denken zusammendrücken, bis nur noch ein bloßer Bruchteil Ihrer möglichen Fähigkeiten verfügbar ist, oder Sie können es durch richtiges Denken auseinanderziehen und somit bewirken, dass es voll und ganz eine Rolle dabei spielt, in Ihrer Arbeit, in Ihrem Leben großen Erfolg zu erzielen.

Unzählige Menschen gehen durchs Leben und lassen dabei ihre tatsächlichen Fähigkeiten von ihrer negativen, zerstörerischen Geisteshaltung, ihren Zweifeln, Ängsten, Sorgen, abergläubischen Vorstellungen und vorgefassten Ideen, ihrem Kleinmut, ihrem fehlenden Glauben an sich selbst und ihre Aufgabe sich so verkrampfen, erdrücken und ersticken, dass sie nur einen äußerst geringen Teil ihrer selbst in ihr Lebenswerk einbeziehen.

Überall sehen wir Männer und Frauen, tüchtige, fleißige Arbeiter, die nicht einen Bruchteil dessen zustande bringen, was sie eigentlich leisten könnten, weil ihre natürlichen Fähigkeiten, welche es auch sein mögen, nicht zur Verfügung stehen – zurückgehalten von ihrem Pessimismus, ihren Zweifeln, ihren Ängsten und ihrer Kleingläubigkeit.

Wenn Sie eine wertvolle Goldmine auf Ihrem Grundstück besäßen und, statt alle Hindernisse aus dem Weg zu räumen, um das Erz zu fördern, noch etliche weitere aufstellten, dann würde Ihre Goldmine nicht eine Spur zu Ihrem verfügbaren Reichtum beitragen. Potenziell besitzen Sie zwar ein riesiges Vermögen, aber es könnte genauso gut nicht vorhanden sein, denn Sie ziehen keinen Nutzen aus dem Gold, an das Sie nicht kommen und das Sie nicht gegen die guten Dinge des Lebens, die Sie sich wünschen, eintauschen können.

Ebenso werden Ihre Fähigkeiten, wenn Sie sie mit allen möglichen mentalen Hindernissen überdecken, sich nie entfalten, Ihnen nie etwas einbringen.

Viele von uns denken, dass wir wunderbare Dinge vollbringen würden, wenn wir doch nur das Talent oder die Möglichkeiten einer anderen Person hätten, wenn wir nur die Vorteile hätten, die eine andere Person genießt, wenn wir nur erstklassig mit Anlagen zu einer bestimmten Tätigkeit ausgestattet wären. Aber in Wahrheit sind wir alle in diese Welt gekommen mit genau den Werkzeugen, die für eine Arbeit erforderlich sind, für die wir in jeder Hinsicht geeignet sind. Der Schöpfer hat diese Werkzeuge nicht für uns geschärft, denn hätte er das getan, dann hätte er uns genau der Sache beraubt, die für unsere Entfaltung und unser Wachstum bestimmt ist. Dadurch, dass wir Tag für Tag Hindernisse überwinden, dass wir den Müll und den geistigen Schutt forträumen, der unser Wachstum behindert, dass wir immer auf die Verwirklichung unseres höchsten Ideals zustreben, decken wir Schicht für Schicht die Fülle an Fähigkeiten auf, die in uns verborgen liegt, gleichgültig, von welchen scheinbaren Gebrechen und Benachteiligungen wir betroffen sind.

Helen Keller ist vielleicht eines der bemerkenswertesten Beispiele, die die Welt je erlebt hat, für die Kraft der entschlossenen Seele, alles zu überwinden, was sich ihr in den Weg zu ihrer vollständigen Entfaltung stellt. Im Alter von achtzehn Monaten taub, stumm und blind geworden, welche Chancen hat ein solch benachteiligter Mensch, einen wertvollen Beitrag in der Welt zu leisten, irgendetwas anderes zu werden als jemand, der sich nur noch der Verzweiflung hingibt, der seinen Verwandten nichts weiter als eine hoffnungslose, hilflose Last ist? Doch aus ihrer Welt der Dunkelheit entwickelte der innewohnende unbezähmbare Geist ein Wesen von derart außergewöhnlicher Begabung und Kraft, dass es wenige gibt, die der Menschheit einen größeren Dienst erwiesen haben und ihr eine größere Inspiration haben zuteilwerden lassen als diese Frau, die ganz am Anfang ihres Lebens sichtbar mehrfach behindert war. Sie ist ein wunderbares Beispiel für die Wahrheit, dass der Entwicklung eines Menschen keine Grenzen gesetzt sind und keine unüberwindlichen Hindernisse ihn aufhalten können, abgesehen von denen, die wir uns selbst in den Weg stellen.

Vermeiden Sie alles, so, wie Sie Gift vermeiden würden, was Sie negativ stimmen könnte: Sorge, Furcht, Eifersucht, Neid, Angst, Feigheit, die ganze Schar der niederdrückenden, kleinmütigen Gedanken. Sie alle wirken zerstörerisch auf Kraft und Stärke. Jedes Gefühl der Mutlosigkeit, der Verzagtheit, jeder Zweifel, jede Angst legt Fähigkeiten lahm.

Ein großer Künstler, der seine ganze Seele in seine Arbeit einbrachte, sagte einmal, dass er sich nie mittelmäßige Bilder ansehe, denn wenn er das täte, würde er mit falschen künstlerischen Idealen vertraut werden, und dann würde es auch nicht mehr lange dauern, bis auch seine Malkunst von dem verderblichen Einfluss der Mittelmäßigkeit erfasst würde.

Mit anderen Worten, unsere Fähigkeiten reagieren extrem empfindlich auf unsere Stimmungen, unseren Gemütszustand im Allgemeinen. Wenn uns nicht danach ist, wenn wir unpässlich sind, wenn wir aus dem einen oder dem anderen Grund niedergeschlagen, mutlos, verzagt, voller Zweifel und Sorge sind, dann sind unsere Fähigkeiten äußerst stark eingeschränkt. Wenn wir andererseits in guter Verfassung sind, wenn wir ausgeglichen sind, nicht ängstlich oder besorgt wegen etwas, sind sie immens ausgedehnt. Das heißt, all die positiven, erhebenden, aufmunternden, heiteren Emotionen und Gefühle erweitern und vergrößern unsere Fähigkeiten, während düstere sie zusammendrücken oder schmälern.

Wir alle wissen, in welch hohem Maße unsere Fähigkeit, Dinge zu planen und zu erledigen, wächst, wenn wir guten Mutes sind und an uns glauben. Wir wissen aus Erfahrung, dass unser Bewusstsein von unseren Fähigkeiten sich ausdehnt, wenn wir das Gefühl haben, mit fast allem fertigwerden zu können. Unsere Fähigkeiten werden durch ein erhebendes Selbstbewusstsein, ein unerschütterliches Vertrauen außerordentlich vergrößert. Wenn Sie sich diesen Gemütszustand zu eigen machen, werden Ihre Fähigkeiten Ihnen immer zur Verfügung stehen, immer auf dem Höchststand sein.

Andererseits sind wir uns auch bewusst, wie sehr unsere Fähigkeiten, welche wir auch haben mögen, durch fehlendes Selbstvertrauen, Selbstherabsetzung, Ängstlichkeit, Kleinmut vermindert werden. Wenn Sie keine hohe Meinung von sich haben, sich weigern, Verantwortung für Ihre Bestimmung zu übernehmen, sich immer nur tadeln und Ihre Fähigkeiten schmälern, dann können Sie zwar die Begabung eines Michelangelo, eines Carnegie, eines Shakespeare, eines Beethoven, einer Marie Curie, einer Louisa May Alcott haben, aber Sie werden es trotzdem nie zu etwas bringen.

Die selbsteinschränkende Geisteshaltung hält mehr wahre Begabungen nieder, lässt mehr verdienstvolle Menschen in unteren Positionen verharren als vielleicht jede andere Erschwernis in der ganzen Skala menschlicher Beeinträchtigungen. Unzählige Menschen, die hervorragende Begabungen und prächtige Charakterzüge haben, bleiben ihr ganzes Leben lang praktisch Nobodys aufgrund von Ängstlichkeit, wegen eines Minderwertigkeitsgefühls – einer von Selbstzweifeln und Selbstherabsetzung geprägten Einstellung –, während andere, die nur halb so begabt sind, allmählich Fortschritte machen, Vermögen erwerben, Positionen von Macht und Einfluss erlangen.

Jeder von uns besitzt mehr Fähigkeiten, als zu haben wir glauben, mehr, als wir gewöhnlich jemals nutzen. Aber unter dem Impuls eines starken Beweggrunds, wenn uns beispielsweise eine große Verantwortung aufgebürdet wird oder wenn wir in eine Situation geraten, in der wir entweder schwimmen oder untergehen müssen, gibt es nicht einen von uns, der nicht auf die Anforderung reagieren und eine Vielfalt an Fähigkeiten an den Tag legen würde, von denen wir nicht einmal geahnt hätten, dass wir sie besitzen.

Wenn ein Wissenschaftler ein Instrument erfinden sollte, mit dessen Hilfe es Männern und Frauen möglich wäre, ihre natürlichen Fähigkeiten um fünfzig Prozent zu vergrößern, dann wäre kein Preis zu hoch, den wir zu zahlen für dieses Instrument nicht bereit wären. Aber dennoch gibt es heute keinen Menschen, der bei der Ausübung des rechten Denkens dieses Instrument nicht bereits besitzt – indem man dem Leben auf die richtige Weise begegnet und die zur Verfügung stehenden Gelegenheiten nutzt.

Genau dort, wo Sie jetzt stehen, gleichgültig in welcher Umgebung Sie sich befinden, mit welchen Nachteilen Sie auch zu kämpfen haben, Sie besitzen genügend Fähigkeiten, um bei allem, was Sie zu tun wünschen, erfolgreich zu sein, um sich aus Mangel und Armut emporzuheben und sich zum Millionär zu machen. Unternehmen Sie alles, was Sie befähigen wird, Ihr Ambitions-Akkordeon bis zum Äußersten auseinanderzuziehen, und Sie werden erstaunt sein, was Sie zu leisten vermögen.

34

Schaffen Sie in Ihrem Leben Platz für Wohlstand

Es gibt ein Gesetz, das für die ganze Natur bindend ist – für Pflanzen, Insekten, Tiere und Menschen –, nämlich dass wir uns erst vom Alten befreien müssen, um etwas Neues haben und genießen zu können.

Würde der Baum sich nicht von den Früchten und Blättern des Vorjahres trennen wollen und sich weigern, sie fallen zu lassen, wären die Zweige im darauf folgenden Jahr dann nicht unfähig, Früchte und Blätter sprießen zu lassen? Wenn der Vogel, weil er nur ungern alten Besitz aufgibt, in der Mauser an sein altes Federkleid festhalten könnte, würde ihm dann überhaupt ein neues und frisches Gefieder wachsen?

Es ist ein physisches und spirituelles Gesetz, dass das Alte erst abgelegt werden *muss*, bevor das Neue kommen kann.

Das gleiche Gesetz, dem das Wachstum und Fruchttragen eines Baumes, das Wachstum und Federkleid eines Vogels – das Wachstum *allen* Lebens –, unterworfen ist, ist auch maßgeblich für das Wachstum Ihrer Seele. Nur ist es, was Ihre Seele betrifft, in seinen Funktionsweisen unendlich abwechslungsreicher und komplizierter.

Wenn Sie die neuen Kleider, das neue Haus – jegliche Art von neuen und besseren Umständen und Verhältnissen –, nach denen Sie sich sehnen, genießen wollen, dann hören Sie im Geiste auf, sich an *all* die Dinge zu klammern und sie zu behalten, für die Sie gegenwärtig oder in nächster Zukunft keine Verwendung haben. Wenn Sie den kleinen oder nie benutzten Gegenstand, was es auch sein mag, aus reiner Sammelleidenschaft aufbewahren, verhindern Sie, dass die bessere Sache in Ihr Leben tritt. Solange Sie das Minderwertige bewahren, so lange halten Sie das Hochwertige von sich fern.

Sie erleben diese Wahrheiten in den persönlichen Beziehungen Ihres Lebens. Wenn Sie den Kontakt zu Personen weiterhin pflegen, die Sie nur ermüden und langweilen, die sich über Ihre Ideen lustig machen, wenn Sie ihnen davon erzählen, und die völlig nutzlos für Sie sind, halten Sie die besseren Bekanntschaften von sich fern.

Das Gleiche gilt, wenn Sie an dem alten, abgetragenen Anzug festhalten und ihn aus purem Geiz nicht weggeben wollen, wenn Sie jede Menge Energie für das Feilschen und Schachern aufbringen, um ihn doch noch für ein paar Cents zu verkaufen: Sie werden nicht so bald die bessere Kleidung haben – denn jeder Gedanke, den Sie für den alten Anzug aufwenden, entspricht dem Maß an Energie, die besser in einen Plan hätte investiert werden können, der Ihnen Hunderte von Dollars einbringt statt ein paar Cents.

Das Aufheben von Gegenständen, von Besitztümern, die Sie benutzt haben, aber jetzt nicht mehr benutzen oder nicht mehr benutzen können, lenkt Ihre spirituelle oder Gedankenkraft davon ab, neue und bessere zu erlangen. Diese Kraft wird durch das Aufbewahren von Dingen, die für Sie jetzt nutzlos und daher eigentlich eine Belastung sind, erschöpft.

Sie bewahren nicht den Kreisel, die Füller und Buntstifte, die Kleidung aus Ihrer Kindheit auf. Warum? Weil Sie wissen, dass Sie aus den alten Sachen herausgewachsen sind, dass diese Gegenstände nutzlos für Sie geworden sind, dass Sie Ihre Kraft, Ihre Zeit und Ihre Gedanken auf die Dinge konzentrieren wollen, die eher Ihren gegenwärtigen Interessen und Neigungen entsprechen.

Wenn Sie mehr Dinge um sich haben, als Sie für den unmittelbaren Gebrauch und Genuss benötigen, erweisen sie sich nicht nur als ein Ärgernis, sondern dieses Ärgernis hindert Sie auch daran, die neuen und besseren zu erlangen.

Es ist, als würden Sie sich in einem Restaurant an dem Brot und den Vorspeisen satt essen, sodass Sie keinen Hunger mehr auf das Hauptgericht haben – gerade das Gericht, das der eigentliche Anlass war, ebendieses Restaurant zu besuchen.

Wenn Sie einen Raum haben, einen Speicher, ein Keller- oder Dachgeschoss voller alter Kisten, Stühle und anderer Möbelstücke oder Kommoden voller halb abgetragener Kleidungsstücke, die Sie einfach nur aus Sammelleidenschaft aufbewahren oder weil Sie denken, dass Sie diese Sachen vielleicht doch noch irgendwann einmal benötigen würden, ist es von viel größerem Vorteil, sie zu verkaufen oder zu verschenken. Diese alten und unbenutzten Sachen halten nicht nur neue und bessere von Ihnen fern, sondern, und das ist viel gravierender, sie sind dadurch, dass sie der Aufmerksamkeit bedürfen, eine Bürde für Ihre Seele.

Es ist nicht so sehr der Besitz selten oder nicht gebrauchter Gegenstände, der Ihnen dabei schadet, Wohlstand zu erlangen, sondern es ist vielmehr die Aufmerksamkeit, die Sie ihnen schenken, der gedankliche und Zeitaufwand, den Sie in sie investieren, der Ihr Vorwärtskommen vereitelt.

Tausende von Menschen gehen durchs Leben mit alten Töpfen, Pfannen und Wasserkesseln, für die sie überhaupt keine Verwendung haben. Was würden Sie von einem Mann halten, der, weil er unbedingt eine Brechstange behalten will, sie sich an den Fußknöchel kettet und sie hinter sich herzieht? Auf diese Weise können Sie Brechstangen an Ihren Geist ketten.

Ein Geheimnis derer, die es zum Wohlstand gebracht haben, ist, dass sie wissen, wann es Zeit ist, sich von Besitztümern zu trennen, nämlich sobald sie erkennen, dass diese für sie nicht mehr nützlich sein können. Weitblickende Gesellschaften und Unternehmen »entlasten« sich von Immobilien, von denen sie meinen, dass sie nicht sofort Geld bringen. Kurzsichtige Unternehmen dagegen erwerben zu genau diesem Zeitpunkt diese Immobilien, die sie dann jahrelang nicht mehr loswerden, die sie instand halten müssen, ohne dafür etwas zurückzubekommen, und die sich als Schuldenlast und als Hindernis für sofortige Gewinne erweisen.

Die tatsächlichen Kosten für die Aufbewahrung von Gegenständen sind die Menge an Gedanken, die Sie für deren Aufbewahrung aufwenden. Wenn Sie ein altes Bettgestell oder eine alte Kommode besitzen oder etwas anderes, für das Sie eigentlich überhaupt keine Verwendung haben, und es bei jedem Umzug mitnehmen, den Platz prüfen und planen, wo es in Ihrem neuen Zuhause stehen soll, und sich dann Sorgen machen, weil Ihnen nun der Platz für etwas anderes fehlt, was Sie wirklich täglich benötigen, stecken Sie geistige Energie in einen (für Sie) nutzlosen Gegenstand – Energie, die, falls klüger gesteuert, für hundert neue Betten oder Kommoden sorgen könnte.

Der Wunsch, Dinge einfach aufzubewahren und zu horten, lässt viele Menschen in einem Zustand der Armut verharren und bringt sogar Arme hervor.

Ebenso wenig ist das Horten eine gute Sache. Wenn jeder Geld beiseitelegen würde, sowie er es erhält, alles horten würde, was er hat, und sich so sparsam wie möglich ernähren und kontinuierlich seine Ausgaben verringern würde, dann würde das Geschäftsleben weltweit sehr schnell zum Erliegen kommen – nicht so sehr aus Mangel an Geld, das nutzlos in Kommoden und alten Strümpfen herumläge, sondern weil kaum noch etwas zu tun bliebe für die Menschen, um Geld zu verdienen.

Es ist der Ehrgeiz, neue Wachstumsmöglichkeiten zu erschließen, prächtige Gebäude zu errichten statt Bruchbuden, der den Arbeiter, den Mechaniker, den Künstler in welchem Bereich auch immer weiterarbeiten und den Geldstrom weiterfließen lässt.

Bloßes Horten bringt denen, die horten, am Ende schließlich nichts außer Kummer und Ärger.

Geizhälse sind nur beschränkt erfolgreich. Sie verdienen nur Geld, um es in Tresorräumen anzuhäufen – Geld, das ihnen nur die Befriedigung verschafft, es zu besitzen und es dem Haufen hinzuzufügen. Es ist nur eine Besessenheit. Die Geizkragen beziehen aus ihrem Geld kaum Freude für ihre Körper, aus der Befriedigung intellektueller oder künstlerischer Neigungen ergibt sich kaum Genuss. Sie besitzen nur einen Haufen geprägtes Metall oder Scheine und sind daher, gleichgültig wie pompös und prächtig ihre Häuser sind, arme Männer und Frauen.

»Es ist leichter, dass ein Kamel durch ein Nadelöhr gehe, als dass ein Reicher ins Reich Gottes komme«, sagt man uns. Das »Reich Gottes« befindet sich nicht an einer bestimmten Stelle im Raum, sondern kann und wird dort sein, wo auch immer der Geist weise und stark genug sein wird, es zu errichten. Der »Reiche«, der nicht in das Reich Gottes kommen kann, ist in Wirklichkeit die Person, die schwer beladen ist mit Dingen, die sie nicht benutzen kann, und indem sie sie behält, gestattet sie anderen deren Verwendung nicht – und kann daher nicht ins Reich Gottes gelangen, weil dieses Horten ihre Fähigkeit blockiert, ihr Leben zu einem Reich Gottes zu machen.

Andererseits gebraucht und genießt der Reiche, der das Geheimnis und die Fähigkeit kennt, das Beste von allem auf Erden anzuziehen, indem er dafür Platz in seinem Leben schafft, nicht nur all diese Dinge, die das Leben zu bieten hat, sondern benutzt sie auch, um zum Wohl und Glück aller beizutragen, und lebt, eben weil er dies tut, im Reich Gottes.

Die Pflanze eignet sich nur an und gebraucht, was sie – an Luft, Wasser, Sonnenschein und den Elementen der Erde – für den Augenblick benötigt. Wenn ihr mehr zur Verfügung gestellt wird, als für ihre aktuellen Bedürfnisse erforderlich ist, wird sie von Blattläusen und Pflanzenkrankheiten befallen. Die Elemente des Lebens müssen benutzt und nicht gehortet werden, wenn man sich echten Vorteil und Nutzen von ihnen wünscht.

Rost wird oft als schädlich betrachtet, aber tatsächlich ist er ein Mittel der Quelle des Unendlichen Guten, das Horten zu verhindern. Er zerstört nicht wirklich. Er vernichtet die Bestandteile der Materialien, die nicht mehr gebraucht werden oder vernachlässigt wurden, und verstreut und verteilt sie, damit sie neue Formen von Verbindungen eingehen und neuen Zwecken dienen können.

Wenn Sie die ganze Erde besitzen würden, könnten Sie nur so viel von ihrer Luft, ihrem Sonnenschein, ihrem Wasser, ihren Nahrungsmitteln und Kräften benutzen und genießen, um Ihre Bedürfnisse für die Stunde, den Tag, den Monat, das Jahr und so weiter zu befriedigen. Das Aufbewahren des Übrigen würde letztendlich den Planeten zerstören. Ihr Besitz wäre eine Farce. Sie hätten »die ganze Welt gewonnen und Ihre Seele verloren«. Um »Ihre eigene Seele« – die latente Kraft in Ihnen – wirklich zu besitzen, müssen Sie Ihre Gedankenkraft kontinuierlich verstärken, damit Sie alle

Dinge anziehen können, um sie zu verwenden und zu genießen, und sich dann von ihnen befreien, um neue und bessere zu erlangen.

Indem Sie das für alles Leben gültige Gesetz befolgen, also das Alte wegwerfen, um das Neue zu bekommen, genauso wie Ihr Körper sich von allem trennt, was er nicht assimilieren kann, werden Sie Ihrem Geist immer mehr Kraft angedeihen lassen. Dann werden Sie Fortschritte machen auf dem Weg zur völligen Herrschaft über alle materiellen Dinge.

Leben Sie in Ihrem Geist in einem Palast, und palastartige Umgebungen werden zu Ihnen hinstreben. Aber wenn Ihnen Ihr Palast nichts mehr nützt, geben Sie ihn zur weiteren Verwendung an andere ab, oder er wird Ihr Armenhaus werden. Wenn Sie ihn nicht aufgeben, bewahren Sie mit ihm eine zu große Bürde für Ihren Geist auf – so viele Gedanken, die dafür aufgewendet werden müssen, so viel spirituelle Kraft, die andernfalls in die Förderung einer Fähigkeit investiert hätte werden können.

Ob Sie nun fünf besondere Fähigkeiten haben oder zehn, es ist unumgänglich, dass Sie sie alle hin und wieder weiterentwickeln und verfeinern, und dafür müssen Sie alle Ihre Kräfte freisetzen. Im vollen Gebrauch Ihrer Fähigkeiten liegt Ihr Wohlstand. Damit Sie diese um Ihres Wohlstandes willen voll und ganz nutzen und zur Entfaltung bringen können, sollten Sie immer wieder Ihr Leben überprüfen. Entfernen Sie aus Ihren Fähigkeiten die Last der überholten, antiquierten Gewohnheiten und Einschränkungen. Denn dadurch, dass sie Ihre Zeit beanspruchen, dass Sie ihnen Aufmerksamkeit schenken, wird das Hauptaugenmerk Ihres Geistes in Sackgassen gelenkt.

Beseitigen Sie aus Ihrem Leben alles, was aufgrund seiner Präsenz in Ihrem Leben Ihre Begabungen, Ihre angestrebten Ziele, Ihre Fähigkeiten, sich auf Reichtum in Ihrem Leben zuzubewegen – in Ihrem Leben Platz für Reichtum zu schaffen –, einschränkt und hemmt.

35

Der Schlüssel:
Konzentrieren Sie sich,
um in etwas ganz groß zu sein

Es gibt keinen stärkeren Magnet auf der Welt, um das von uns Gewünschte anzuziehen, keine wirksamere Kraft bei der Verwirklichung unseres angestrebten Ziels als Konzentration. Sie ist der wichtigste Faktor bei all den großen Errungenschaften in der Geschichte. Sie bildet den Grundstein zum Erfolg in jedem Bereich, sie ist das Prinzip, auf dem jeglicher Fortschritt beruht. Alle Erfindungen, alle Entdeckungen, alle modernen Annehmlichkeiten, an denen sich die Welt erfreut, sind die Resultate eines fokussierten Geistes. Was auch immer Sie gern sein oder haben möchten, Sie können es sein oder haben, indem Sie Ihren Geist fokussieren und Ihre Anstrengungen auf dieses eine Ziel ausrichten.

Als Franz Liszt, der große Komponist, noch ein Jugendlicher war, schalt sein älterer Bruder ihn deswegen aus, seine Zeit der Musik zu widmen, und sagte ihm, dass er selbst ein bedeutender Großgrundbesitzer werden würde. Der Möchtegerngroßgrundbesitzer verachtete die musikalische Begabung seines jüngeren Bruders, behauptete er doch, dass ein solches Talent einen Mann nur ruinieren würde. Franz jedoch blieb seiner Veranlagung treu und lief sogar mehrmals weg, um den Wunsch nach einer musikalischen Karriere, der zu Hause missbilligt wurde, zu verwirklichen.

Jahre später, als der ältere Bruder wirklich ein reicher Großgrundbesitzer geworden war, stattete er Franz, der als Musiker noch immer um Anerkennung kämpfte, einen Besuch ab. Da er ihn zu Hause nicht antraf, ließ er seine Karte zurück, die mit der Aufschrift »Herr Liszt, Großgrundbesitzer« versehen war. Als noch mehr Jahre ins Land zogen und der junge Komponist sich schließlich durchgesetzt hatte, erwiderte er den Besuch seines Bruders, des Großgrundbesitzers, und überreichte seine Karte, auf der stand: »Herr Liszt, Kopf-Besitzer«.

Abgesehen von der Komik dieser kleinen Geschichte ist die Sache die, dass jeder der Brüder das bekam, worauf er sich konzentrierte: Der eine wurde ein reicher Großgrundbesitzer und der andere ein weltberühmter Musiker und Komponist.

Wenn Ihr Ziel dem des älteren Bruders gleicht, ein reicher Großgrundbesitzer, ein erfolgreicher Geschäftsmann zu werden, dann müssen Sie sich auf irgendeine Weise auf Wohlstand, auf den Erwerb von Reichtum konzentrieren. Wir alle kennen Menschen, die Geld, egal aus welcher Richtung, anzuziehen scheinen. Alles, was sie berühren, wird zu Geld, wie wir zu sagen pflegen, während andere, die zu demselben Zweck genauso hart arbeiten, offenbar den Misserfolg gepachtet haben. Die verschiedenen Ergebnisse sind auf den Unterschied in der Stärke und Aufrechterhaltung der Konzentration zurückzuführen. Der natürliche, der geborene Großverdiener denkt in geldlichen Kategorien. Er verdient sozusagen die ganze Zeit über im Geiste Geld, aufgrund eines Geistes, der auf Geld fokussiert ist. Großverdiener nähren ständig ihre Geld-Vision. Sie sind sich absolut sicher, dass sie Geld verdienen werden, reich sein werden, und sie konzentrieren sich auf dieses Ziel mit einer solchen Intensität und Zielstrebigkeit, dass sie buchstäblich Geld erschaffen.

Andererseits sind Menschen, die zwar Geld haben möchten, aber sich nicht stark genug darauf konzentrieren, es zu bekommen, die nicht sonderlich von ihrer Fähigkeit, es zu bekommen, überzeugt sind, die Angst davor haben, nicht einmal das zu werden, was wir als wohlhabend bezeichnen, nicht anders als diejenigen, die zwar erfolgreich sein möchten, aber immer ans Scheitern denken – sich sorgen, Befürchtungen hegen, glauben, dass sie es nie schaffen werden. Sie sind es, die ihre Kräfte in den verschiedensten Richtungen verzetteln, in der Hoffnung, dass es ihnen vielleicht zufällig gelingt, in irgendeinem dieser Bereiche Erfolg zu haben.

Dergleichen, wie etwa durch Zufall bei etwas erfolgreich zu sein, gibt es nicht. Das größte Genie auf Erden hat niemals ein Meisterwerk, auf welchem Gebiet auch immer, durch Zufall hervorgebracht. Konzentration ist der Schlüssel zu allem Erfolg. Sie ist das Grundgesetz für große Leistungen. Diejenigen, die sich nicht konzentrieren, werden entweder halb erfolgreich, nur Mittelmaß sein oder voll und ganz versagen.

Die Franzosen haben ein Sprichwort: »Wer sich um eine Sache kümmert, ist schrecklich«. Mit anderen Worten, jemand, der an einer Sache festhält, ist unwiderstehlich. Gleichgültig ob die Welt dem Vorankommen dieser Person entgegentritt, sie bahnt sich ihren Weg hindurch zum Ziel.

»Beim Schuhgeschäft erfolgreich zu sein ist mein einziges großes Ziel«, sagte der Chef eines der größten Schuhunternehmen der Welt. »Ich bin kein Direktor oder Treuhänder irgendeiner Bank. Ich verzettele meine Energien nicht. Ich gebe nicht vor, viele Dinge zu wissen, aber ich weiß einiges über das Schuhgeschäft. *Ich habe meine Fähigkeit, meine Energie, mein Leben in die Aufgabe, gute Schuhe herzustellen, gesteckt.*«

Dieser Mann, der sein Leben auf der untersten Sprosse der Leiter begann, ohne Kapital und Einfluss, baute ein Unternehmen auf, für das heute ein Team von zweihundert Handelsvertretern und -vertreterinnen unterwegs ist und das jährlich einen Umsatz von circa 25 000 000 Dollar macht.

Emerson sagte: »Die einzige Klugheit im Leben ist Konzentration; das einzige Übel ist Vergeudung.« Das Verzetteln unserer Energien, das Vergeuden unserer schöpferischen Kraft, das Unvermögen, unseren Geist auf einen Brennpunkt zu richten und ihn dort zu halten, sind für neun Zehntel aller Misserfolge im Leben und für den größten Teil der Armut auf Erden verantwortlich.

Ich kenne einen solchen »Verzetteler«, der mehr neue Ideen entwickelt und mehr neue Projekte umreißt als jeder anderer, dem ich je begegnet bin. Trotzdem hat er es bisher nur zu einem kärglichen Auskommen gebracht, weil er nie lang genug bei einer Sache bleibt, um sie zu einem Erfolg zu machen. Er verzettelt seine Intelligenz und seine ganze Energie damit, sich einer neuen Sache nach der anderen zu widmen, ohne irgendetwas davon jemals abzuschließen. Jedes Mal, wenn ich mich mit ihm unterhalte, verblüfft er mich mit der Produktivität seines Geistes, seinem Einfallsreichtum, seinen originellen Ideen, von denen sich viele als wertvoll erweisen würden, wenn sie nur verwirklicht werden würden, aber sie gehen nie über das gedankliche Stadium hinaus. Die Konzentration, die erforderlich ist, um sie auf den Boden der Realität zu holen, um sie in die Tat umzusetzen, fehlt. Es gibt Tausende Leute wie dieser Mann in niedrigen Positionen mit geringen Gehältern, die mit dem Wissen, das sie sich in einem Dutzend verschiedener Tätigkeiten angeeignet haben, erfolgreiche Spezialisten sein könnten, würden sie sich nur auf ein Gebiet konzentrieren.

Wie brillant oder vielseitig Sie auch sein mögen, Sie können es sich nicht leisten, Ihre Begabung zu teilen, wertvolle Erfahrung wegzuwerfen, indem Sie von einer Beschäftigung zu einer anderen wechseln. Wenn Sie auf eine lohnende Weise erfolgreich sein wollen, müssen Sie ein Mensch mit ungeteilten Interessen sein, fähig, das Gewicht Ihres ganzen Seins in eine Berufung zu werfen. Niemand ist groß genug, um in viele Teile aufgespalten zu sein, und je schneller Sie sich diese Wahrheit zu eigen machen können, umso besser sind Ihre Aussichten, ein wohlhabendes Mitglied der Gesellschaft zu werden.

Coleman du Pont liefert ein gutes Beispiel für die Expertenpersönlichkeit. Zu der Zeit, als er zum Oberhaupt der DuPont Powder Company berufen wurde, verlor das Unternehmen rapide an Boden, aber er wendete das Blatt und führte die Firma zum Erfolg. Als er einmal in einem Interview gefragt wurde, wie ihm das gelungen sei, antwortete er: »Ich vertiefte mich derart in Schießpulver, dass es mein ganzes Denken und Handeln bestimmte, ich träumte sogar von Schießpulver. Ich dachte an kaum etwas anderes als an Schießpulver.«

Gleichgültig was Ihr Geschäft, Beruf oder Gewerbe ist, Sie können keinen Fehler machen, wenn Sie Coleman du Ponts Weg zum Erfolg und Wohlstand folgen. Denken Sie an die gewünschte Sache, reden Sie darüber, leben Sie sie, bringen Sie sie zum Ausdruck, träumen Sie von ihr, verkör-

pern Sie sie, strahlen Sie sie aus jeder Pore Ihres Körpers aus; erfüllen Sie
Ihr Leben damit; visualisieren Sie sie; glauben Sie fest daran, dass sie
Ihnen bereits gehört. Das ist die einzige Möglichkeit, um irgendetwas von
Wert in dieser Welt zu erlangen.

Wenn wir uns nur über die wunderbare Macht der Gedanken, die schöpferische Kraft durch Konzentration, die Anziehungskraft des intensiven
Visualisierens im Klaren sein könnten, wie viel mehr würden wir zustande
bringen! Genau das ist es, was den Geist zu einem mächtigen Magnet
macht, der anzieht, was er begehrt, wonach er sich am meisten sehnt. Überall sehen wir Beispiele für die Anziehungskraft des auf einen Punkt konzentrierten positiven, klaren Denkens.

Um Wohlstand zu demonstrieren, müssen Sie sich auf Wohlstand konzentrieren; Sie müssen sich die Wohlstandseinstellung aneignen. Es genügt
nicht, sich nach Überfluss zu sehnen, Sie müssen davon überzeugt sein,
dass Sie wohlhabend sein werden, *dass Sie bereits wohlhabend sind*. Sie müssen es erwarten.

»Euch geschehe nach eurem Glauben« (Matth. 9,29).

Sie müssen das, was auch immer Sie in Ihrem Leben zum Ausdruck bringen möchten, hegen und Sie müssen daran glauben, dass es eintreten wird.

Sie können nicht erwarten, wohlhabend zu werden, wenn Sie nicht unerschütterlich an der Wohlstandsvision festhalten. Wenn Sie mit Ihren Gedanken die meiste Zeit ganz woanders sind, wenn Sie voller Zweifel darüber sind, ob es Ihnen jemals gelingen würde, Reichtum anzusammeln oder
es in irgendeiner Branche zu etwas zu bringen, dann beschwindeln Sie sich
nicht mit der Idee, dass sich bei Ihnen Wohlstand einstellen wird, wenn
Sie nur hart genug arbeiten. Allein Ihr konzentriertes Denken, Ihre Erwartungshaltung und Ihre Überzeugung sind die Türöffner, die etwas in Ihr
Leben eintreten lassen.

Konzentration ist unerlässlich für Erfolg, egal in welchem Bereich. Wie
Dr. Julia Seaton sagt: »Konzentration ist die Kernessenz allen Lebens, und
ohne sie gibt es kein echtes Ziel, keine echte Kontrolle. Von der Konzentrationsfähigkeit hängt mehr als von allem anderen unser Gesetz ab, Lebensbedingungen anzuziehen, zu kontrollieren und zu meistern.«

Wenn Sie entmutigt sind, weil Sie nicht so weiterkommen, wie Sie ge-hofft haben, stimmt etwas nicht. Ihr Geist steht nicht mit Ihren Anstren-gungen auf der physischen Ebene im Einklang. Etwas hemmt Ihre Fort-schritte, und dieses Etwas ist ein gedanklicher Stolperstein, den Sie sich selbst in den Weg gelegt haben. Sie versetzen sich mental nicht in Ihre Fort-schritte, Sie tauchen nicht ein in den Strom des Vorwärtskommens, indem Sie sich voller Selbstvertrauen, voller Überzeugung auf Ihr Ziel konzen-trieren. Ob es Kleinmut, Zweifel, Unentschlossenheit, Wankelmut ist, ob Sie Ihre Anstrengungen durch das Verzetteln Ihrer Energien zunichtema-chen, weil Sie in Ihrer Freizeit Nebenbeschäftigungen nachgehen – und versuchen, hier ein wenig und dort ein wenig erfolgreich zu sein, indem Sie sich Ihrem Lebenswerk nicht voll und ganz widmen –, irgendetwas neutralisiert die Kraft, die Sie naturgemäß zu Ihrem Ziel führen würde.

In Maine sagen die Farmer, dass ein Pferd zum Gaffer wird, wenn man es ohne Scheuklappen lenkt, weil seine Aufmerksamkeit mal hier und mal dort erregt wird, was sich negativ auf Gangart und Tempo des Tieres aus-wirkt. Viele Menschen werden auf ähnliche Weise verdorben, indem sie sich nicht genügend enge Grenzen setzen, um ihre Energien zu bündeln und in eine Bahn zu lenken.

»Wenn mir ein Thema vorliegt, untersuche ich es gründlich«, sagte Alex-ander Hamilton. »Tag und Nacht ist es mir gegenwärtig. Mein ganzes Denken ist davon durchdrungen. Der Erfolg, den ich dann dabei habe, wird gern als Genialität bezeichnet. Es ist die Frucht von Denken und An-strengung.«

Haben Sie keine Angst davor, als ein Mensch mit nur einer Idee bekannt zu werden. Diejenigen, die die Welt bewegt haben, waren von diesem Schlag.

Genialität ohne Konzentration erreicht niemals so viel wie Konzentra-tion ohne Genialität.

Es sind diejenigen, die ihr Ziel in jede Faser ihres Seins eingebrannt ha-ben, die die Eigenschaft besitzen, ihre Energien in einen Punkt zu bündeln – so, wie ein Brennglas die zerstreuten Sonnenstrahlen vereinigt –, die den Weg zum Wohlstand erfolgreich beschreiten.

Bringen Sie die Person ans Licht, die Sie sein können

Sagte der große Psychologe William James: »Die Durchschnittsperson entwickelt weniger als zehn Prozent ihrer Gehirnzellen und weniger als dreißig Prozent ihrer möglichen körperlichen Leistungsfähigkeit. Wir alle leben ein Leben unter unserer maximalen Leistung.«

Angenommen, ein Mensch würde aufgrund von Ernährungsmängeln oder eines Unfalls in der Kindheit nur zehn Prozent seiner möglichen körperlichen Größe und nur dreißig Prozent seines normalen Gewichtes erreichen. Wir alle würden denken: Was für ein tragischer Umstand.

Aber zugleich sind die meisten von uns selbst gemachte Zwerge – und bleiben zehn, zwanzig, dreißig und manchmal sogar hundert Prozent hinter ihrer möglichen Entwicklung zurück. Selbst jene, die die Gipfel menschlicher Errungenschaften erklommen haben – die Michelangelos, die Beethovens, die Shakespeares, die Miltons, die Dantes oder die Brontës –, erreichten nie den Höchststand ihrer möglichen Leistungsfähigkeit.

Ebenso wie ungünstige Bedingungen im Pflanzenreich einen möglichen Baumriesen im Wachstum hindern und klein bleiben lassen, hindern auch ungünstige Bedingungen im Tierreich einen möglichen Riesen in einer Person an der Entfaltung und lassen ihn verkümmern. Aber während der Baum die Bedingungen nicht aus eigener Kraft heraus zu ändern, seine Umgebung nicht zu beeinflussen oder zu verbessern vermag, können wir uns Bedingungen zu Willen machen, alle Hindernisse überwinden, die unserer höchstmöglichen Entwicklung im Weg sind oder sie hemmen. Mit anderen Worten, jede Eichel kann, wenn die Bedingungen eben richtig sind, vielleicht zu einem großen Eichenbaum werden, aber jede menschliche Eichel, kann, trotz Bedingungen, wie schlecht sie auch sein mögen, wenn er oder sie es will, zu einer großen Person werden.

»Tatsächlich besitzen wir vielfältige Fähigkeiten, die zu nutzen wir gewohnheitsmäßig unterlassen«, sagt Dr. James J. Walsh. »*Wir haben uns die Gewohnheit angeeignet, uns selbst nicht gewachsen zu sein.*« Gerade diese Gewohnheit, sich selbst nicht gewachsen zu sein, bringt eine große Mehrheit von Menschen dazu, zu unterschätzen, was sie zu tun imstande sind. Sie beurteilen ihre Leistung nach dem, was sie in der Vergangenheit getan haben, oder nach dem, was andere ihnen zutrauen, und folglich schleppen sie sich in einer schmalen Spur der Minderwertigkeit dahin, in der ihre wahre Kraft niemals in Anspruch genommen wird. Sofern kein glücklicher Zufall eintritt, bleibt die größere Person in ihnen unentdeckt, und sie scheiden dahin, ohne jemals zu ihren fast grenzenlosen Kräften gelangt zu sein, die unter der Oberfläche verborgen liegen.

Nicht, was Sie getan oder nicht getan haben, sondern was Sie jetzt imstande sind zu tun, nicht, was Sie sind, sondern, was Sie imstande sind zu werden – das sind die wichtigen Tatsachen Ihres Lebens. Es spielt keine so große Rolle, was andere von Ihnen halten, was ihrer Meinung nach möglich für Sie ist, vielmehr was Sie von sich selbst halten – was Sie sich zutrauen –, das ist es, was zählt. Das ist von enormer Bedeutung für Sie, weil Sie nicht anfangen werden, Ihre Möglichkeiten wahrzunehmen, solange Sie nicht die Bekanntschaft Ihres wahren Selbst, des größeren möglichen »Ich« in Ihnen, gemacht haben.

Viele der reichsten Minen in der Welt wurden immer wieder aufgegeben, bis ihre verborgenen Schätze schließlich von den beharrlicheren Schürfern entdeckt wurden. Diese Männer gaben sich mit oberflächlichen Schürfungen nicht zufrieden, sondern stiegen immer tiefer hinab ins Innere der Erde, bis sie fanden, wonach sie suchten. Sie wurden sagenhaft reich, während die anderen, die zu früh aufgaben oder von Claim zu Claim zogen und dabei nie genügend Zeit oder Energie aufwendeten, nie genug an die Möglichkeiten, tiefer zu graben, glaubten, in Armut starben.

Ich weiß beispielsweise von einem Mann, der alles, was er besaß, verpfändete und der sich so viel borgte, wie er konnte – er verkaufte sogar seine Kleidung –, um genug Geld aufzutreiben, das ihn befähigte, einen Schacht unterhalb der Stelle abteufen zu lassen, an der ein früherer Schürfer aufgegeben hatte. Nachdem er nur wenige Meter tiefer als sein Vorgänger gegangen war, stieß er auf eine der reichsten Silberminen auf diesem Kontinent.

Viele von uns sind wie die Schürfer, die nur ein kleines Stück in ihre Claims graben und dann aufgeben, um in Armut und Elend zu sterben, während sie doch zu einem Reichtum hätten gelangen können, der ihre kühnsten Träume übertroffen hätte. Es gibt Tausende, die das Potenzial haben, zu Führungspersönlichkeiten in unterschiedlichen Berufen aufzusteigen, es gibt unzählige Angestellte, viel fähigere Männer und Frauen als ihre Arbeitgeber, die sich verzweifelt in niedrigen Positionen abplagen, die genügend unentdeckte Fähigkeiten besitzen, die in ihnen verborgen sind, um sie zu den Größten auf ihrem Gebiet zu machen – aber sie hatten niemals die Ausdauer, um tiefer zu graben, um an die Schatzkammer ihres verborgenen Reichtums zu gelangen. Sie schürften ein wenig an der Oberfläche ihres Wesens und gaben dann auf.

Seien Sie nicht bereit, als Zwerg durchs Leben zu gehen, während es doch etwas in Ihnen gibt, was Ihnen sogar in diesem Augenblick sagt, dass Sie ein Riese sein könnten. Sitzen Sie nicht herum und warten auf einen glücklichen Zufall oder etwas außerhalb von Ihnen, was Ihnen zu Hilfe kommt – Ihnen Unterstützung angedeihen lässt.

Auf diese Weise werden Sie niemals die größere Person ans Licht bringen, die in Ihnen verborgen ist. Es gibt genauso viel Erfolgsmaterial, Erfolgspotenzial, in Ihnen, der noch nicht den Wohlstand erlangt hat, den Sie zu Recht verdienen, wie in denen um Sie herum, die ihn bereits erlangt haben. Aber die einzige Kraft, die den Riesen in Ihnen zur Entfaltung bringen wird, befindet sich in Ihrem Innern.

Der Same muss tief in die Erde reichen, er darf niemals Hindernissen weichen oder in Notzeiten erlahmen, wenn der große Baum, der ihm innewohnt, wachsen und gedeihen soll.

Warum fangen Sie nicht einfach an?

Wann denken Sie, dass Sie die wunderbaren Dinge tun werden, von denen Sie träumen? Warum fangen Sie nicht an? Worauf warten Sie? Warum packen Sie es nicht an? Warten Sie darauf, dass Ihnen »etwas Gutes« widerfährt, dass Einfluss, Beziehungen, irgendjemand Ihnen helfen wird?

Wissen Sie, dass nichts dem Leben mehr zusetzt, den Charakter mehr schwächt als das ständige Wünschen und Träumen von den großen Taten, die wir vollbringen werden, ohne eine entsprechende Anstrengung zu unternehmen, um diese Träume zu verwirklichen? Sich etwas zu wünschen, ohne sich zu bemühen, diesen Wunsch wahr zu machen, lässt den Geist verkümmern, zerstört die Initiative.

Unsere Visionen sind unsere Lebenspläne, aber sie werden lediglich als Pläne enden, wenn wir sie nicht mit tatkräftigen Anstrengungen hartnäckig weiterverfolgen, um sie in die Tat umzusetzen – genauso wie die Pläne eines Architekten als einfache Skizzen enden werden, wenn sie von dem Erbauer nicht weiterverfolgt und verwirklicht werden.

Wie bereits weiter oben erwähnt, müssen wir dreierlei tun, um unsere Träume wahr werden zu lassen:

- – uns unseren Wunsch vergegenwärtigen,
- – uns auf unsere Vision konzentrieren,
- – daran arbeiten, sie zu verwirklichen.

Die dafür notwendigen Hilfsmittel sind in uns, nicht außerhalb von uns. Gleichgültig, welcher Herkunft wir sind oder ob wir mit Vermögen gesegnet sind oder nicht, es gibt nur eine Kraft, mit der wir unser Lebensmaterial formen können: den Geist.

Diejenigen, die große Dinge vollbracht haben, waren Träumer, und was sie vollbracht haben, stand im Verhältnis zu der Intensität, der Energie und der Hartnäckigkeit, mit denen sie sich ihre Ideale vergegenwärtigt, an ihren Träumen festgehalten und sich angestrengt haben, um sie wahr zu machen.

Es ist eine gute Sache, wenn wir uns von Zeit zu Zeit fragen, ob wir unser Ziel erreichen, ob wir das meiste aus unseren Möglichkeiten machen, ob wir aufsteigen oder absteigen.

Oliver Wendell Holmes, Richter des amerikanischen Obersten Gerichtshofs, sagte, dass es nicht so sehr darum gehe, wo wir stehen, sondern vielmehr, in welche Richtung wir uns bewegen.

In welche Richtung bewegen Sie sich?

Es gibt heute Tausende Menschen, die sich gar nicht bewegen, sondern warten. Sie haben zwar großartige Ambitionen und Entschlüsse gefasst, um diese Vorhaben in die Tat umzusetzen, sind aber Opfer des Zweifels, der sie davon abhält, den Anfang zu machen. Sie sind unfähig, den ersten Schritt zu tun, weil dieses Ungeheuer in der Tür ihrer Entscheidung steht. Sie haben Angst davor, ihre Brücken hinter sich abzubrechen, sich ihrem Vorhaben zu verschreiben.

Werden Sie sich darüber klar, dass Sie ein Eroberer im Leben sein werden, dass Sie der Herr über das Reich Ihrer Gedanken sein werden und nicht Sklave eines verräterischen Feindes, dass Sie den klügsten Weg wählen werden und dass Sie, gleichgültig, wie bedrohlich oder gewaltig die Schwierigkeiten auf dem Weg sein mögen, an der Stelle abbiegen werden, die in Richtung des Ziels Ihres Ehrgeizes zeigt, wer oder was immer sich Ihnen auch in den Weg stellen mag.

Lassen Sie Ihre Anstrengungen nicht durch Zweifel blockieren. Lassen Sie sich davon nicht lähmen und sich zu einem Zwerg machen, sodass Sie gar nicht versuchen, Ihr Ziel zu erreichen, während doch in Ihrem Inneren ein Riese wartet.

Zuversicht, Selbstsicherheit, Selbstvertrauen – dies sind die großen Freunde, die dem Verräter Zweifel ein Ende bereiten werden.

Die Tatsache, dass Sie einen fast unkontrollierbaren Impuls haben, einen starken fesselnden Ehrgeiz, das zu tun, was die Zustimmung Ihrer Einsicht und Ihres besseren Selbst findet, sollten Sie als Aufforderung verstehen, dass Sie dazu imstande sind und es unverzüglich angehen sollten.

Haben Sie keine Angst davor, Verpflichtungen zu übernehmen. Beschließen Sie, dass Sie jede Verpflichtung eingehen werden, die im Rahmen Ihrer rechtmäßigen Karriere auf Sie zukommt, und dass Sie sie etwas besser erfüllen werden, als es jeder andere zuvor getan hat. Es gibt keinen größeren Fehler in der Welt als den, eine Verpflichtung zurückzustellen, zu denken, dass Sie später besser darauf vorbereitet sind und sie erst dann annehmen sollten. Dadurch, dass wir Verpflichtungen annehmen, so, wie sie kommen, bekommen wir die Vorbereitung.

Gleichgültig, wie sehr Sie unter dem Gefühl, nicht vorbereitet zu sein, leiden, in dem Entschluss, das zu tun, von dem Sie wissen, dass es das Beste für Sie ist, von dem Sie sehr wohl wissen, dass es Sie Ihrem Ziel näher bringt, liegt die Entwicklung Ihres Mann- oder Frauseins.

Haben Sie keine Angst davor, große Leistungen von sich zu fordern. Bekräftigen Sie Ihre Fähigkeit zu tun und zu sein – und Kräfte, von denen Sie es sich nie haben träumen lassen, dass Sie sie besitzen, werden Ihnen zu Hilfe eilen.

Es gibt niemand, der die Tür schließen kann, die zu irgendeinem rechtmäßigen Ziel führt, zu einem größeren, erfüllteren Leben, außer Sie selbst. Es gibt kein Hindernis, keine Schwierigkeit, keine Macht auf Erden, nichts, außer Sie selbst, was das Große Versprechen, das Ihnen gegeben wurde: »Siehe, ich habe vor dir gegeben eine offene Tür, und niemand kann sie zuschließen«, zurücknehmen kann.

Wir alle sind Kraftreservoire, und was wir aus uns machen, was wir im Leben erreichen, hängt nicht von Äußerlichkeiten ab, sondern von dem Maß, in dem wir aus unseren verborgenen Kräften schöpfen – unseren latenten Begabungen und Ressourcen. Unsere Herzenswünsche, unsere innigsten Sehnsüchte, sind etwas mehr als bloße Hirngespinste. Diese schlummernden Potenziale wurden nicht gewährt, um uns zu narren. Sie sind Prophezeiungen, Vorhersagen, Boten, erste Anzeichen der Dinge, die Wirklichkeit werden können.

In unseren Köpfen sind keine versiegelten Order verborgen ohne die damit einhergehende Fähigkeit, sie auch ausführen zu können.

Hegen Sie das Bild – die Vorstellung von einem Mann oder einer Frau, der oder die zu sein Sie sich wünschen und beschlossen haben – und halten Sie daran fest. Den Blick auf Ihr Ideal gerichtet, arbeiten Sie mit Herz und Hand und Verstand, mit einem Glauben, der nie erlöscht, mit einer Entschlossenheit, die nie schwankt, mit einer Geduld, die mit Genie verwandt ist. Fahren Sie unbeirrt damit fort bis zum Ende, denn während Sie vorwärtskommen, bewegt sich Ihr Ideal unaufhaltsam auf Sie zu.

Geben Sie nicht auf in Augenblicken der Mutlosigkeit und erlauben Sie nicht, dass irgendein Hindernis Ihre Ideale verschwimmen lässt. Vergegenwärtigen Sie sich hartnäckig das Ideal, das zu sein Sie entschlossen sind, und stellen Sie sich selbst immer so vor, wie Sie werden möchten. Diese Geisteshaltung wird Ihnen helfen, Ihren Traum an seine Wirklichkeit anzupassen. Sie wird Ihre Beziehung zwischen Ihnen und Ihrem angestrebten Ziel herstellen.

Eine magnetische Anziehungskraft tut sich auf, wenn man an mächtigen Gedanken festhält.

Fangen Sie jetzt an.

Teil IV

Ein anderer Blick auf Wohlstand

Reich ohne Geld

Viele Menschen sind reich ohne Geld. Tausende mit nichts in der Tasche und Tausende, die nicht einmal eine Tasche haben, sind reich. Ein Sammler erstand bei einer öffentlichen Auktion in London für hundertsiebenundfünfzig Guineas ein Autogramm von Shakespeare – aber mit einem Bibliotheksausweis kann sich jeder in die Reichtümer des *Hamlet* vertiefen.

Im Mittelalter galt Reichtum als kriminell und verabscheuungswürdig.

Die nordamerikanischen Indianer empfanden es als ungehörig, wenn der Häuptling wohlhabend war, und oft zählte gerade er zu den Ärmsten des Stammes.

In Thomas Moores *Utopia* wurde Gold gering geachtet. Verbrecher wurden gezwungen, schwere Ketten und Ringe an den Ohren aus Gold zu tragen; es wurde auf abscheulichste Weise verwendet, um die Verachtung, die man ihm entgegenbrachte, zu pflegen. Schlechte Menschen wurden gezwungen, Stirnbänder aus Gold zu tragen. Kleine Kinder wurden mit Diamanten und Perlen geschmückt, sodass sie sie als Jugendliche wegwarfen und verschmähten.

Benjamin Franklin sagte, dass Geld allein noch keinen Menschen glücklich gemacht habe – ihm wohnt nichts inne, was Glück hervorrufen könnte. Tatsächlich ist es doch so, dass, je mehr man davon hat, man umso mehr will. Statt eine Lücke zu füllen, schafft es eine.

Bei den Ausgrabungen von Pompeji wurde ein Skelett freigelegt, das mit beiden Händen viel Gold umklammert hielt.

Ein armer Mann, der über die Reichen spottete, dass sie sich nicht amüsieren würden, traf zufällig einen Fremden. Der Fremde schenkte ihm einen Geldbeutel, in dem der Arme immer einen Dukaten finden sollte – sobald er einen herausnahm, würde ein neuer darin liegen. Aber ihm wurde gesagt, dass er sein Vermögen erst ausgeben könnte, nachdem er den Geldbeutel weggeworfen hätte. Er holte einen Dukaten nach dem anderen heraus und schob ständig die Zeit des Vergnügens und Genießens auf, bis er »noch ein wenig mehr« hatte – und beim Zählen seiner Millionen starb.

Ein Bettler begegnete einst Fortuna, die versprach, seinen Ranzen mit so viel Gold zu füllen, wie es ihm gefiele, unter dem Vorbehalt, dass alles, was den Boden berührte, sofort zu Staub zerfiele. Der Bettler öffnete seinen Ranzen und bat um mehr und immer mehr, bis die Tasche aufriss. Das Gold fiel auf den Boden und alles war verloren.

Als der Dampfer *Central America* kurz davor war unterzugehen, sprang die Stewardess, die alles Gold gesammelt, das sie in den Privatkabinen finden konnte, und in ihrer Schürze zusammengeknotet hatte, nach dem letzten Rettungsboot. Sie verfehlte ihr Ziel und fiel ins Wasser, das Gewicht des Goldes zog sie kopfüber nach unten.

Im Jahre 1843 lebte ein reicher Geizkragen in Padua, Italien, der so knauserig und schäbig war, dass er anderen nicht einmal einen Cent schenkte und nie Almosen gab – und seine Angst vor den Banken war so groß, dass er bei ihnen nichts hinterlegte. Stattdessen saß er nachts mit Schwert und Pistole aufrecht da und hütete seinen Götzenschatz. Als seine Gesundheit der Angst und der Wache nicht mehr standhielt, baute er eine unterirdische Schatzkammer. Diese war so angelegt, dass ein Eindringling auf eine Feder treten würde, was den Sturz in einen unterirdischen Fluss zur Folge haben würde, aus dem er sich weder retten noch gehört werden könnte. Eines Nachts begab sich der Geizkragen zu seiner Schatzkammer, um nach dem Rechten zu sehen. Sein Fuß berührte die Feder der Falle, und er wurde in den tiefen verborgenen Fluss geschleudert.

Ein asiatischer Reisender berichtet uns, dass er eines Tages die Leichen von zwei Männern fand, die im Wüstensand neben dem Kadaver eines Kamels lagen. Sie waren offensichtlich verdurstet, aber beide trugen um die

Taille jede Menge der verschiedensten Juwelen; zweifellos hatten sie die Wüste zu durchqueren versucht, um die Edelsteine auf den Märkten Persiens zu verkaufen.

Eine der großen Lektionen des Lebens besteht darin, zu lernen, Werte richtig zu beurteilen. Unser ganzes Leben lang werden uns alle möglichen Waren aufgedrängt, und wir werden auf jede mögliche Weise in Versuchung geführt, sie zu kaufen. Vulgärer Reichtum wird mit seinem Banner vor unseren Augen protzen und die Vorherrschaft über alles andere fordern. Tausend verschiedene Pläne, die allesamt für sich beanspruchen, besser als die anderen zu sein, werden uns vor die Nase gehalten. Jede Tätigkeit und jeder Beruf werden der Reihe nach all ihre Vorzüge anpreisen und ihre Anreize anbieten. Wer erfolgreich sein will, darf sich nicht erlauben, von Äußerlichkeiten getäuscht zu werden, sondern muss das Gewicht des Lebens darauf legen, wo es hingehört. Unser Erfolg im Leben wird zum großen Teil von unserer Fähigkeit abhängen, nicht den scheinbaren, sondern den wahren Wert von allem, was uns dargeboten wird, richtig zu beurteilen.

Der griechische Philosoph Diogenes verurteilte die Verderbtheit jener um ihn herum und ging durch die Straßen auf der Suche nach »einem ehrlichen Mann«. Er, der lehrte, dass das einfache Leben das tugendhafte Leben sei, verachtete Reichtum und Heuchelei. »Herr, wie viele Dinge gibt es in der Welt, derer Diogenes nicht bedarf!«, rief er, während er zwischen den diversen Waren auf einem Markt herumwanderte. Er diente als Beispiel für seine eigenen Lehren, indem er in einer Tonne lebte. »Hast du einen Wunsch?«, fragte Alexander der Große, beeindruckt von der unbeschwerten Fröhlichkeit des Philosophen unter solchen Umständen. »Ja«, erwiderte Diogenes, »geh mir aus der Sonne und nimm mir nicht weg, was du mir nicht geben kannst.« »Wäre ich nicht Alexander«, rief der große Eroberer aus, »dann wollte ich Diogenes sein.«

Die wirklichen Wohlhabenden arbeiten nicht für Gold. Sie arbeiten für die Liebe, für die Ehre, für den Charakter. Ein Freund von Louis Agassiz, dem schweizerisch-amerikanischen Zoologen und Geologen, äußerte einmal seine Verwunderung darüber, dass ein Mann von solchen Fähigkeiten mit einem solch geringen Einkommen, wie er es erhielt, zufrieden bleiben sollte. »Ich habe genug«, erwiderte Agassiz. »Ich habe keine Zeit zu verschwenden, um Geld zu machen. Das Leben ist zu kurz, um einen Menschen in die Lage zu versetzen, reich zu werden und gleichzeitig seine Pflicht gegenüber seinen Mitmenschen zu erfüllen.«

Wie brachten es die Tausende Geschäftsleute, die jeden Dollar, den sie besaßen, bei dem großen Feuer von Chicago verloren hatten, fertig, sofort als Kaufmann, einige gar als Großhändler, einzusteigen, und zwar ohne Geld? *Sie zehrten von ihrem Charakter.* Die Banken sagten, dass sie anständige Männer seien, dass sie immer hundert Cent für einen Dollar gegeben hätten, dass sie sofort gezahlt hätten und fleißig seien und mit allen Menschen einen rechtschaffenen Umgang gepflegt hätten. Dieses Zeugnis war so gut wie ein Bankkonto. Der Charakter war die Münze, die diese mittellosen Männer befähigte, Waren im Wert von Tausenden von Dollars zu kaufen. Ihre Integrität war mit ihren Geschäften nicht verbrannt. Der beste Teil von ihnen war außer Reichweite des Feuers und konnte nicht zerstört werden.

Ein dickes Bankkonto garantiert einem keinen Reichtum, auch nicht der Besitz großer Ländereien. Wir sind reich oder arm gemäß dem, was wir sind, nicht gemäß dem, was wir haben.

Ein bankrotter Händler kam eines Abends nach Hause und sagte zu seiner vortrefflichen Frau: »Meine Liebe, ich bin ruiniert. Alles, was wir besitzen, ist in den Händen des Sheriffs.« Nach einigen Augenblicken des Schweigens schaute die Ehefrau ihm ins Gesicht und fragte: »Wird der Sheriff dich verkaufen?« »O nein!«, rief er. »Wird der Sheriff mich verkaufen?« »O nein!« »Dann sag nicht, dass wir alles verloren haben. All das, was am wertvollsten ist, bleibt uns erhalten – Männlichkeit, Weiblichkeit, Kindheit. Wir haben nur die Ergebnisse unseres Könnens und Fleißes verloren. Wir können ein anderes Vermögen verdienen, wenn uns unsere Herzen und Hände bleiben.«

Es ist durchaus gut, die Jugend zum Erfolg anzuspornen, aber die große Mehrheit kann niemals das Ziel von Ruhm und Vermögen, das ihnen ständig gepredigt wird, erreichen oder sich ihm gar nähern. Noch würde die

Zivilisation davon profitieren, wenn es ihnen gelänge. Es werden immer Leute gebraucht werden, die die Räder drehen, die Hebel betätigen, die Schrauben und Muttern anziehen und die Blätter aufsammeln. Eine der großen Lektionen, die es zu lernen gilt, ist, ohne Geld reich zu sein und wie man Erfolg erlangt, der nicht immer mit den allgemeinen Maßstäben übereinstimmt.

Wir sollten nach dem Glück beurteilt werden, das wir bei den Menschen um uns herum hervorrufen. Großer Reichtum ist in der Seele, die nicht nach einem Vermögen dürstet, sondern nach Wahrheit, Schönheit und dem Guten. Eine edle Seele wird einen strahlenden Glanz der Schönheit über das einfachste Haus werfen, einen Glanz, den Polsterer und Maler nie erzielen werden.

Sind Sie ein Tier, beladen mit Goldbarren, oder ein Mensch, erfüllt von einem Ziel? Der Gegenstand, nach dem wir streben, erzählt die Geschichte unseres Lebens: Edle Taten bereichern immer, während Geld in Millionenhöhe verarmen lassen kann.

39

Reichtum ohne Flügel

»Ich will solche Dinge nicht«, sagte Epictetus zu dem reichen römischen Rhetoriker, der seine Verachtung für Geld herunterspielte. »Und abgesehen davon«, meinte der Stoiker, »bist du im Grunde ärmer, als ich es bin. Du hast zwar feine Silbergefäße, aber grobe Gründe, Prinzipien, Begierden. Mein Geist ist für mich ein Königreich und er versorgt mich mit einer reichen und glücklichen Beschäftigung statt deiner ruhelosen Untätigkeit. Alle deine Besitztümer scheinen dir klein zu sein, meine scheinen mir groß zu sein. Dein Wunsch ist unstillbar, meiner ist erfüllt.«

»Herr, wie viele Dinge gibt es in der Welt, derer Diogenes nicht bedarf!«, rief der Stoiker, während er zwischen diversen Waren auf einem Markt umherwanderte.

»Man könnte denken«, sagte Boswell, »dass der Eigentümer von all dem (Keddlestone, dem Sitz von Lord Scarsfield) glücklich sein muss.« »Nein, mein Herr«, erwiderte Johnson, »all dies schließt nur ein Übel aus, Armut.«

»Welchen Besitz hat er zurückgelassen?«, fragen Leute, wenn jemand stirbt. Aber der Engel, der ihn empfängt, fragt: »Welche guten Taten hast du vorausgeschickt?«

»Was ist das Beste, was man besitzen kann?«, fragte ein altgriechischer Philosoph seine Schüler. Einer antwortete: »Nichts ist besser als ein gutes Auge« – ein bildlicher Ausdruck für eine großzügige und zufriedene Veranlagung. Ein anderer meinte: »Ein guter Gefährte ist das Beste in der Welt.« Ein Dritter wählte einen guten Nachbarn und ein Vierter einen weisen Freund. Aber Eleazar sagte: »Ein gutes Herz ist besser als all das.« »Das stimmt«, sagte der Meister. »Du hast in wenigen Worten all das, was die anderen gesagt haben, erfasst.«

»Mein Königreich für ein Pferd«, sagte Richard III. von England im Getümmel der Schlacht von Bosworth Field. Aber: »Mein Königreich für einen Augenblick Zeit«, meinte Königin Elizabeth auf dem Sterbebett. Und Millionen wiederholen ihren Gedanken. Denn wenn wir spüren, dass sich die Erde, ihre Reichtümer und Kraft unserem Griff entzieht, ist das, was wir in unseren Herzen zeigen, das, was wir am meisten schätzen, ein weiterer Moment des gesegneten Lichts des Lebens – die Sterne und die Blumen und die Gesellschaft von Freunden.

»Das ist mein Schmuck«, sagte Cornelia zu der kampanischen Dame, die nach ihren Edelsteinen fragte, voller Stolz auf ihre Söhne zeigend, die gerade von der Schule heimgekehrt waren.

Eine östliche Legende handelt von einem mächtigen Geist, der einem schönen Mädchen ein Geschenk von seltenem Wert versprach, wenn es ein Getreidefeld durchqueren und die größte und reifste Ähre pflücken würde, ohne jedoch anzuhalten, rückwärts zu gehen oder hierhin und dorthin zu wandern – der Wert des Geschenks sollte im Verhältnis zur Größe und Vollkommenheit der von ihr gewählten Ähre stehen. Sie wanderte durch das Feld und sah sehr viele, die es wert waren, gepflückt zu werden. Aber da sie hoffte, eine noch größere und noch perfektere zu finden, ging sie an allen vorbei. Dann erreichte sie einen Teil des Feldes, wo die Stängel verkümmert waren, und sie war zu stolz, um einen davon zu nehmen. So gelangte sie schließlich an der anderen Seite des Feldes, ohne einen Halm gepflückt zu haben.

Lincoln sehnte sich immer nach einer harmonischen Ganzheit des Charakters, und seine Anwaltskollegen bezeichneten ihn als »abartig ehrlich«. Nichts konnte ihn dazu bewegen, für die falsche Seite eines Falles Partei zu ergreifen oder weiterhin jemanden zu vertreten, sobald er von der Ungerechtigkeit oder Aussichtslosigkeit der Sache erfahren hatte. Nachdem er viel Zeit für einen Fall aufgewendet hatte, in dem er von einer Dame einen Vorschuss über zweihundert Dollar erhalten hatte, gab er das Geld zurück und sagte: »Sie haben keinen Aufhänger für Ihren Fall.« »Aber Sie haben sich dieses Geld verdient«, erwiderte die Dame. »Nein, nein«, widersprach Lincoln, »das wäre nicht richtig. Ich kann kein Honorar dafür annehmen, dass ich meine Pflicht erfülle.«

Als Charles Sumner als Senator tätig war, weigerte er sich um jeden Preis, Vorträge zu halten, was er damit begründete, dass seine Zeit Massachusetts und dem Volk gehöre. Spurgeon lehnte es ab, fünfzig Abende in Amerika für tausend Dollar pro Abend zu predigen, weil er, wie er sagte, etwas Besseres tun könne: Er könne in London bleiben und versuchen, fünfzig Seelen zu retten.

König Midas bat in dem alten Mythos darum, dass alles, was er berührte, zu Gold werden solle, denn er dachte, dass er dann vollkommen glücklich sein würde. Seine Bitte wurde erhört, aber als seine Kleidung, sein Essen, sein Getränk, die Blumen, die er pflückte, und selbst seine kleine Tochter, die er küsste, sich alle in das gelbe Metall verwandelten, flehte er darum, ihm diese Gabe, die Goldene Berührung, wieder wegzunehmen. Er hatte gelernt, dass viele andere Dinge in Wirklichkeit viel wertvoller sind als all das Gold, das jemals aus der Erde hervorgeholt wurde.

Ein Araber, der das Glück hatte, dem Tod zu entkommen, nachdem er sich in der Wüste verirrt hatte und ihm dabei der Proviant ausgegangen war, erzählte von seinen Gefühlen, als er einen Beutel voller Perlen fand, gerade als er kurz davor war, jede Hoffnung aufzugeben. »Ich werde nie vergessen«, meinte er, »welch Wonne und Freude ich empfand, als ich glaubte, es wäre getrockneter Weizen, aber auch nie die Bitterkeit und Verzweiflung, die mich befiel, als ich entdeckte, dass der Beutel Perlen enthielt.«

Wer würde nicht wählen, ein Millionär zu sein, aber nicht von Geld, sondern der Taten, zusammen mit einem Lincoln, einem Grant, einer Florence Nightingale, ein Millionär der Ideen zusammen mit Emerson, Lowell, Shakespeare, Wordsworth?

»Wer ist der reichste Mensch?«, fragte Sokrates. »Der mit dem Geringsten zufrieden ist, denn Zufriedenheit ist der Natur Reichtum.«

»Wissen Sie, Sir«, sagte ein Anhänger des Mammons zu John Bright, »dass ich eine Million Sterling wert bin?« »Ja«, erwiderte der Befragte, zwar irritiert, aber seine Gelassenheit wahrend, »ich weiß, und ich weiß auch, dass das alles ist, was Sie wert sind.«

»Wir sagen von jemandem, dass er oder sie ›gemacht ist‹«, sagte Beecher. »Was meinen wir damit? Dass ihre Zuneigungen wie Reben sind, die an allen Seiten Blüten und Trauben von Früchten sprießen lassen? Dass ihre Geschmäcke so kultiviert sind, dass alle schönen Dinge sie ansprechen und ihnen Freude bringen? Dass ihr Verständnis so aufgeschlossen ist, dass sie durch jede Halle des Wissens schreiten und ihre Schätze sammeln können? Dass ihre moralischen Empfindungen so entwickelt und beflügelt sind, dass sie einen wonnigen Umgang mit dem Himmel pflegen? O nein – nichts davon. Nur dass er oder sie Hunderttausende von Dollars wert ist.

Und wir sagen, dass jemand ›ruiniert ist‹. Sind ihre Ehefrauen und ihre Kinder gestorben? O nein. Hatten sie Streit mit ihren Nahestehenden und sind sie von ihnen getrennt? O nein. Haben sie ihren Ruf durch ein Verbrechen verloren? Nein. Haben sie den Verstand verloren? O nein – sie sind geistig gesund wie immer. Sind sie von einer Krankheit befallen? Nein. Es ist nur so, dass sie ihren Besitz verloren haben – und wir sagen, dass sie ruiniert sind. Wir sagen, dass *die Person* ruiniert ist. Wann werden wir lernen, dass das Leben einer Person nicht aus der Fülle der Dinge besteht, die er oder sie besitzt?«

»Du bist ein Plebejer«, sagte ein Patrizier zu Cicero. »Ich bin ein Plebejer«, erwiderte der große römische Redner. »Die adelige Abstammung meiner Familie beginnt mit mir, die deiner Familie wird mit dir enden.«

Niemand verdient es, geehrt und ausgezeichnet zu werden, dessen Leben erfolglos ist, und diejenigen, die nur leben, um zu essen und zu trinken und Geld anzuhäufen, sind wahrlich nicht erfolgreich. Die Welt wird dadurch, dass sie in ihr leben, nicht zu einem besseren Ort.

Es gibt kaum eine Idee, die ansteckender oder mächtiger ist als die Liebe zum Geld. Sie ist dem Gelbfieber gleich, das ihre Anhänger dezimiert und mehr Familien im Land zerstört als alle Plagen oder Krankheiten zusammen. Beispiele für ihren bösartigen Einfluss finden sich überall. Fast jeder Quadratmeter Boden unseres Kontinents ist durch die Besessenheit nach Reichtum mit Blut befleckt.

Es ist, wenn alles gesagt und getan ist, nicht unsere Umgebung, die uns reich oder wohlhabend macht, es ist der Geist, der den Menschen reich macht.

Wir sind mit der Fähigkeit zu erschaffen ausgestattet, und wir ehren diese Ausstattung, indem wir unser Leben mit dem Wahren, dem Schönen und dem Guten erfüllen. Den Bienen gleich sollten wir unser Leben der Aufgabe widmen, Honig aus jeder Blume zu gewinnen.

40

Der größte Reichtum

Man erzählt sich von einem großen König, der seinen kleinen Sohn vergötterte. Der Junge hatte alles, was er sich wünschte, alles, was Reichtum und Liebe geben können, kein Wunsch blieb unerfüllt, aber er war nicht glücklich. Stets war sein Gesicht entstellt von einem finsteren Ausdruck der Unzufriedenheit. Eines Tages kam ein berühmter Zauberer zum Palast des Königs und sagte diesem, dass er seinen Sohn glücklich machen und seinen finsteren Blick in ein Lächeln verwandeln könne. »Wenn dir das gelingt«, versprach der König, »kannst du von mir haben, was immer du begehrst.« Der Zauberer führte den Jungen in eine Kammer und schrieb mit weißer Flüssigkeit etwas auf ein Stück Papier. Dieses Papier gab er dem Jungen und forderte ihn auf, in einen dunklen Raum zu gehen und eine angezündete Kerze darunter zu halten und zu sehen, was passieren würde. Darauf verschwand der Zauberer. Der junge Prinz tat wie ihm geheißen, und die weißen Buchstaben, erhellt von der Kerze, die er unter das Blatt hielt, nahmen ein wunderschönes Blau an und ließen die folgenden Worte erkennen: »Erweise jeden Tag jemandem eine Gefälligkeit.« Der Prinz befolgte den Rat des Zauberers und wurde bald der glücklichste Junge im Königreich seines Vaters.

Während einer Gelbfieberepidemie in Memphis war es fast unmöglich, genügend Pfleger und Krankenschwestern zu bekommen, um die von der Krankheit Heimgesuchten zu versorgen. Eines Tages ging ein Mann mit derben Gesichtszügen, kurz geschorenen Haaren und schlurfendem Gang zu einem der behandelnden Ärzte und sagte: »Ich will pflegen.« Der Arzt

sah ihn prüfend an und antwortete schroff: »Sie werden nicht gebraucht.«
»Aber ich will pflegen«, beharrte der Mann. »Versuchen Sie es mit mir eine
Woche lang. Wenn Sie mich dann nicht schätzen, schicken Sie mich weg,
wenn doch, geben Sie mir meinen Lohn.« »Na gut«, meinte der Arzt. »Ich
werde dich nehmen«, fügte er für sich hinzu. »Ich werde dich im Auge behalten.«

Der ungehobelte Freiwillige wurde einer der wertvollsten Pfleger der Be-
legschaft. Er war unermüdlich und entsagungsvoll. Wo immer die Pest am
heftigsten wütete, da war er zur Stelle und arbeitete am härtesten. Die Leidenden verehrten ihn. Für sie war sein kantiges Gesicht das Gesicht eines
Engels. Er kümmerte sich nicht nur um sie mit der Fürsorge und Hingabe,
die eine Mutter ihren Kindern zuteilwerden lässt, sondern man fand später
heraus, dass er auch noch jeden Cent seines Verdienstes in einen Hilfsfonds
zugunsten der Pestkranken steckte.

Als »John, der Pfleger«, wie er genannt wurde, später selbst an dem Fieber
erkrankte und starb, fanden diejenigen, die ihn für das Begräbnis zurecht-
machten, an seinem Körper ein bleigraues Zeichen – das Brandmal eines
verurteilten Schwerverbrechers!

Denken Sie nicht an sich. Erst dann werden Sie wahren Reichtum finden.
Der Geist, der Lohnendes vollbringt, schaut hinaus und nicht hinein; er
ist auf sein Ziel konzentriert, nicht auf sich selbst.

Der wahre Wohlstandstest findet in Ihrem alltäglichen Leben statt.
Leben Sie wirklich? Sind Sie lebendig in jedem Teil Ihres Wesens? Erziehen
Sie Ihre Kinder so, dass sie sich achten, das Rechte lieben und das Falsche
hassen, selbstbewusst, tatkräftig und unabhängig sind, selbstständig denken, damit sie vielleicht Anführer werden statt Anhänger? *Das* bedeutet,
ihnen etwas Lohnenswertes zu hinterlassen.

Wenn Sie gelernt haben, ohne Geld reich zu sein, wenn Sie wie die Biene
das Geheimnis gelernt haben, Honig sowohl aus der Distel als auch aus
der Rose zu gewinnen, wenn Sie Ihre finanziellen Verluste als bloße Nebensache betrachten können, als etwas, was nicht so bedeutsam ist für das
größere und erfülltere Leben, dann haben Sie wahren Reichtum erlangt.

Wahrer Reichtum macht andere nicht ärmer ...
Er glaubt nicht, dass der beste Teil der Farm in der Eigentumsurkunde
enthalten ist ...
Er kann eine Landschaft genießen, ohne das Land zu besitzen ...
Er sieht »Schrift im Bach, in Steinen Lehre, Gutes überall«.

Wohlstand im weitesten Sinne ist dann die Erfüllung der Träume, die uns guttun – eine Fülle von all dem, was schön im Leben ist, erhebend und beflügelnd; eine Fülle von all dem, was erhaben und großartig ist.

Reichtum ist das, was die Persönlichkeit, die Lebenserfahrung bereichert.

Wahrer Reichtum ist das innere Wissen um spirituelle Fülle, Ganzheit, Vollkommenheit.

Große Lebensweisheiten in kleinen Büchern

MICHAEL KORTH
Auch das geht vorbei
Das Mantra der Gelassenheit
€ [D] 7,99
€ [A] 8,30 / sFr 12,90
ISBN 978-3-548-74523-7

Das I

foku
diesei

Große Lebensweisheiten in kleinen Büchern

MICHAEL KORTH
Weniger ist mehr
Das Mantra der Bescheidenheit
€ [D] 7,99
€ [A] 8,30 / sFr 12,90
ISBN 978-3-548-74522-0

Wie wenig man zum glücklichen Leben wirklich braucht – geschildert in 14 ausführlichen Beispielen dafür, wie Bescheidenheit zu Unabhängigkeit führt – von Blaise Pascal über Mahatma Gandhi bis Zuckmayer und Epiktet.